환원운동시리즈 5

한국 그리스도의교회의 역사

일치와 환원을 향하여

A HISTORY OF CHRISTIAN CHURCHES/CHURCHES OF CHRIST AND CHURCHES OF CHRIST IN KOREA

| 백종구 · 조동호 공저 |

쿰란출판사

환원운동시리즈 5
한국 그리스도의교회의 역사

1판 1쇄 인쇄 _ 2018년 7월 5일
1판 1쇄 발행 _ 2018년 7월 10일

지은이 _ 백종구·조동호
펴낸이 _ 이형규
펴낸곳 _ 쿰란출판사

주소 _ 서울특별시 종로구 이화장길 6
편집부 _ 745-1007, 745-1301~2, 747-1212, 743-1300
영업부 _ 747-1004, FAX 745-8490
본사평생전화번호 _ 0502-756-1004
홈페이지 _ http://www.qumran.co.kr
E-mail _ qrbooks@gmail.com / qrbooks@daum.net
한글인터넷주소 _ 쿰란, 쿰란출판사
등록 _ 제1-670호(1988. 2. 27)
책임교열 _ 이화정·김영미

ⓒ 백종구·조동호 2018 ISBN 979-11-6143-165-9 93230
978-89-6562-058-7(세트)

책값은 뒤표지에 있습니다.
이 출판물은 저작권법에 의해 보호를 받는 저작물이므로 무단 복제할 수 없습니다.
파본(破本)은 구입처에서 교환해 드립니다.

이 책을
한국 그리스도의교회를
사랑하고 헌신한
모든 분들께 바칩니다.

 추천사

■ **박명수**(서울신학대학교 교회사 교수)

　지금까지 중요하면서도 잘 알려지지 않은 한국교회의 흐름 가운데 하나가 환원운동이라고 부르는 그리스도의교회이다. 이 교회는 진정한 교회가 무엇인가라는 질문에 기초하여 성경이 말하는 참된 교회를 회복하려는 운동이다. 이 운동은 지금까지 꾸준히 성장하여 한국교회의 중요한 일원이 되었으며, 교육과 사회사업에도 많은 기여를 하고 있다.

　특별히 본서는 지금까지 밝혀지지 않은 미국 자료와 조선총독부 자료를 기초로 새롭게 정리한 것으로 한국교회사 연구에 학문적으로도 큰 기여를 할 것이다. 장로교와 감리교 역사가 대부분을 차지하는 한국교회의 역사에서 이 연구는 한국교회의 모습을 더 다양하고, 폭넓게 이해하게 해 줄 것이다.

■ **서정민**(일본 메이지가쿠인 대학 종교사 교수)

　역사의 실재에서는 '기독교사'도, '교회사'도 없다. 오직 실존한 교회의 기록으로는, 어떤 교파의 역사, 아니면 어떤 지역 교회의 역사밖에는 없다는 의미이다. 《한국 그리스도의교회의 역사》가 여기에 갈무리됨으로써 한국기독교사, 한국교회사가 또 하나의 출중한 안목, 그리고 정교한 기록의 흔적을 갖추게 되었다. 정합한 논의와 간명한 필치가 돋보이는 역사서이다.

　이 책이, 교파공동체의 범주를 넘어, 한국 교회와 사회 모두를 아우르는 역사적 지침이 되기를 바란다. 더하여, 이 책으로 동아시아, 특히 한・일을 기축으로 하는 그리스도의교회 선교역사가 더욱 확장, 기록되는 계기가 될 것을 믿어 의심치 않는다.

■ **안교성**(장로회신학대학교 교회사 교수)

이번에 출간된《한국 그리스도의교회의 역사》는 전공자는 물론이고 한국교회에 주어진 큰 선물이다. 초기부터 특정 교단들이-해방 전 장·감·성 3개 교단, 해방 후 침례교, 오순절교회를 포함한 5개 교단-큰 비중을 차지하는 한국교회의 판도를 고려할 때, 독특하면서도 소중한 한 흐름의 역사를 밝힌 이 책은 한국교회사의 균형을 잡아주기 때문이다. 더구나 이 책은 한 개교회의 역사를 여타 교단 및 한국사회와의 관계 속에서 기술하고, 국·내외 원사료를 발굴, 활용하는 등 학문성도 높아 독자의 일독을 권한다.

■ **안준배**(한국기독교성령역사연구원 원장)

이 책은 한국 선교를 위하여 1920년대 윌리엄 D. 커닝햄을 성령께서 선택하는 것으로 시작하여 한국 그리스도의교회의 선교사, 목회자, 부흥사, 교육자, 사회사업가 등 한국 그리스도교회의 대를 잇는 중요 인물과 사건을 기록하였다. 이 책에 기술된 한국 그리스도의교회의 역사는 한국교회의 역사적 자산이 될 것이다.

■ **정남수**(케이시대학교 조직신학 교수)

저자는 이 책을 "초대교회 복원"과 "교회 일치"를 주창했던 한국 전래 90년의 환원운동 역사를 한눈에 들여다볼 수 있게 기술했다. 앞으로 이 책은《그리스도의교회들 운동 대사전》(대한기독교서회)과 더불어 한국 그리스도의교회의 환원운동 역사에 귀한 학술적 자료가 될 것이다.

 **목차**

추천사_ 4

일러두기_ 10

제1부 들어가는 말_ 11

제2부 한국 그리스도의교회의 개척과 정착
(1920~1945)_ 17

   1. 일제 치하 한국교회의 상황_ 18

      1) 선교사들의 입국과 교파교회의 정착_ 18

      2) 반선교사운동, 자치운동, 무교회운동_ 20

      3) 한국교회의 교세_ 22

      4) 신사참배와 일본기독교조선교단_ 23

   2. 한국 그리스도의교회의 개척_ 25

      1) 윌리엄 D. 커닝햄과 한국 선교_ 25

      2) 존 T. 채이스의 한국 선교_ 39

      3) 그리스도의교회(유악기) 초기 지도자들_ 45

      4) 그리스도의교회(무악기) 초기 지도자들_ 56

제3부 한국 그리스도의교회의 재건(1945~1960)_ 77

   1. 한국교회의 재건_ 78

1) 해방과 한국교회_ **78**

2) 6.25전쟁과 한국교회_ **80**

2. 한국 그리스도의교회의 재건_ **83**

1) 존 T. 채이스의 재건 노력_ **83**

2) 존 J. 힐의 재건 노력_ **87**

3) 선교사들의 입국과 활동_ **92**

4) 그리스도의교회(유악기) 목회자들_ **94**

5) 그리스도의교회(무악기)의 재건과 선교사들의 입국과 활동_ **95**

3. 한국 그리스도의교회의 환원운동과 일치운동_ **99**

1) 기독의교회 합동선언문_ **99**

2) 그리스도의교회(유악기)와 그리스도의교회(무악기)의
   통합 시도_ **102**

4. 김은석의 부흥운동_ **104**

1) 생애_ **104**

2) 전도 활동_ **109**

3) 신화신학 성경연구회_ **114**

4) 신약성서교회들의 개척자_ **116**

제4부 한국사회의 변동과 한국 그리스도의교회의 성장 (1960~1990)_ **123**

1. 한국사회의 변동과 교회의 성장_ **124**

1) 사회 변동과 한국교회_ **124**

2) 한국교회의 성장_ **127**

3) 해외 선교_ 128

2. 한국 그리스도의교회 선교사들의 활동_ 129

   1) 그리스도의교회(유악기)_ 129

   2) 그리스도의교회(무악기)_ 160

3. 한국 그리스도의교회의 성장_ 162

   1) 그리스도의교회(유악기)의 복음 전도와 교회 개척_ 162

   2) 그리스도의교회(무악기)의 복음 전도와 교회 개척_ 169

4. 한국 그리스도의교회 교육사업_ 172

   1) 1960년 이전 그리스도의교회(유악기) 교육사업_ 172

   2) 그리스도의교회(유악기) 교육사업_ 174

   3) 1960년 이후 그리스도의교회(무악기) 교육사업과 문서사업_ 186

5. 한국 그리스도의교회 사회사업_ 193

   1) 그리스도의교회(유악기) 사회사업_ 193

   2) 그리스도의교회(무악기) 사회사업_ 205

6. 한국 그리스도의교회의 연합 조직과 환원·일치 선언_ 208

   1) 한국 그리스도의교회 연합회의 형성_ 208

   2) 그리스도의교회의 환원·일치 선언_ 214

제5부 한국 그리스도의교회의 현황(1990년대 이후)_ 227

1. 한국사회의 변화와 기독교_ 228

   1) 한국교회의 상황_ 228

2. 한국 그리스도의교회의 현황_ 232

3. 한국 그리스도의교회 교육사업_ 236

1) 대학교_ 236

   4. 한국 그리스도의교회 사회사업_ 244

   5. 한국 그리스도의교회 선교사업_ 246

   6. 한국 그리스도의교회의 환원·일치운동_ 250

      1) 한국 그리스도의교회 선언문_ 250

      2) 한국 그리스도의교회(유악기)와 국내외 교파교회_ 252

제6부 나가는 말_ 259

부록

   1. 1992년까지 한국에 들어온 그리스도의교회(유악기) 선교사들_ 264

   2. 그리스도의교회 합동선언문_ 265

   3. 한국 그리스도의교회 선언_ 269

   4. 유·무악기 통합 취지문_ 276

   5. (유·무악기 통합 반대) 취지문_ 278

   6. 한국 그리스도의교회 쇄신에 관한 백서_ 280

   7. 한국 그리스도의교회 선언문_ 292

찾아보기_ 295

 **일러두기**

1. 각주와 참고문헌은 서울기독대학교 대학원 〈학위논문작성 지침〉(2017)을 따름.
2. 기존 그리스도의 교회는 그리스도의교회로 표기함.
3. 그리스도의교회들(Churches of Christ)은 그리스도의교회(무악기 혹은 아카펠라)로, 그리스도인의교회들/그리스도의교회들(Christian Churches/Churches of Christ)은 그리스도의교회(유악기)로, 그리스도의제자들(Christian Church/Disciples of Christ)은 그리스도의교회(제자회)로 표기함.
4. 일본어 인명과 지명은 현대 일본어로 표기하지만 한자음을 사용한 고유명사는 한자음으로 표기함.
5. '환원'이란 영어 restoration의 한국어 번역인데, '환원운동'에서 '환원'은 '성경으로 돌아간다'는 의미이고, '환원한다'는 말은 타 교파 목사가 그리스도의교회로 이적(移籍)하는 것을 의미한다.

제1부 /
들어가는 말

　　본서는 2016년 국내에서 개최되는 '그리스도의교회 세계대회'를 기념하여 한국 그리스도의교회를 소개하는 문서로 계획되었다. 시간적으로 새로운 연구는 불가능하여, 지금까지 한국 그리스도의교회 선배 목사들과 교수들, '빛과생명 그리스도의교회' 조동호 목사 그리고 서울기독대학교 백종구 교수가 최근에 수행한 연구 결과를 정리하는 것으로 제한하기로 했다. 원래 계획은 한국 그리스도의교회(유악기와 무악기)의 역사를 세 부분, 즉 충청 이북 지역의 그리스도의교회(유악기), 충청 이남 지역의 그리스도의교회(유악기), 그리고 그리스도의교회(무악기)로 나누어 기술하는 것이었다. 그러나 이 계획은 당시 진행 중에 있던 《스톤-캠벨 운동대사전》 번역 작업과 '그리스도의교회 세계대회' 주최 측인 한국 그리스도의교회 협의회의 사정으로 인해 더 이상 진척되지 못했다. 그러던 중 2016년 1월 조동호 목사의 《한국 그리스도의교회 이야기》가 본서의 기술에 재시동을 걸게 해주었다.

　　교회는 교회 밖 환경과 영향을 주고받으며 변화하며 살아간다. 본서에서 다루고자 하는 그리스도의교회는 19세기 초 발톤 스톤 (Barton Stone, 1772~1844)과 토머스 캠벨(Thomas Campbell, 1763~1854)이 교파교회의 분열에 반대하고, "성서(초대교회)로 돌아가 하나가 되자"는 이상을 추구하며 시작한 교회이다. 동 교회는 이후 미국 서부 보류지(개척지)를 중심으로 크게 성장하다가 1906년 인위적 조직과 예배 중 악기 사용에 반대하는 그리스도의교회가 분리해 나가고, 1927년 신신학에 반대하는 그리스도의교회가 분리해 나갔다. 한국에서는 1906년 분리해 나간 교회를 그리스도의교회(무악기 혹은 아카펠라)로, 1927년 분리해 나간 교회를 그리스도의교회(유악기)로 부른다.[1]

한국에서 그리스도의교회(유악기)는 1920년대 요츠야 선교부(Yotsuya Mission)의 한국 선교와 미국 그리스도의교회의 선교사 존 T. 채이스(John T. Chase, 1905~1987)에 의해 시작되어, 현재 300여 개교회를 가진 소규모 교단으로 성장했다. 그리스도의교회(무악기)는 1930년대 초 동석기 전도자와 강명석 전도자의 교회 개척에 의해 시작되어 1950년대 중반 자신의 정체성을 확립한 후, 현재 150여 개의 교회로 성장했다.

본서의 의도는 한국 그리스도의교회(유악기와 무악기)의 역사를 사건과 인물 중심으로 통시적으로 기술하는 것이다. 한국 그리스도의교회에 대한 역사적 기술은 김세복《한국 그리스도의교회 교회사(1930~1968)》(1969), 김홍철,《한국 그리스도의교회 성장사》(1985), 최윤권,《내가 본 한국 그리스도의 교회사》(2003), 김익진,《신약교회 운동사》(1986)와《한국 그리스도의교회사》(2011), 최재운《한국 그리스도의교회사》(2005) 등에 의해 시도되었다. 기존 역사서들은 한국 그리스도의교회의 사건과 인물을 통시적으로 재구성

---

1) 그리스도의교회(무악기 혹은 아카펠라)의 공식 명칭은 그리스도의교회들(Churches of Christ)이며, 그리스도의교회(유악기)의 공식 명칭은 그리스도인의교회들/그리스도의교회들(Christian Churches/Churches of Christ)이다.

한 것으로 많은 정보와 1차 자료를 제공해 준다. 그러나 이 역사서들은 대부분 교회 내부에서 일어난 일들을 기술하는 데 집중하여 한국 그리스도의교회와 교회 밖 한국사회와 기독교의 관계를 설명하지 못했다. 그리고 최근 미국에서 수집된 요츠야 선교부의 〈Tokyo Christian〉, 채이스 선교사의 〈The Korean Messenger: Korea for Christ〉, 해롤드 테일러(Harold Taylor, 1904~1976)의 〈For Christ in Korea〉와 같은 영문 1차 자료를 사용하지 않았다. 또 최근에 이루어진 존 J. 힐(John J. Hill, 1913~2009) 선교사, 해롤드 테일러 선교사, 최순국 목사, 부산에서의 라디오 방송 선교에 대한 연구 결과를 반영하지 못했다.

본서는 한국 그리스도의교회의 역사를 네 시기, 즉 1920~1945년, 1945~1960년, 1960~1990년, 1990년 이후로 나누고, 각 시기별 주요 사건과 인물을 통시적으로 다룰 것이다. 이에 더하여 기존 역사서들이 미흡하게 다룬 한국 그리스도의교회와 교회 밖 한국사회와 기독교계를 연계하고, 새로 발견된 자료를 해석하고 연구한 결과를 반영할 것이다.

본서 출판을 위하여 기도와 격려 그리고 봉사로 도와주신 분들이 있다. 현 서울기독대학교 총장 이강평 목사는 본서의 기획에서부터 시니어 교수, 멘토, 친구로서 기도해 주시고 격려해 주셨다. 그리스도의교회 협의회 임원들은 본서에 필요한 자료를 열람하게 해주시고 또 자료를 수집하는 데 지원을 아끼지 않으셨다. KC대학교 전인수 교수, 서울기독대학교 대학원 김석주 목사, 윤미라 사모는 본서의 초안을 윤독하고 교정할 곳을 지적해 주셨다.

끝으로 이 자리를 빌어 감사의 말씀을 드려야 할 분들이 있다.

우선 1999년 3월 그리스도의교회 사이버 연구소를 인터넷에 개설하고 지난 19년 동안 밤낮없이 수집한 자료를 공유하게 해주신 조동호 목사에게 감사를 드린다. 다음으로 일본 동경 요츠야 선교부에서 발행한 월간 선교지 〈Tokyo Christian〉 자료를 주신 미국 텍사스 주 포트워스 소재 브라이트 신학대학원의 교회사 교수 이상훈 박사(Dr. Timothy Lee, Brite Divinity School of Texas Christian University, Fort Worth, Texas)에게 감사의 마음을 전한다. 끝으로 채이스 선교사의 〈The Korean Messenger: Korea for Christ〉, 해롤드 테일러의 〈For Christ in Korea〉 자료를 주신 미국 인디애나 주 인디애나폴리스 소재 크리스천신학대학원의 교회사 교수 스코트 씨에이 박사(Dr. Scott Seay, Christian Theological Seminary, Indianapolis Indiana)에게 감사를 드린다.

제2부 /
한국 그리스도의교회의 개척과 정착(1920~1945)

그리스도의교회가 한반도에 소개된 시기는 1920~1930년대로 일제가 구한국을 식민지로 통치하던 때였다. 구한국은 1876년 일본에 문호를 개방한 이후 미국을 시작으로 서구의 열강과 통상조약을 맺고 개화정책을 추진했으나 1910년 8월 한일합방으로 일제의 식민지로 편입되었다. 1880년대 중반부터 본격적으로 한반도에 소개되기 시작한 서구의 기독교는 신앙고백을 수용한 교파형 교회(교단)들로, 비교적 빠른 시간에 한반도 전체에 많은 교회들을 개척하였다. 그리스도의교회는 주요한 교파형 교회들이 경쟁적으로 교세를 확장하던 시기에 한국에 소개되었다.

1.
일제 치하 한국교회의 상황

1) 선교사들의 입국과 교파교회의 정착

서구의 기독교는 1880년대 중반부터 본격적으로 한반도에 들어왔다. 한국에 들어온 교회들은 장로교와 감리교(1885), 침례교(1889), 성공회(1890), 안식교회(1904), 동양선교회(성결교회의 전신, 1907), 구세군(1908)과 같은 교파형 교회로, 이들 교파교회 소속 선교사들은 1920~1930년대 한반도에서 의료, 교육, 문서, 복음 전도 등 다양한 선교 활동을 펼쳤다. 이들의 선교 활동으로 한반도에 서로 다른 신앙과 조직의 배경을 가진 교파교회(교단)가 형성되었다.

비교적 빨리 한국 선교에 착수한 장로교와 감리교 소속 선교사들은 교파적 교육기관인 정규 신학교를 설립하고, 교파별 교육과정을 도입하여 교단 목회자를 양성하였다. 장로교는 1907년 북장로교, 호주 장로교, 캐나다 장로교, 남장로교 등 4개 선교부가 연합하여 평양에 장로교신학교를 설립하였다. 또 노회를 조직하고 12개조의 신앙고백을 채택하고 총회를 설립하여 신학과 조직의 정체성을 확립하였다.

감리교의 경우 1907년 남감리회와 미감리회가 연합으로 서울에 협성신학교를 설립하였다. 1885년과 1895년대 각각 다른 배경과 통로로 한반도 선교에 착수한 미감리회와 남감리회는 각자 교회정치의 최고 기구인 총회를 미국에 두고 한국에서는 선교회 - 선교연회 - 연회조직으로 운영하였다. 그러다가 1930년 두 감리교회가 합동을 추진하여 '기독교조선감리회'가 설립되고, 교회법을 마련하여 8개조의 〈기독교 대한감리회 교리 선언〉을 발표하였다. 그리고 11월 '합동총회'를 조직하였다.[1] 또 구세군은 1910년 '성경대학'이란 사관학교를, 동양선교회는 1911년 서울에 '성서학원'을 세웠다. 이들 신학교는 보편적 기독교 진리와 함께 교파교회의 특수한 교리와 신학을 가르쳤다.[2]

선교부의 선교지역 분할정책은 교회의 지리적 지형에 영향을 주었다. 장로교와 감리교 소속 선교사들은 한반도에 진주한 지 몇 년 안 되어, 선교사업의 중첩을 피하고 재정과 시간 그리고 힘의 낭비를 피하기 위해 선교지역 분할협정을 체결하여 선교지역의 분할을 추진했다. 최초의 분할협정은 1893년 미감리회와 북장로회 사이에,[3] 이후 1898년 북장로교와 캐나다 장로교 사이에,

---

1) 한국기독교역사연구소, 《한국 기독교의 역사 II》 (서울: 기독교문사, 2011), 177.
2) 앞의 책, 170-171.
3) 1893년 합의 원칙 전문은 L. George Paik, *The History of Protestant Missions in Korea 1832-1910*, 449-450. 주요 골자는, 인구가 5,000명이 넘는 개항장과 도시는 두 선교부가 공동으로 점유하고 그 이하의 지역에서는 해당지역에 처음으로 선교분소를 설치한 선교부에 양도하되 교인은 그 소속 교회의 추천 없이는 이적할 수 없게 하였다.

1909년 북장로교와 호주 장로교 사이에 협정이 체결되었다. 감리회의 경우 1901년 남감리회와 미감리회 사이에 협정이 추진되었다. 1900년대 중반부터 장로교와 감리교 간 협정 체결이 시작되고, 1905년 북장로회와 미감리회가, 1907년 미감리회와 남장로교가, 1909년 미감리회와 북장로교가 협정을 체결하였다. 이들 장로교와 감리교 간 협정이 추진되어 한반도에 장, 감 선교회 간 선교구역이 확정되었다.[4]

선교지역 분할협정은 장, 감 선교회 간 선교지역의 분할로, 구세군, 성공회, 동양선교회 등 다른 교파교회의 선교회는 협정에서 배제되었다. 장, 감교회 간 이루어진 협정으로 도입된 선교구역 분할은 장로교회 내부에 미친 부작용도 있어 1934~1935년 장로교 총회는 선교구역 폐지를 주장하였다. 또 주민의 이주가 많은 지역인 북만주에서는 분할정책으로 인한 부작용을 타개하기 위해 감리교 만주연회 소속 감리교 목회자들이 초교파 교회인 '조선기독교회'를 창립하기도 했다. 선교구역 분할은 다른 교파 선교회의 선교구역 진입을 방해하기도 했다.

2) 반선교사운동, 자치운동, 무교회운동

1920~1930년대에는 외국 선교사들의 주도권에 저항하는 한국인 기독교 세력이 형성되었다. 일제가 한반도를 합병한 이후 일제의 무단정치 아래 선교사들은 일제가 기독교에 대하여 취하는 억압 통제 조치에 반대했지만, 한국인 기독교인들이 전개하는 여러 형

---

4) 한국기독교역사연구소, 《한국 기독교의 역사》 제1권 (서울: 기독교문사, 2011), 213-218.

태의 민족운동에는 공식적으로 중립의 입장을 취했다. 3.1독립운동의 여파로 일제의 대한정책이 문화정치로 바뀌면서 상당수의 선교사들이 한국인 기독교인들의 정치 참여와 민족주의에 반대하고 한국교회의 비정치화를 추구했다. 1920년대 이후 한반도에 들어온 선교사들 가운데 일부 선교사들이 백인과 서구문화 우월의식을 가지고 '허시모 사건,' 경성성서학원의 동맹 휴학, '인종차별적 처우' 등 여러 가지 비행과 추문에 관련된 사건들을 일으켰다. 이런 사건들은 일부 기독교인들에게 저항의식을 일으키고 일반 사회에 선교사들을 배척하는 분위기를 고조시켰다.[5]

한편 선교사들의 지배와 교권에 대한 저항 혹은 신앙이나 교리상의 이견 등으로, 기존 교회로부터 분리하여 별도의 교회를 세우고 자유 혹은 자치교회를 표방하는 교회들이 나타났다. 장로교회의 경우, 평양장로회신학교 졸업생 최중진이 선교사들에 대한 불만으로 1909년 '대한예수교자유회'라는 자유교회를 설립하고, 이후 1918년 평양장로회신학교 7회 졸업생 김장오가 자유신학적 성경해석으로 황해도 노회로부터 목사직 휴직의 처분을 받자 '조선기독교회'를 조직하였다. 이어 이만집과 박증명이 1920년대 각각 '자치교회'와 '마산예수교회'를 조직하였다. 감리교의 경우 이용도와 그의 추종자들이 1930년대 '예수교회'를 창설하고, 변성옥을 중심으로 만주에서 초교파조직인 '조선기독교회'를 설립하였다.[6]

다른 한편 1920년대 후반 김교신을 중심으로 기존 교회의 교리, 예배, 조직으로부터 분리하고, 성경의 진리를 연구하여 한국인에

---

5) 앞의 책, 169-174.
6) 앞의 책, 192-202.

게 전달함으로써 성경 위에 한국인의 신앙을 세우려는 무교회주의 교인들이 나타났다. 또 최태용은 1935년 기존 교회의 재정과 조직으로부터 분리하여 한국인의 힘으로 운영되는 '기독교조선복음교회'를 설립하였다.[7]

3) 한국교회의 교세

1930년 한반도에 활동하던 교파 교회 수는 3,484개, 목회자 수는 2,102명, 교인의 수는 279,669명이었다. 구체적으로 교회의 수는 장로교가 2,523개로 전체의 72%, 감리교가 739개로 전체의 21%, 목회자의 수는 장로교가 1,462명으로 전체의 69%, 감리교가 364명으로 전체의 17%, 교인의 수는 장로교가 211,442명으로 전체의 75%, 감리교가 48,654명으로 전체의 17%였다. 통계로 보면 1930년대 한반도의 기독교는 장로교와 감리교가 주도하고 있었다.

이들 장로교와 감리교는 선교지 분할정책으로 지역에 편중되어 있었다. 감리교의 경우 교인이 경기도와 충청도 강원도에 64%, 평안도와 황해도에 33%가 몰려 있었다. 장로교의 경우 감리교에 비해 고르게 분포하고 있지만, 평안도와 황해도에 55%, 경상도와 전라도에 각각 19%와 14%가 집중되어 있었다. 또 경기도와 충청도 강원도에 성공회 교인의 76%, 동양선교회 교인의 49%, 구세군 53%가 집중되어 있었다.[8]

---

7) 앞의 책, 202-208.
8) 한국기독교역사연구소, 《한국 기독교의 역사 II》, 162.

⟨1932년 교파 교회 현황⟩

구분	교회		목회자		교인	
조선예수교장로회	2,523	72%	1,462	69%	211,442	75%
기독교조선감리회	739	21%	364	17%	48,654	17%
성공회	72		90		6,254	
동양선교회	93		121		8,316	
구세군	57		65		5,003	
총계	3,484		2,102		279,669	

4) 신사참배와 일본기독교조선교단

　1930년대 후반 아시아와 세계 제패의 야심을 가진 일제는 한국교회에 신사참배와 전쟁 협력을 강요하였다. 신사참배는 신사(神社, 일본의 국조신과 천황과 무사들의 영을 둔 사당)에 절하고 섬기는 의식이다. 처음에 선교사들은 신사참배를 우상숭배로 규정하고 이에 불응하였고 한국교회도 불응하였다. 그러나 일제가 중일전쟁을 시작하고 전시체제로 들어서면서 한국교회는 점차 신사참배에 순응하고 부일 협력에 나섰다.

　1941년 12월 7일 일본이 미국 하와이 주 오아후 섬 진주만에 있는 미군 기지를 기습 공격함으로써 태평양전쟁을 일으켰다. 미국 정부는 자국민의 신변 보호 차원에서 미국인의 철수를 권고하였고 이에 많은 미국 선교사들이 귀환했다. 태평양전쟁을 시작한 일본은 학교와 교회에 신사참배를 강화하고, 교파교회 지도자들을 움

직여 교회들이 일본에 인적·물적 전쟁 물자를 지원하게 했다. 그리고 1945년 7월 장로교, 감리교, 구세군을 대표한 지도자들과 소교파 5곳에서 온 대표자들을 움직여 한국 교파교회를 통폐합하여 '일본기독교조선교단'으로 조직하여 일본기독교회에 편입시켰다.[9]

---

9) 장로교 대표 27명, 감리교 대표 21명, 구세군 대표 1명, 소교파 5곳 대표자 각 1명이 평양 장대현교회에 모여 '일본기독교조선교단'의 성립을 공포하였다. 김인수, 《한국 기독교회의 역사(하)》 (서울: 쿰란출판사, 2012), 249.

2.
한국 그리스도의교회의 개척

1) 윌리엄 D. 커닝햄과 한국 선교

(1) 윌리엄 D. 커닝햄의 한국 선교에 대한 관심

윌리엄 D. 커닝햄(William D. Cunningham, 1864~1936)은 1894년 베다니 대학(Bethany College)에서 신학을 공부하고 졸업 후 캐나다 온타리오 주 세인트 토머스(St. Thomas) 교회에서 목회를 시작하였다. 그는 목회 시절 선교에 관심을 갖고 있었는데, 동일한 관심을 갖고 기도하던 에밀리 보이드(Emily Boyd)를 만나 1898년 6월 2일 결혼하였다.[10] 갓 결혼한 커닝햄 신혼 부부는 신혼여행 기간에 해외 그리스도인 선교회(Foreign Christian Missionary Society, 1875년 창립)에 지원하여

---

10) "A Bit of History," *Tokyo Christian*, September 1930: 3; Emily Boyd Cunningham, "Homeward Bound," *Tokyo Christian*, October 1936: 2-4.

합격한 후 일본 선교를 제안받고 준비하였다. 그러나 어느 날 갑자기 커닝햄의 몸에 이상이 생겨 선교사 불가 판정을 받았다. 이후 커닝햄 부부는 총 4년에 걸쳐 네 차례 더 지원하였으나 건강상의 이유로 매번 불가 판정을 받았다. 결국 커닝햄 부부는 독립선교사 신분으로 일본에 가기로 결정했다.

좌측부터 에밀리 보이드 커닝햄, 엘로이즈, 윌리엄 커닝햄

커닝햄 부부는 1901년 9월 샌프란시스코 항에서 차이나(China) 호에 승선하여 10월 1일 일본 요코하마(횡빈, 橫濱) 항에 도착하였다.[11] 도쿄(동경, 東京)에서 커닝햄은 생계를 목적으로 시간제 교사로 영어를 가르쳤고, 얼마 후 일본 귀족대학에 영어 강사로 채용되었다. 커닝햄은 도쿄에 도착한 지 한 달 만인 1901년 11월 1일 선교기금 모금의 방편으로 월간 〈Tokyo Christian〉을 발행하기 시작했다. 1902년 선임 선교사들로부터 요츠야 선교부(Yotsuya Mission)를 인수받고, 이곳을 선교 본부로 선교 활동을 전개했다. 요츠야 선교부는 도쿄 중심부에 가까운 언덕 위에 있었고, 나중에 길 건너편에 일본 천왕의 궁전이 세워졌다.[12]

---

11) 커닝햄이 일본에서 사역을 시작한 지 5년 후 미국 그리스도의교회(Churches of Christ, 아카펠라)가 그리스도의 제자들(Disciples of Christ)에서 분리되고, 1920년대 후반 그리스도인의교회들/그리스도의교회들(Christian Churches/Churches of Christ)이 그리스도의 제자들(Disciples of Christ)에서 하나 둘씩 탈퇴하여 독립교회로 갈라서기 시작했다. 커닝햄의 신학적 입장은 그리스도인의교회들/그리스도의교회들(Christian Churches/Churches of Christ)과 일치했다.

12) Emily B. and W. D. Cunningham, "Our Fourth Anniversary" and Kate V. Johnson, "Not Sick But Working," *Tokyo Christian*, November 1905: 2; "Our Sixteenth Anniversary," *Tokyo Christian*, November 1917: 2.

요츠야 선교부가 자리를 잡자 커닝햄은 "수확을 기다리는 세계 최고의 황금들판"으로 회자되는 한국에 관심을 갖기 시작하였다. 1907년 중국 상해에서 개신교 선교 100주년대회(China Centenary Missionary Conference, 4월 25일~5월 8일)가 개최될 예정이어서 그는 M. B. 매든(M. B. Madden)과 함께 한국을 거쳐 상해로 갈 계획을 세웠다.[13] 1907년은 평양대부흥운동이 절정기에 이른 시점이어서 그들은 상해로 가는 도중 부흥회 현장을 직접 확인할 수 있었고, 한국 선교에 대한 관심은 더욱 커지게 되었다.

2년이 지난 1909년, 요츠야 선교부의 일본기독교회에 출석하던 한국인 교인이 서울 YMCA 총무로 재직하게 되었다. 그는 한국에 머무는 동안 주변의 지인 몇몇 사람들에게 복음을 전하여 한국에서 최초로 그리스도의교회의 침례를 주었다. 이에 고무되어 커닝햄은 한국에 대한 자신의 관심을 미국 성도들에게 알리기 시작했으며[14] 1923년 그 결실을 보게 되었다. 아이오와(Iowa) 주에서 한 성도가 한국 선교를 위해서 2천 달러의 헌금을 약속하고, 착수금으로 600달러를 보냈기 때문이다. 커닝햄은 즉시 한국에 선교기지를 세울 계획을 세우고 그해 9월 말 방한을 계획했으나, 9월 1일 도쿄와 요코하마 일대에 발생한 대지진으로 방한 계획은 이듬해로 늦춰지게 되었다.[15]

---

13) "Trip to Korea," *Tokyo Christian*, June 1924: 2.
14) "Our Sixteenth Anniversary," *Tokyo Christian*, November 1917: 2; "Mr. Kwong Choon Kim," *Tokyo Christian*, July 1927: 1.
15) "Tokyo Smitten," *Tokyo Christian*, September~October 1923: 4; "Miscellaneous," *Tokyo Christian*, March 1924: 2-3.

(2) 윌리엄 D. 커닝햄의 한국 선교

지진 피해 수습이 끝나자 1924년 3월 중순 커닝햄은 일본기독교회에 출석하는 박제곤을 서울에 보내 선교기지를 물색토록 하고, 3월 25일 커닝햄 부부가 직접 방한하여 서울에 선교기지(포교소)를 세웠다.[16] 동년 5월 박제곤이 부친의 반대로 사임하자[17] 10월에 그를 대신하여 경성성경학원(성결교회)을 다니다가 중퇴한 이원균을 사역자로 세웠다. 1927년 중반 이원균이 중단했던 신학 공부를 지속하기 위해서 사임하자 김광춘을 파송하고, 1929년 3월 26일 도쿄 삼하도(三河島) 조선기독교회의 담임목사 박흥순을 포교 책임자로 서울에 파송하였다.[18] 이 무렵 박흥순은 추가로 투입된 이성록, 이동혁과 함께 6개의 선교기지를 운영하고, 그 가운데 한 곳을 1930년 4월 27일 서울 제1교회(요츠야 선교부 제13번째 교회)로 조직하였다.[19] 커닝햄이 서울에 선교기지를 세운 지 만 6년 만에 거둔 결실이었다.[20]

커닝햄은 1931년 9월 하순 박흥순을 대신하여 횡빈조선기독교회의 담임목사 성낙소를 포교 책임자로 파송하였다. 성낙소가 포교 책임자로 귀국한 시기와 비슷한 때 요츠야 선교부의 존 T. 채이스(John T. Chase) 선교사가 한국을 시찰하기 위해 다녀갔으며, 일본

---

16) "Trip to Korea," *Tokyo Christian*, June 1924: 2.
17) "Mr. Kwong Choon Kim," *Tokyo Christian*, July 1927: 1.
18) "About People" and "Yotsuya Mission Workers," *Tokyo Christian*, November 1929: 1-2.
19) "About People," *Tokyo Christian*, June 1930: 2-3.
20) 성낙소가 조선기독교회 포교 책임자로 부임했을 당시 계동에 거주한 것과 커닝햄이 써 준 신분증의 내용으로 볼 때 서울 제1교회는 계동 127번지에 있었던 것으로 추정된다. 성낙소, 《기독의교회와 성낙소와의 관계》 김종기, 조동호 엮음 (계룡: 그리스도의교회 연구소, 2010), 22. http://kccs.info, [게시 2018년 1월 24일]; 국가기록원, 〈동경사곡선교회 기독교회 포교 관리자 설치계에 관한 건〉(생산기관: 조선총독부 학무국 사회교육과, 생산년도: 1932년, 관리번호: CJA0004799).

와세다 대학교(학사)와 상해 성요한 대학교(석사)를 졸업한 공립학교 교사 김영배가 통역과 번역을 담당하였다.[21] 성낙소는 포교 책임자로 20개월 동안 서

커닝햄 선교사가 소천 3개월 전 힛치 선교사와 함께 방문했던 인천송현기독교회(1936년 3월)

울 제1교회를 담임하며, 인천의 난도(남동)교회(침례 52명, 요츠야 선교부 제15번째 교회)와 송현기독교회(침례 18명, 요츠야 선교부 제16번째 교회)를 도와 교회로 승격시켰으며, 서울 숭4동 주일학교(유치원)를 설립하였다(1932년 3월 14일). 또 조선기독교회를 1932년 6월 11일에 조선총독부 학무국 사회과에 '동경사곡선교회 기독교회'라는 명칭으로 포교 관리자 설치계를 신고하였고[22] 12월 경기도 경성부 수창동에 '기독교회 경성교회'(성낙소)와 경기도 고양군 용깅면 아헌리에 '기독교회 아현교회'(김문화), 1933년 2월 경기도 인천부 송현리에 '기독교회 인천교회'(성낙소)를 위해 포교소 설치계(포교소 설치를 위해 조선총독부에 제출하는 증명원)를 신고하였다.[23]

---

21) "Tokyo Notes," *Tokyo Christian*, November 1931: 1; December 1931: 2; "About People," *Tokyo Christian*, May 1932: 1; "Back from Korea Facts in a Nut Shell," *Tokyo Christian*, December 1936: 1.

22) 국가기록원, 〈동경사곡선교회 기독교회 포교 관리자 설치계에 관한 건〉; 국가기록원, 〈조선총독부관보〉(제1692호 6면, 소화 7년 8월 26일); "Miscellaneous," *Tokyo Christian*, January 1932: 2; "Growing," *Tokyo Christian*, June 1932: 4; "About People," *Tokyo Christian*, August 1932: 1; "Miscellaneous," *Tokyo Christian*, June 1933: 1-2; "Korean Kindergarten & Bible School," *Tokyo Christian*, July 1933: 1; "Honest, Unbiased Investigation Welcomed," *Tokyo Christian*, January 1937: 2; 성낙소, 《기독의 교회와 성낙소와의 관계》, 22.

23) 국가기록원, 〈조선총녹부관보〉(제1857호 6면, 소화 8년 3월 20일; 제1829호 6면, 소화 8년 2월 15일; 제1857호 6면, 소화 8년 3월 20일; 제1882호 9-10면, 소화 8년 4월 20일); 〈동경사곡선교회 기독교회 포교 관리자 변경계〉(소화 11년 도서류)」(생산기관: 조선총독부 학무국 사회교육과, 생산년도: 1936년, 관리번호: CJA0004842); 〈동경사곡선교회 기독교회 포교에 관한 건 (소화 11년 도서류)〉(생산기관: 조선총독부 학무국 사회교육과, 생산년도: 1936년, 관리번호: CJA0004842); "Honest, Unbiased Investigation Welcomed," *Tokyo Christian*, January 1937: 2.

2. _ 한국 그리스도의교회의 개척

1932년 8월 커닝햄은 한국으로부터 긴급히 선교 지원을 요청하는 전보를 받았다. 이때 일본의 요츠야 선교부는 본국에서 오는 선교기금의 부족으로 재정난을 겪고 긴축재정을 운영하고 있었다. 선교기금의 부족을 메우기 위해 선교부는 선교기지 패쇄, 본토 전도인 해고, 선교사의 사례비 삭감, 일본인 교회에 대한 지원 동결, 가능한 교회에 자립 권유 등을 하였다.[24] 그러나 커닝햄은 한국에 열린 복음 사역의 기회를 놓치지 않기 위해 일본인 교회 사역자의 동의 아래 일본인 교회를 자립시키는 대신 한국인 교회에 대한 지원을 계속했다.[25] 그리고 일본 도쿄에서 복음 전도 사역을 하고 있던 제10교회의 전임사역자 이인범을 보내 현지의 상황을 조사하게 했다. 이인범은 1932년 8~9월과 1933년 2~3월 두 차례 한국에 머물면서 복음집회를 인도하고 귀국하여 고무적인 보고를 하였다.[26] 커닝햄은 1932~33년 한국 현지의 상황을 이렇게 썼다.

> 한국에 신약교회를 설립할 때가 왔다…한국에는 두 개의 큰 교파[장로교와 감리교]가 큰 성공을 거두고 있다. 이곳에는 이 선교회[요츠야 선교부]가 전한 가르침을 제하면 비교단[undenominationalism]의 가르침은 전무하다. [장로교와 감리교 교회가 맺은] 선교지역 분할협정이 한국에 신약교회를 설립할 기회를 빼앗아갔다. 한국교회에는 성경공부와 기도 두 가지가 유명하다…최근 1~2년 동안 교파주의에 불만을 가진 불평의 소리가

---

24) "Thirty-Second Annual Report," *Tokyo Christian*, February 1933: 2.
25) 앞의 신문.
26) "Evangelism," *Tokyo Christian*, February 1933: 2; "Mr. Lee's Second Survey in Korea," *Tokyo Christian*, May 1933: 4. 이인범은 1932년 첫 방문 교회(출석교인 150명)에서 목사 1명, 장로 2명, 집사 12명, 평신도 56명을, 1933년 사역에서 53명을 침례했다.

나오고 있다. 교회들은 인간적인 신조로부터 독립을 선언하고, 분파주의의 사슬을 벗어버리고, 성경을 그들의 신앙 가이드로 삼았다…인간적인 신조가 없는 교회에 대해 전해 들은 무리들이 그리스도의교회를 조직하고 치리하는 방법에 대해서 묻는 편지를 사방에서 보내오고 있다.[27]

이 시기 감리교와 장로교 선교사들이 선교지 분할협정(Comity Agreements)을 맺어 타 교단의 선교를 가로막는 상황에서 요츠야 선교부에 도움을 준 인물이 있

평북 방현기독교회(1935년 4월 21일)

었다. 그는 두 차례 조선총독부 총독(1919~1927, 1929~1931)으로 재직하면서 조선총독부에 종교과를 신설하여 기독교에 우호정책을 펼쳤던 사이토 마코토(齋藤實, 1858~1936)였다. 사이토 부부는 커닝햄 부부와 절친한 이웃이었다.[28]

한편 이원균이 경성성서학원에서 학업을 마치는 동안 경제적 도움을 주었던 요츠야 선교부는 1932년 말(혹은 1933년 초)에 (학업을 마친) 이원균을 평북 구성군 방현면에 파송하였다.[29] 그리고 1933년 5월

---

27) William D. Cunningham, "Awakening Korea," *Tokyo Christian*, November 1933: 1.
28) "About People," *Tokyo Christian*, January 1936: 1.
29) "W. K. Lee Says," *Tokyo Christian*, February 1936: 3.

2. _ 한국 그리스도의교회의 개척

20일 성낙소를 해임하고[30] 6월 5일 이인범을 포교 관리자로 선임하였다. 이인범 목사는 9월에 입국하여 인천기독교회 송현교회를 맡아 활동을 시작하였고, 1935년부터는 한강 이남의 주요 도시인 마산과 대구로 전도지역을 확장하여 동년 5월 대구에서 8명에게, 이듬해 마산에서 70명에게 침례를 베풀었다.[31] 그는 1936년 7월 8일 '동경사곡선교회 기독교회'를 '기독교회 조선선교회'로 교파명 변경계를 신고하고, 9월 4일 성낙소 목사(경성부 수창동)와 김문화 목사(경성부 원동정)의 포교 폐지계를 신고하였으며, 자신은 서울의 제1교회(아현동)를 담임하였다.[32] 이후 이인범은 1943년 9월 17일 포교 관리자 변경계 및 동년 9월 30일 포교 폐지계가 신고될[33] 때까지 7년 8개월간 요츠야 선교부를 대표하여 서울과 제물포(현 인천)를 중심으로 순회하며 전도집회를 열고, 교회를 개척하고 관리하였다.

한국 그리스도의교회의 빠른 성장에 고무된 커닝햄은 1935년 4월 네 번째로 한국을 방문하고, 이듬해 1936년 3월 요츠야 선교부에 갓 부임해 온 토머스 G. 힛치(Thomas G. Hitch)와 함께 다섯 번째로 한국의 교회들을 시찰하였다. 방한 이후 커닝햄은 6개월 정도 안

---

30) "A Venture of Faith," *Tokyo Christian*, August 1932: 2; William. D. Cunningham, "Enlarged Program for Korea," *Tokyo Christian*, August 1933: 1. 오수강 편집, 《基督의 敎會와 성낙소와의 관계》(필운동 그리스도의교회, 2007), 124. 성낙소는 이인범이 자신의 사역 활동을 커닝햄에게 거짓으로 보고하여 그를 해직하게 하였다고 말한다. 그러나 당시 이인범은 요츠야 선교부에 의해 도쿄에 있는 한국인 사역자 중 가장 능력 있는 복음 사역자로 인정받은 사람으로, 성낙소의 해직 사유를 단지 이인범의 보고에만 돌리는 것은 무리가 있다. "About People," June 1936: 2.
31) "Miscellaneous," *Tokyo Christian*, February 1936, vol. XXXV no.4, 3. 그가 조선총독부 학무국 사회과에 제출한 '동경사곡선교회 기독교회'의 포교 관리자 변경계는 1936년 1월 10일에야 받아들여졌다. 국가기록원, 〈조선총독부관보〉(제2752호 12면, 소화 11년 3월 18일).
32) 국가기록원, 〈조선총독부관보〉(제2883호 6면, 소화 11년 8월 21일; 제3007호 5면, 소화 12년 1월 26일; 제3042호 6면, 소화 12년 3월 9일; 제3007호 4, 6면, 소화 12년 1월 26일).
33) 국가기록원, 〈조선총독부관보〉(제5020호 14면, 소화 18년 10월 26일; 제5024호 20면, 소화 18년 10월 30일).

식년³⁴⁾을 갖기 위해 미국으로 건너가 선교여행을 시작하였다. 5월 중순 캘리포니아 주를 출발하여 애리조나 주와 콜로라도 주를 거쳐 미네소타 주 로체스터(Rochester)에 도착한 다음날, 커닝햄은 암 진단을 받고 때늦은 치료를 시작하였으나 6월 24일 향년 72세로 사망하였다.

커닝햄이 사망할 때까지 요츠야 선교부는 서울에 3개(?, 적선동, 아현동),³⁵⁾ 인천에 3개(송현동, 유동, 금곡동), 평북 구성군에 2개(방현면, 오봉면), 평북 정주군에 2개(용포동, 근담동), 황북 중화군 대류리에 1개, 경남 마산에 1개, 일본 도쿄에 2개(삼하도, 심천), 요코하마에 1개, 총 15개(한국 12개, 일본 3개)의 조선기독교회를 세웠다. 또 한국에 12명, 일본 조선기독교회들과 유치원 및 일요(주일)학교들에 다수의 한국인 사역자들을 고용하고 있었다.

(3) 제2차 세계대진 진후 한국 기독(그리스도의)교회들의 상황

커닝햄의 사망과 일제의 탄압에도 불구하고 조선기독교회들은 도쿄의 요츠야 선교부의 지원을 받으며 지속적으로 발전하였다. 1941년 3월 말 한국에는 교회 17(19)개, 선교기지(포교소) 30개, 서울 성서훈련원, 한국인 사역자 13명과 다수의 여전도사들이 활동하고 있었다.³⁶⁾ 이와 별도로 1936년 말부터 1940년 중반 사이에 뒤에 언

---

34) 커닝햄은 이 안식년 기간 동안, 1934년 후반기에 급여 문제로 갈라선 존 T. 채이스가 요츠야 선교부에 대해서 제기한 문제와 1935년에 마이클 쉘리가 제기한 문제, 곧 이인범이 조선총독부에 포교 관리자계 또는 포교자계를 신고하지 아니한 채 불법으로 전도 활동을 해왔고, 요츠아 선교부가 미국교회들에 보고한 한국 선교 내용에 허위가 있다는 제보에 대해서 해명할 기회를 갖고자 하였다.
35) 국가기록원, 〈동경사곡선교회 기독교회 포교 관리자 변경계(소화 11년 도서류)〉; 〈동경사곡선교회 기독교회 포교에 관한 건(소화 11년 도서류)〉.
36) 인천(송현동, 금곡동, 화정동, 대화동)에 4개, 서울(아현동, 염리동, 마장동, 영등포, 대흥동)에 5개, 평북 구성군에 2(3)개(방현면, 오봉면, 평지동), 평북 정주군에 3(4)개(용포동, 문인동,

급할 존 T. 채이스가 세운 교회 5개와 미국에서 학업을 마치고 막 돌아온 동석기와 강명석이 세운 교회들이 추가로 더 있었다.

그러나 1941년 4월 1일 일제의 새로운 종교법이 시행된 이후 외국인 선교 및 후원이 중단되자, 요츠야 선교부는 한국 선교를 포기하였다. 이 무렵 일제의 박해는 심각한 수준이었다. 이미 1940년 11월 한국에 주재한 선교사들이 본국으로 철수하고, 일본에 주재한 선교사들도 새로운 종교법 시행 이후 모두 본국으로 철수하였다. 교회들은 폐쇄당하거나 지하로 잠복하였고, 선교부의 재산은 적산으로 간주되어 몰수당하였다. 실제로 일제는 송월동의 '기독교회선교부' 재산을 몰수하여 세 들어 살고 있던 전항섭에게 매도하였다. '조선선교회 기독교회' 소속 교회들은 요츠야 선교부로부터, '기독교회' 소속 교회들은 '기독교회 선교부'로부터 1941년도의 후원금을 한 몫에 받았지만[37] 이후 후원은 중단되었다. 1941년 12월 7일 제2차 세계대전이 발발한 후 약 5~6년간 한국과 일본의 기독교회들은 선교사들과 일체의 연락이 두절된 상태로 지내야 했다.[38] 이 기간 요츠야 선교부의 교회들과 '기독교회선교부'의 교회들은 일제가 실시하는 동방요배, 신사참배, 일본기독교조선교단의 입회에 반

약수포, 근담동), 신의주에 1개, 마산에 1개, 대구에 1개 교회가 있었다. 또 일본에서는 도쿄에 2개(삼하도, 심천) 교회와 유치원 및 일요(주일)학교들이 있었다. 조동호, 〈조선총독부 기록으로 본 한국 그리스도의교회〉(그리스도의교회연구소, 2016), 62-68.

37) 요츠야 선교부는 이 돈을 '커닝햄 한국기념기금'에서 충당하였고, '기독교회 선교부'의 채이스는 1941년 2월 24일부터 3월 말까지 방한하여 박해 상황의 심각성을 이문목도(耳聞目睹)한 후, 존 J. 힐(John J. Hill)과 자신의 소유물 가운데 팔 수 있는 것은 모두 팔아 1941년치 후원금을 남겨놓았으며, 송월동 건물을 세 놓아 수입을 얻도록 조치하였다. "Korean Christian Mission (in Retrospect)" and "Gospel Headquarters in Seoul," *The Korean Messenger*, May 1946: 3-4.

38) 요츠야 선교부는 1941년 4월 이후 한국 선교를 포기하였고, 1947년 2월 14일 오웬 스틸과 동년 6월 14일 에밀리 커닝햄이 일본에 재입국하여 요츠야 선교부를 재건하였으나 한국 선교를 재건할 의사가 없었다. 반면에 '기독교회 선교부'는 1947년 1월 중순부터 2월 말까지와 1948년 10월 17일부터 1949년 2월 중순까지 채이스의 두 차례의 단기 방한 및 1949년 2월 18일 힐 선교사 가족 재입국으로 한국 선교를 재건하였다.

대하였다. 이인범, 김요한, 성낙소, 최상현, 김문화 등의 목회자들은 체포되어 심하게 매를 맞거나 구금당하였다. 북한에서 개척된 기독교회들의 소식은 끊겼고, 인천의 화정(유동)기독교회와 금곡동기독교회는 송현기독교회와 통합하였다. 송현기독교회(인천 제1교회)는 해방 후 담임목사 신신근이 사망한 지 8일 만인 1946년 12월 10일 기독교대한성결교회로 재건되었다.[39]

요츠야 선교부와 관계를 맺었던 사역자들 가운데 해방 후 한국그리스도의교회로 복귀하거나 남아 있던 목회자들은 김문화, 성낙소, 이난기, 윤낙영뿐이었다.[40] 교회로는 이난기의 용산교회, 윤낙영의 아현동교회, 성낙소의 내수정(동석기와 무관한)교회가 있었다. 김문화 목사는 채이스의 도움으로 새로 개척된 돈암정교회를 섬겼고, 다른 이들은 자신이 섬기던 기존의 교회를 통해서 '기독교회선교부'로부터 후원금을 받았다. 아현동교회의 윤낙영 목사는 1949년 선교부(존 J. 힐 선교사가 운영)가 85달러를 주고 매입한 만리동 소재 구 건물을 수리하여 교회를 새로 개척하였다.[41] 한편 1933년 9월에 입국하여 1943년 9월까지 만 10년간(법적으로는 7년 8개월간) '조선선교회 기독교회' 포교 책임자로 섬겼던 이인범은 장로교회로 이적하여 1949년 금산제일장로교회에 부임하였으며, 1951년 금산에서 별세하였다.[42] 평북 구성군에 파송받아[43] 1937년 도쿄 삼하도 조

---

39) "인천 송현성결교회 교회 연혁," http://www.songhyun.org, [게시 2018년 1월 24일]
40) 요츠야 선교부의 한국 기독교회들이 살아남지 못한 이유들에 대해서는 조동호, 《한국그리스도의교회 이야기》(그리스도의교회 연구소, 2016), 115-118를 보라.
41) John J. Hill, "'Progress of Work in Korea Encouraging,' States John J. Hill, Missionary," *Christian Standard*, 25 June 1949: 405.
42) "금산제일장로교회 교회 연혁," http://gsfirst.kr, [게시 2018년 1월 24일]
43) "About People," *Tokyo Christian*, July 1933: 1; "Opportunity in Korea," *Tokyo Christian*, February

선기독교회를 맡아 전근하기까지 요츠야 선교부에서 가장 큰 방현기독교회를 비롯하여 다수의 교회들과 선교기지들을 세우는 데 큰 성과를 거뒀던 이원균은, 세계대전 전후 일본에서 귀국하여 장로교단에서 사역하다가 1955년에 침례교단으로 옮겼으며, 1969년 12월 6일 82세로 별세하였다.[44)]

(4) 한국에서 활동한 요츠야 선교부의 선교사들

존 T. 채이스(John T. Chase) 가족은 1927년 3월 4일 일본에 도착하였다.[45)] 채이스는 일본에서 사역하는 동안 조선인기독교회에서의 잦은 설교와 한국 선교사역의 시찰 등으로 한국과 한국인에 대한 정보를 가지고 한국에 신약성서기독교를 전파할 선교사 파송을 열망하고 있었다. 그러던 중 1934년 10월 그가 커닝햄 선교사로부터 파면을 당하자[46)] 일단 미국으로 돌아갔다가[47)] 1936년 11월 7일 독립선교사로 서울에 도착하였다.[48)]

마이클 쉘리(J. Michael Shelley) 선교사 가족(1935년)

J. 마이클 쉘리(J. Michael Shelley)는 요츠야 선교부의 후원자로서 실행위원회 위원을 역임하던 중 요츠야 선교부의 한국 선교사 모집에 지원하

1934: 2.
44) 김갑수,《한국 침례교 인물사》(서울: 요단출판사, 2007).
45) "About People," *Tokyo Christian*, April 1927: 1.
46) Mark Maxey, "Christians in Japan 100 Years (1883-1983)," "http://www.bible101.org/japanmissions/index.html, [게시 2018년 1월 24일]
47) "Depleted Staff," *Tokyo Christian*, December 1934: 3.
48) "The Year 1936 in Retrospect," *The Korean Messenger*, February 1937: 4-5.

여 1934년 1월 16일부터 한국 입국 준비를 하였다.[49] 쉘리 가족은 1935년 3월 10일 요코하마 항에 도착하여 18일까지 요츠야 선교부의 선교 활동을 견학하였다.[50] 동년 3월 20일경 한국에 입국하여 24일 인천 송현기독교회를 방문하였으며, 요츠야 선교부와 독립된 선교부를 설립하여 활동하였다. 그리고 4월 25일 조선총독부 학무국 사회과에 교파명 '기독교회'를 신고하였다. 그러나 이 인범의 "부정직과 비기독교인다운 행위들" 및 자신과 딸의 건강 문제(이질)로 인해서 10월 28일에 귀국하였다. 쉘리는 채이스 선교사의 명예 회복을 위해서 힘썼으며, 자신의 후원자들에게 채이스를 돕도록 권유하였다.[51]

토머스 G. 힛치(Thomas G. Hitch)는 딸 애니(Annie)와 함께 1936년 3월 3일 호주에서 요츠야 선교부에 도착하였다.[52] 1937년 3월 2일 부인 E. 힛치와 딸 앨리스(Alice)가 일본 선교에 합류하였다. 토머스(영국인)와 부인 E. 힛치(독일 출생)는 티베트 국경지대와 일본에서 오랜 기간 사역한 베테랑 선교사들이었으나 토머스는 티베트에

힛치 선교사 부부와 딸 애니(Annie)

---

49) "Yotsuya Mission Executive Committee," *Tokyo Christian*, January 1934: 2; William D. Cunningham, "Recruits for Korea," *Tokyo Christian*, March 1934: 1.
50) "About People," *Tokyo Christian*, April 1935: 1; "Entering Korea," *Tokyo Christian*, May 1935: 3.
51) "About People," *Tokyo Christian*, January 1936: 1; 김찬영, 《한국 그리스도의교회 초기 역사 - William D. Cunningham의 생애를 중심으로 - 1864~1936》(한성신학교, 1991), 117; "John T. Chase to Evangelize in Korea," *Christian Standard,* 29 February 1936: 209; "The Chases Will Go to Korea," *Christian Standard,* 28 March 1936: 303.
52) "About People," *Tokyo Christian*, April 1936: 1.

서 두 아들을 잃고 신경쇠약증에 걸린 상태였다. 이후 힛치 가족은 요츠야 선교부의 부름을 받기 전까지 8년간 딸들의 교육을 위해 호주에 거주하고 있었다.[53] 힛치는 요츠야 선교부에 부임하여 1937년까지 〈Tokyo Christian〉의 편집과 임시 회계를 맡아보면서 한국 선교지를 감독하기 위해 1년에 1~2차례씩 시찰하였다.

1938년 2월 18일 토머스 힛치, 3월 24일 부인 E. 힛치와 딸 애니가 한국에 상주하기 위해 일본을 출국하였다.[54] 동년에 또 다른 딸 에밀리(Emilie)가 호주를 떠나 서울에 도착하였다. 서울에 모인 힛치 가족은 서울 제1교회(아현동)에서 담임목사 이인범과 함께 성서훈련원(Bible Training School)을 개교한 후, 장소를 아현동 소재의 건물 2층으로 옮겼다. 서울성서훈련원은 1941년까지 지속되었다.[55] 힛치는 1938년 3월부터 한국에 상주하였으나 과도한 스트레스로 신경쇠약증이 재발하자 1939년 8월 말 가족과 함께 호주로 귀국했다.[56]

오웬 스틸(Owen Still) 가족은 1937년 10월 24일 일본 요츠야 선교부에 도착하였고[57] 힛치 가족이 한국을 떠난 1939년 9월부터 1941년 3월까지 요츠야 선교부의 조선기독교회들을 시찰하였다. 오웬 스틸은 전후 일본에 복귀하여 요츠야 선교부의 재건에 힘썼으나 부인 셜리(Shirley Still)의 건강 악화로 1949년 5월경 요츠야 선교부를 사임하고 사역지를 하와이로 옮겼다.[58]

---

53) "Miscellaneous," *Tokyo Christian*, January 1937: 4; "Into Korea," *Tokyo Christian*, March, 1938: 1.
54) "Into Korea," *Tokyo Christian*, March, 1; "The Hitches Go to Korea," *Tokyo Christian*, May 1938: 1.
55) Emilie Hitch, "The Bible Training School in Korea," *Tokyo Christian*, December 1938: 1.
56) "Workers Leaving," *Tokyo Christian*, September 1939: 2.
57) *Tokyo Christian*, December 1937: 1.
58) Eva Green, "Best Wishes to Stills," *Tokyo Christian*, May~June 1950: 4.

스틸은 조선기독교회들을 시찰한 소감을 다음과 같이 피력하였다. 첫째, 열정, 온 맘 찬양, 진실한 기도, 박력 있는 설교가 인상적이었다. 둘째, 친절과 환대에 놀랐다. 셋째, 하나님의 말씀에 대한 경외심이 높은 것에 놀랐다. 돈을 요구할까 봐 걱정을 안고 한국에 갔지만,

오웬과 셜리 스틸(Owen & Shirley Still) 선교사 부부

급여를 올려 달라는 사람은 거의 없었다. 가뭄과 가난에 찌들어 있었지만 주님의 일에 용기 있게 나섰다. 넷째, 전도의 영이 충만하였다. 한국인들은 집중적으로 전도에 힘썼다. 그들은 선교기지를 열어 주일학교를 시작하면 곧이어 교회로 발전시켰다.[59]

2) 존 T. 채이스의 한국 선교

(1) 존 T. 채이스와 한국교회

존 T. 채이스(John T. Chase, 1905~1987)는 1926년 신시내티 기독대학교(Cincinnati Christian University)와 성서대학원(Cincinnati Bible Seminary)을 졸업하였다. 졸업 직후 루이지애나 주 배턴루지(Baton Rouge)로 내려가 목회를 시작하였고, 동년 7월 자신보다 1년 먼저 성서대학원을 졸업한 와네타 스미스와 결혼하였다.[60] 채이스는 신시내티 성서대학원 시

존 채이스 (John T. Chase) 선교사

---

59) "Things I Like About Korea," *Tokyo Christian*, January 1940: 3.
60) "Your Missionaries," *The Korean Messenger: Korea for Christ*, August 1937: 4.

절 윌리엄 D. 커닝햄(W. D. Cunningham)의 권유로 선교를 결심했다. 채이스 부부는 신시내티 성서대학원 졸업생들로서는 최초로 부부 선교사가 되어, 1927년 도쿄로 건너가 커닝햄의 요츠야 선교부에서 월급 선교사로 헌신하였다.

일본에서 채이스는 일찍부터 한국인과 접촉이 많았다. 그는 커닝햄이 도쿄와 요코하마(횡빈)에 세운 조선기독교회들을 도왔고, 그의 감독 아래 성낙소가 '횡빈조선기독교회'의 주임목사로 사역하였다. 이뿐 아니라 채이스는 요츠야 선교부가 1924년 시작한 한국 선교에 정통하였고, 1931년 9월 하순 한국 선교 사역을 시찰하기 위해 직접 한국을 방문한 적도 있었다.[61] 이 무렵, 요츠야 선교부는 한국을 "추수를 기다리는 지상 최고의 황금들판"으로 인식하고 있었다. 채이스는 한국 방문 후 일본에 돌아와 한국은 반드시 신약성서기독교(New Testament Christianity)를 전파할 선교사가 필요한 곳이라고 피력하였다. 또 재일본 조선기독교회들에서 자주 설교하였다. 이런 연유로, 7년 8개월 동안의 일본 선교 사역 후 1934년 11월 미국으로 돌아간 채이스는 J. 마이클 쉘리 가족의 후임자가 되기로 결심하게 되었다. 이에 채이스는 섬기던 캘리포니아 주 잉글우드하이츠 그리스도의교회(Inglewood Heights Church of Christ)를 사임하고 기금 모금에 돌입하였고, 1936년 10월 11일 로스앤젤레스에서 온 가족이 한국행 배에 승선하였다. 그의 꿈은 인구 2천만이 사는 은둔의 왕국에 신약성서기독교를 뿌리내리게 하는 것이었다.[62]

---

61) "Tokyo Notes," *Tokyo Christian*, November 1931, 1; "Korean Work," *Tokyo Christian*, February 1932: 2.
62) "Your Missionaries," *The Korean Messenger: Korea for Christ*, August 1937: 4.

(2) 존 T. 채이스의 선교 활동

채이스는 1936년 11월 7일 서울에 도착하였다. 그리고 12월 말 영국 해외성서공회가 소유한 서대문구 송월동 32-6번지의 건물을 임대하였다.[63] 채이스 가족은 한국에 오기 전 일본에서 7년 8개월간 사역하였기 때문에[64] 일본어를 구사할 수 있었고, 한국인들의 상당수가 일본어를 알아듣는 데 문제가 없었다. 이런 장점 덕분에 1937년 1월부터 본격적으로 선교 사역에 돌입할 수 있었다.

채이스 선교사가 1936년에 설립한 기독교회선교부(The Korean Christian Mission) 직인

그는 1937년 임대한 송월동 건물에 '기독교회선교부'(Korean Christian Mission)를 설립하였다.[65] 그리고 선교부 지하실에 '한국인 성서훈련원'(Korean Bible Training Institute)을 개설하고 14명의 학생에게 일주일에 4일씩 신약성서기독교를 강의하였다. 최초의 학생은 한국어 선생 김요한이었다. 김요한은 미국 에모리 대학교에서 B.D.(오늘날의 M.Div)를 마친 감리교 목사였다. 김요한에 이어 최상현, 김문화, 성낙소, 백낙중, 박판조가 합류하여 이곳에서 공부하였다.[66] 최초의 교재는 P. H. 웰시머(Welshimer)가 저술한 20쪽짜리 전도책자 〈신약성서 교회에 관한 사실들〉(Facts Concerning the New

---

63) "The Year 1936 in Retrospect," *The Korean Messenger*, February 1937: 4-5.
64) "About People," *Tokyo Christian*, April 1927: 1.
65) '기독교회선교부'는 영문 "Korea Christian Mission"에 대한 우리말 재단법인 명칭이었다. 또 '기독교회선교부'에서 '기독교회'는 조선총독부에 신고한 한국 그리스도의교회들의 교단 명칭이었다.
66) "Investment Returns," *The Korean Messenger*, April 1937: 3.

Testament Church)이었다. 김요한이 번역하여 교재로 사용하였다. 이후 훈련원에는 미국에서 보내온 영문서적들이 쌓여갔다. 백낙중을 뺀 나머지 5명은 1940년 3월 25일 한국인성서훈련원을 졸업하였다.

채이스는 선교지 〈한국인 전령〉(The Korean Messenger: Korea for Christ)을 1937년 2월부터 격월간으로 서울에서 발간하였다. 1940년 6월 미국에 들어간 후 (제2차 세계대전과 6.25전쟁으로 한국에 나오지 못한) 10여 년 동안 미국에서 계속 발간했으나 격월간 발간을 지속하지는 못했다.

송월동 선교부 건물

채이스는 1939년 초 영국해외성서공회로부터 송월동 선교부 건물을 매입하기로 계약하였다. 선교부 건물은 대지 225평 위에 세워진 2층 반 건물로 화장실 2개, 방들이 딸린 지하실(건물 바닥의 3분의 2 크기), 그리고 난방설비가 갖춰진 건물이었다. 건물의 소유주 영국해외성서공회가 선교 차원에서 싼값에 매도할 의향을 비치자 채이스는 액면 가격 1만7천 달러짜리 건물을 1만 달러에 넘겨받되, 매입자금 마련에 필요한 기간을 고려하여 1939년 말까지 갚기로 하였다. 실제로 채이스는 1939년 말 약정 금액의 절반을 갚고, 나머지 잔금은 1년 뒤인 1940년 말에 모두 처리하였다.[67]

채이스는 선교사를 동원하는 일에도 힘썼다. 그는 1936년 봄 존슨 성서대학(Johnson Bible College)을 방문하여 졸업을 수개월 앞둔 우등

---

67) "Almost Finished," Christian Standard, 16 November 1940: 1160.

생 존 J. 힐(John J. Hill, 1913~2009)을 한국 선교사로 오게 하는 데 성공했다.[68] 힐은 부인 에스더 비반즈(Esther Beavans)와 함께 1939년 6월 21일 한국에 입국하였다. 그리고 채이스가 안식년으로 미국에 있는 동안 '기독교회선교부'를 운영했다.[69] 그러나 1939년 10월 전쟁의 위험을 예견한 미국 정부가 자국민들의 철수를 충고하자[70] 힐 가족은 1940년 11월 16일 마리포사(Mariposa) 호를 타고 인천항을 떠나 미국으로 귀국하였다.[71]

안식년 후 채이스는 한국에 돌아오려 했지만 전쟁이 임박한 상황 때문에 미국 정부가 선교사들의 한국 입국을 제한하고 가족들의 입국을 불허하였다. 그러나 채이스는 선교부 건물과 두고 온 가재도구들 그리고 5명의 목회자들의 생계와 그들의 교회들이 걱정되어 미국에 남아 있을 수가 없었다. 그래서 교회를 위해 할 수 있는 가능한 모든 조치와 선교부의 재산을 보호할 조치를 취하기 위해 1941년 2월 24일 가족을 미국에 남겨둔 채 혼자서 서울로 돌아왔다.

채이스가 돌아왔을 때 교회는 하나 더 늘어나 있었다. 그는 이들 교회들을 차례대로 방문하여 위로하고 권면하였다. 그러나 그가 한국에 머무는 동안 형사들이 붙어 다녔고, 목회자들은 경찰서에 불려가 (일제가 스파이로 의심하는) 선교사와 나눈 교제 때문에 매를 맞고, 선교사와 만나 나눈 모든 내용을 써서 제출해야 했다. 채이스

---

[68] "Another Missionary for Korea," *The Korean Messenger*, October 1938: 1.
[69] John J. Hill, "A News Letter," *The Korean Messenger*, August 1939: 2. See also John J. Hill, "New Missionaries, Mr. and Mrs. John J. Hill, Arrive in Korea," *Christian Standard*, 2 September 1939: 858.
[70] 민경배,《한국 기독교회사》(서울: 연세대 출판부, 2007), 522; 김승태,《한말 일제강점기 선교사 연구》(서울: 한국기독교역사연구소, 2006), 229.
[71] 앞의 책.

2. _ 한국 그리스도의교회의 개척

는 상황의 심각성 때문에 겨우 한 달 체류하고 3월 목회자들과 헤어져야 했다.

한국을 떠나기 전 채이스는 선교부 건물을 그곳에 난로공장을 세운 전항섭에게 임대해 주고[72] 임대료를 받아 목회자들의 활동비에 보태도록 하였으며, 두 선교사가 사용하던 가구와 은제식기류, 침대보, 재봉틀 등을 모두 팔아서 1941년 말까지 목회자들이 사용할 활동비를 마련하였다.[73] 1943년 일본은 이 건물을 몰수하여 이곳에 난로공장을 차렸던 전항섭에게 팔아넘겼다.[74] 채이스가 전쟁 전에 이들 목회자들로부터 마지막으로 연락을 받은 것은 1941년 10월이었다. 이후 1946년 5월호 〈한국인 전령〉이 발간되기까지 근 4년 반 동안 한국과의 연락은 두절되었다.

(3) 요츠야 선교부 사역자들과의 관계

채이스는 요츠야 선교부가 1924년 이후 펼친 한국 사역에 대해 잘 알고 있었다. 채이스가 한국에 도착할 무렵, 요츠야 선교부가 세운 교회가 인천(제물포), 서울, 평북 구성군과 정주군, 마산에 총 12개나 개척되어 있었다. 그럼에도 불구하고 채이스는 1936년 10월까지 "한국에는 선교사 가족도 없고, 설교 사역자 양성소도 없고, 내국인의 교회도 없고, 내국인 전도자도 없고, 선교 소식지도 없었다"

---

72) John J. Hill, "A Short History of the Churches of Christ in Korea,"〈쎄메론 제7호〉(한성신학교, 1972); 노봉욱 편저, 《힐 요한 선교사의 한국 선교》(서울: 한국 그리스도의교회 유지재단, 2006), 32.

73) John T. Chase, "The Situation in Korea," *The Korean Messenger*, May 1941: 1-3.

74) "Korean Christian Mission (in Retrospect)" and "Gospel Headquarters in Seoul," *The Korean Messenger*, May 1946: 3-4; John J. Hill, "A Short History of the Churches of Christ in Korea," 조동호,《힐 요한 선교사》(계룡: 그리스도의교회 연구소, 2011), 74.

고 적었다.[75] 또 지금은 선교사 한 가족이 서울에 상주하고 있고, 한국인성서훈련원이 제2학기 과정을 진행 중이며, 신당정 그리스도의교회와 2명의 전도자들과 다수가 훈련을 받고 있고, 〈한국인 전령〉이 2,250부씩 격월간으로 발행되고 있다고 보도하였다.

채이스는 이원균과 이인범과는 교제하지 않았다. 이원균은 1937년부터 동경 삼하도(三河島) 조선기독교회를 맡아 동경에 머물렀기 때문이고, 이인범은 부정직한 인물로 간주되었기 때문이다. 그러나 1948년 말 채이스는 요츠야 선교부의 지원을 받았던 용산교회의 이난기와 아현동교회의 윤낙영이 '기독교회선교부'에 소속된 것을 기뻐하였고 그들을 기꺼이 도왔다.

채이스와 선교사들(전도자 포함)의 관계는 좋았다. 그리스도의교회(무악기) 출신 세운 동석기 전도자를 만났고, 강명석 전도자에게는 신당정(町) 그리스도의교회 제1주년 기념예배 설교를 맡겼으며, 요츠야 선교부의 토머스 힛치(Thomas G. Hitch)와 오웬 스틸(Owen Still)과도 교제하였다. 그밖에도 독립선교사로서 도쿄에서 사역하는 판함(Farnham)과 루스 슈노버(Ruth Schoonover), 오사카 성서대학에서 사역하는 해롤드 콜(Harold Cole) 등과도 교제를 나눴다.

3) 그리스도의교회(유악기) 초기 지도자들

한국에 신약성서기독교를 설립하자는 채이스의 모토에 동의한

---

75) 이 보도는, 미국 그리스도인들이 요츠야 선교부의 한국 사역에 대해서 열광하던 현실에서, 채이스 선교사가 섣불리 미국에 왜곡 보도를 한 것이 아니었다. 이인범이 포교 책임자로 있는 요츠야 선교부의 조선선교회 기독교회들을 신약성서기독교로 인정하지 않은 것이었다. "A Suggestion," *The Korean Messenger*, October 1937: 1: "No Missionary Family in Korea; No Preacher Training School; No Native Congregation; No Native Evangelist; No Missionary Paper."

초기 한국 그리스도의교회 목회자들은 김요한, 최상현, 성낙소, 김문화, 박판조, 백낙중이었다.

(1) 김요한

김요한(金約輪/輿範)은 미국 에모리 대학교(Emory University)에서 B.D.를 받고 귀국한 감리교 목사였다. 그는 채이스 선교사의 어학선생으로 채용되면서 그리스도의교회를 접하게 되었다. 채이스와 매일 만나 성경을 공부하던 중 빌립이 에디오피아의 내시에게 침례를 베푸는 장면(행 8:38)에 이르렀을 때, 그는 채이스에게 자신도 내시처럼 침례를 받고 싶다고 말했다. 그리고 1937년 1월 23일 임대한 공중목욕탕에서 채이스로부터 침례를 받았다.[76] 김요한은 그로부터 수개월이 지난 5월 22일 한강에서 자신의 19살 된 아들을 포함해서 5명에게 첫 침례를 베풀었다.[77]

존 T. 채이스 선교사의 내국인 사역자들(1937-1940)
좌측부터 박판조 목사(청량리교회), 백낙중 목사(공덕교회), 김요한 목사(신당정교회), 채이스 선교사, 최상현 목사(돈암정교회), 김문화 목사(산동암정교회), 성낙소 목사(내수정교회)

김요한은 채이스가 선교부 건물 지하실에 개설한 '한국인성서훈련원'의 첫 학생이 되어 약 4년간 신약성서 기독교에 대해서 연구하였다. 또 채이스가 '한국

---

76) "An Opportunity" and "Investment Returns," *The Korean Messenger*, April 1937: 1, 3; John T. Chase, "Brother Chase Has His First Korean Convert," *Christian Standard*, 27 February 1937: 166; "Language Teacher Baptized in Korea," *Christian Standard*, 20 March 1937: 237.
77) John T. Chase, "Another Victory in Korea," *Christian Standard*, 3 July 1937: 602.

인성서훈련원'에서 교재로 사용한 P. H. 웰시머(Welshimer)의 《Facts Concerning the New Testament Church》(신약성서교회에 관한 사실들)를 한글로 번역하였다.[78] 김요한은 1937년 2월 교회가 없는 신당동 지역에 한 가정집을 임대하여 3월 첫 주부터 예배를 드림으로써 신당동에 첫 그리스도의교회를 개척하였다.[79] 그러나 교회는 일제에 의해 폐쇄 조치를 당하였고[80] 교인들은 김요한이 세 차례 옥고를 치르는 동안 모두 흩어졌다. 〈조선총독부관보〉에 따르면, 김요한은 1941년 3월경부터 1944년 6월 26일 포교 관리자 폐지계(포교 관리자 폐지 증명원)를 신고할 때까지 만 3년간 '기독교회' 제3대 포교 관리자였다.

(2) 최상현

최상현(崔相鉉, 1891~1950?)은 진남포의 삼숭(三崇)학교를 거쳐 1912년 평양 숭실중학교를 졸업하였다. 이어 연희전문학교 문과에 입학하여 1919년 3월 제1회 졸업생이 되었다. 졸업 후 그는 1919년 3월 1일 선포된 '독립선언서'에 관여한 일로 잠시 구속되었다가 풀려나온 후 북경의 연경대학에서 1년간 수학하였다.

최상현은 문필가였다. 1921년 3월부터 동아일보에 〈인물평정(人物評定)의 표준론(標準論)〉을 연재하였고, 3권으로 된 《세계위인전》

---

78) H. 웰시머(Welshimer)는 미국 그리스도의교회(유악기)의 저명한 목사로 이 책은 20쪽짜리 전도용 소책자이다.
79) 국가기록원, 〈조선총독부관보〉(제3178호 10면, 소화 12년 8월 18일; 제3178호 11면, 소화 12년 8월 18일). 1937년 6월 23일 김요한의 포교계, 7월 23일 '기독교회 신당정교회'의 포교소 설치계가 신고되었다.
80) 국가기록원, 〈조선총독부관보〉(제4256호 13면, 소화 16년 4월 2일; 제5387호 3면, 소화 20년 1월 23일; 제5352호 5면, 소화 19년 12월 6일; 제5306호 1면, 소화 19년 10월 10일); John T. Chase, "Workers Contacted," *Christian Standard*, May 1947: 9. 1944년 6월 30일 '기독교회' 포교자 및 포교소 폐지계를 신고하였다. 이때 폐지 신고된 포교자는 김요한, 존 T. 채이스, 김문화, 산천롱, 송암 숭웅이었으며, 포교소는 신당정교회, 왕십리교회, 돈암 제2교회, 정릉리교회, 초도리교회였다.

을 펴냈다. 또 협성신학교 재학 시절 〈신학세계〉의 편집을 맡아 보면서 신앙과 역사 및 교양에 관한 논문들을 발표하였다. 1923년부터 시와 소설들을 발표하여 최남선, 방인근, 전영택, 이은상, 임영빈 등과 함께 1920년대 기독문학운동을 주도하였고, 강명석(일본 관서학원 신학부 및 미국 밴더빌트 대학교 졸업, 무악기 그리스도의교회 지도자), 박동완, 전영택, 송창근, 채필근과 함께 〈신생명〉(新生命)을 펴내는 일에도 관여하였다.

최상현은 목회자였다. 협성신학교 졸업 후 1929년 집사목사 안수를 받고 궁정교회에 부임하였다가 1931년 체부동교회로 옮겼다. 1935년 목회를 사임하고 성서공회에서 총무 업무를 보았다. 이때 서적 판매도 겸하였는데[81] 자신이 주석한 요한계시록 12장에 관한 소책자를 팔려고 채이스 선교사를 찾아갔다가 포섭되어 한국인성서훈련원에서 학습하였으며[82] 곧이어 침례를 받겠다고 자청하였다. 최상현은 채이스로부터 제2학기 개강일이었던 1937년 9월 1일 한강에서 침례를 받았다.[83] 그리고 임대건물에 입주하여 10월 17일 채이스의 제2호 교회인 돈암정(町) 그리스도의교회를 개척하였다.[84] 이 교회는 1944년 6월 30일 일제에 의해 폐쇄 조치를 당하였으나 비밀리에 주일을 성수하면서 주의 만찬 예배를 빠트리지 않고 있다가 해방 후 돈암동 그리스도의교회로 복원되었다.

1946~1947년에 돈암동교회는 일본 적산가옥을 임대하여 살고

---

81) 최윤권, 《내가 본 한국 그리스도의교회사》(서울: 서울문화인쇄, 2003), 30-31.
82) John T. Chase, "Notes From the Hermit Kingdom," *Christian Standard*, 19 June 1937: 553.
83) "Another Preacher Accepts New Testament Christianity," *The Korean Messenger*, October 1937, 1; John T. Chase, "The Gospel Wins Another Denominational Preacher," *Christian Standard*, 9 October 1937: 937.
84) "Korean Mustard Seeds," *The Korean Messenger*, December 1937: 2.

있는 한 성도의 집 2층에서 난방도 없이 40여 명이 모이고 있었다. 1946년 봄 채이스는 최상현으로부터 미군정에 소속되어 연락책을 맡고 있다는 편지를 받고[85] 이듬해 1월 중순경 입국하여 주일날 돈암동교회에서 설교하였는데, 참석한 교인 중 다수가 자신이 1936~1941년 사이 침례를 베푼 성도들이었다. 채이스로서는 돈암동 그리스도의교회가 일제의 압살정책에도 불구하고 살아남은 신약성서교회란 사실을 눈으로 확인하는 감명 깊은 순간이었다. 약 2년 후 1948년 12월 채이스는 돈암동교회의 집회소인 개인주택 2층이 너무 협소하므로 70~80명이 앉을 수 있는 꽤 큰 널찍한 집을 임대하는 데 필요한 돈의 절반 정도를 후원하였다.[86]

최상현은 할 마틴(Hal Martin)과도 긴밀히 협력하였다. 할 마틴은 일본 큐슈에서 복무하다가 1947년 봄 김포 미항공기지로 전근 오게 된 그리스도의교회 출신 미공군 군목이었다. 그는 1947~1948년 사이 미국에 체류한 채이스의 선교 사역 공백을 메워 주었다. 최상현과 성낙소의 노력의 결과 채이스가 1948년 10월 17일 서울을 재방문하였을 때에는 돈암동교회(최상현 목사, 침례 14명)와 필운동교회(성낙소 목사, 침례 30명) 외에, 위동교회(성수경 목사, 침례 8명), 공덕교회(백낙중 목사, 침례 19명), 용산교회(이난기 목사, 침례 28명), 아현동교회(윤낙영 목사, 침례 17명)가 개척되어 있었다.[87]

---

85) "Korean Christian Mission (in Retrospect)," *The Korean Messenger*, May 1946: 3.
86) "Come with Me," *The Korean Messenger*, March 1949: 3.
87) "The Year 1948," *The Korean Messenger*, March 1949: 1.

2. _ 한국 그리스도의교회의 개척

(3) 성낙소

성낙소(成樂紹, 1890~1964)는 충남 부여의 전통적 유교 가정에서 태어나 8세 때부터 한문 사숙에 들어가 한문을 배웠다. 10대 후반 일제의 주권 찬탈에 저항하는 홍주성 의병군에 가담하려 하다가 기회를 놓치자, 구국의 방편으로 구세군에 가입하고 1915년 구세군 사관학교에 들어갔다. 졸업 후 사관 참위가 되어 부여, 서천, 익산, 영동 구세군 전도관에서 목회하였다. 1919년 3월 독립만세운동 때 영동지방의 유지와 청년들과 함께 독립만세운동을 주도하였다가 왜경에게 쫓기고 1920년 7월 30일 포교 폐지를 당했다.[88] 왜경을 피해 피신하던 중 성경 중심의 신앙이 싹트게 되어 경성성서학원(성결교)에 입학하였다. 1922년 3월 졸업과 동시에 구세군 하사관으로 백의종군하여 사관으로 복직하였으나 1926년 1월 사관직을 사임하였다.[89] 이듬해 1927년 1월 1일 충남 부여군 세도면 화수리 2구 290번지 처가 사랑채에 '기독지교회'(基督之教會)를 개척하였다. 곧이어 이 교회 출신 재일 유학생에 의해 윌리엄 D. 커닝햄에게 소개되었고, 커닝햄의 초빙을 받아 1930년 5월 '횡빈조선기독교회'에 부임하여 커닝햄이 안식년으로 미국에 가 있는 동안 채이스의 감독 아래 11개월간(1930년 11월부터 이듬해 9월까지) 주임목사로 사역하였다.

성낙소는 1931년 9월 하순 박홍순 목사를 대신하여 요츠야 선교부로부터 조선기독교회 포교 책임자로 임명받고 귀국하였다. 그리고 '11월 15일에 경성에 도착하여 계동에 거주하며' 포교 책임자 직

---

88) 국가기록원, 〈조선총독부관보〉(제2438호 2면, 대정 9년 9월 25일).
89) 국가기록원, 〈동경사곡선교회 기독교회 포교관리자 설치계에 관한 건〉; 성낙소, 《기독의 교회와 성낙소와의 관계》 김종기, 조동호 엮음, 9-12.

책을 수행하였다. 포교 책임자로 있었던 20개월 동안 서울 제1교회를 담임하며, 인천의 난도(남동)교회(침례 52명, 요츠야 선교부 제15번째 교회)와 송현기독교회(침례 18명, 요츠야 선교부 제16번째 교회)를 도와 교회로 승격시키고, 서울 숭4동 주일학교(유치원)를 설립하였다. 또 1932년 6월 11일 조선기독교회를 조선총독부 학무국 사회과에 '동경사곡선교회 기독교회'라는 교파명으로 신고하였다.[90] 그리고 1932년 12월 경기도 경성부 수창동에 '기독교회 경성교회'(성낙소)와 경기도 고양군 용강면 아현리에 '기독교회 아현교회'(김문화), 1933년 2월 경기도 인천부 송현리에 '기독교회 인천교회'(성낙소)의 포교소 설치계를 신고하였다.[91]

요츠야 선교부가 성낙소를 '동경사곡선교회 기독교회' 포교 관리자에서 해임하고 후임으로 이인범 목사를 임명하여 입국시킨 시기는 1933년 9월이었으나, 실제로 이인범이 성낙소로부터 사직서를 받고 합법적으로 포교 관리자가 된 시점은 1936년 1월 10일이었다. 이날 성낙소는 조선총독부 학무국 사회과에 소환되어 포교 관리자 사직서를 썼다. 그리고 동년 9월 4일 신임 포교 관리자 이인범으로부터 김문화 목사와 함께 포교 폐지를 당하였다.[92]

성낙소는 포교 폐지를 당한 1936년 적선정에 있던 자신의 경성

---

90) 국가기록원, 〈동경사곡선교회 기독교회 포교관리자 설치계에 관한 건〉; 국가기록원, 〈조선총독부관보〉(제1692호 6면, 소화 7년 8월 26일); "Miscellaneous," *Tokyo Christian*, January 1932: 2; "Growing," *Tokyo Christian*, June 1932: 4; "About People," *Tokyo Christian*, August 1932: 1; "Miscellaneous," *Tokyo Christian*, June 1933: 1-2; "Korean Kindergarten & Bible School," *Tokyo Christian*, July 1933: 1; "Honest, Unbiased Investigation Welcomed," *Tokyo Christian*, January 1937: 2.
91) 국가기록원, 〈조선총독부관보〉(제1857호 6면, 소화 8년 3월 20일; 제1829호 6면, 소화 8년 2월 15일; 제1857호 6면, 소화 8년 3월 20일; 제1882호 9-10면, 소화 8년 4월 20일); 〈동경사곡선교회 기독교회 포교관리자 변경계(소화 11년 도서류)〉; 〈동경사곡선교회 기독교회 포교에 관한 건(소화 11년 도서류)〉.
92) 국가기록원, 〈조선총독부관보〉(제3007호 5면, 소화 12년 1월 26일).

교회를 내수정 106-1번지로 옮겨와 경성내수정교회라는 이름으로 조선야소교회에 가입하였다.[93] 그리고 이듬해 1937년 4월 존 T. 채이스 선교사와 재회하였다. 성낙소와 그의 경성교회는 1939년에 3월 29일 '기독교회' 제2대 포교 관리자 채이스의 제3호 교회로 편입되었고, '기독교회 경성내수정교회'(경기도 경성부 내수정 106-1번지)로 조선총독부에 신고되었다.[94]

성낙소는 1943년 종로구 필운동 289번지의 대지 42평 초가를 매입하여 7월 7일 옮겨갔다. 해방 후 그곳에 교회를 복원하고 1946년 필운동 그리스도의교회로 개명하였다. 경성교회(내수정 106-1번지)는 필운동으로 이전하기 전에 강제 폐쇄된 것으로 추정된다.[95] 해방 직후 존 T. 채이스 선교사에게 보고된 내용에 의하면, '기독교회 경성내수정교회'는 강제 폐쇄를 당한 후에도 비밀리에 집회를 열고 주의 만찬 예배를 지속하였고 해방 직후 재건되었다. 성낙소와 '기독교회 경성내수정교회'(1946년부터 필운동 그리스도의교회)는 모든 면에서 가장 확실히 신약성서교회를 실천하였고, 끝까지 살아남았으며, 채이스와 힐이 미국의 형제들에게 크게 자랑할 만한 교회가 되었다.

---

93) 국가기록원, 〈조선총독부관보〉(제4024호 3면, 소화 15년 6월 21일; 제4038호 4-5면, 소화 15년 7월 8일).
94) 국가기록원, 〈조선총독부관보〉(제3726호 9-10면, 소화 14년 6월 23일).
95) 〈조선총독부관보〉에서 성낙소 목사의 포교 폐지계나 기독교회 경성내수정교회의 포교소 폐지계를 찾을 수 없다. 또 제3대 포교 관리자였던 김요한이 1944년 6월 30일 일괄적으로 신고했던 기독교회 포교 폐지계와 포교소 폐지계에도 성낙소와 경성내수정교회는 포함되지 않았다. 이것은 성낙소가 일제의 강압에 굴복하지 않고 자신의 포교 폐지계와 경성내수정교회의 포교소 폐지계가 신고되는 것을 반대했기 때문일 수 있다.

⑷ 김문화

김문화(M. W. Kim)는 요츠야 선교부에 고용된 사역자로[96] '동경사곡선교회 기독교회' 포교 관리자였던 성낙소의 도움으로 기독교회로 환원(이적 移籍)하였다. 성낙소는 1932년 12월 24일 경기도 고양군 용강면 아현리에 '동경사곡선교회 기독교회' 아현교회의 설립을 신고하고, 김문화를 포교자와 아현교회의 담임 사역자로 신고하였다.[97] 김문화는 1936년 9월 4일 새로 포교 관리자가 된 이인범에 의해 성낙소와 함께 포교 폐지를 당하고[98] 이듬해 1937년 초 채이스 선교사의 '기독교회선교부'에 합류하였다. 김문화는 채이스로부터 1937년 6월 7일 박판조와 함께 한강에서 침례를 받았고[99] 1939년경 박판조가 개척한 경성 돈암 제2교회의 사역을 맡았다.[100]

김문화는 1940년 가을 총독부가 소집한 각 교단 대표들의 모임에 최상현, 성낙소와 함께 참여하여 일본기독교회조선교단에 가입하는 것을 반대하였다. 김문화는 1944년 6월 30일 포교 폐지를, 그가 시무한 돈암정 제2교회는 포교소 폐지를 당하였다.[101] 김문화가 만일 목포교회의 증언대로 김동열 목사의 부친인 것이 확실하다면,[102] 그는 일제 말에 치른 옥고의 후유증으로 김은석 목사가 시

---

96) "Cunningham Notes About People," *Tokyo Christian*, October, 1933: 1; November 1933: 2.
97) 국가기록원, 〈조선총독부관보〉(제1829호 6면, 소화 8년 2월 15일).
98) 국가기록원, 〈조선총독부관보〉(제3007호 5면, 소화 12년 1월 26일). 성낙소는 동경사곡선교회 기독교회 아현교회의 포교소 설치계, 김문화의 포교계와 포교 담임자 선임계를 신고하였다.
99) John T. Chase, "Another Gospel Victory in Korea," *Christian Standard*, 17 July 1937: 6.
100) 국가기록원, 〈조선총독부관보〉(제3943호 3면, 소화 15년 3월 14일; 제3946호 2면, 소화 15년 3월 18일; 제3956호 6면, 소화 15년 3월 30일) 채이스는 1940년 1월 23일 김문화의 포교계, 기독교회 경성 돈암 제2교회의 포교소 설치계, 김문화의 포교 담임자 선정계를 신고하였다.
101) 국가기록원, 〈조선총독부관보〉(제5352호 5면, 소화 19년 12월 6일; 제5306호 1면, 소화 19년 10월 10일).
102) 목포 그리스도의교회 교회사편찬위원회, 《목포 그리스도의교회 50년사(1956~2006)》(광주: 도서출판 한림, 2006), 289.

2. _ 한국 그리스도의교회의 개척

무하던 부강교회 혹은 김동열 목사의 신탄진 집에서 소천하신 분과 동일인이 된다.[103] 채이스는 1948년 10월 17일 서울에 도착하여 1949년 2월 중순경까지 한국에 체류하고 있을 때 김문화의 부고를 접하게 되었다. 장례는 그의 아들의 집(신탄진교회)에서 치러졌고, 성낙소 목사가 주관하고 최상현 목사와 채이스 선교사가 보조하였다.[104] 김문화는 사망하기 한 주 전에도 그리스도의교회에서 설교하였고, 성서의 단순한 가르침으로 청중을 집중하게 만드는 훌륭한 설교가였다.

(5) 박판조

박판조는 채이스 선교사에 의해 추천될 당시 수년째 성서공회에 고용되어 있었다. 그의 나이 29세 때인 1937년 6월 7일 김문화와 함께 한강에서 채이스로부터 침례를 받고[105] 11월 1일부터 '한국인 성서훈련원'에서 교육을 받기 시작하였다. 박판조는 채이스가 자신의 디모데가 될 재목으로 꼽고 마음을 준, 젊고 능력 있는 일꾼이었다.[106] 박판조는 1940년 5월 17일 포교 허가를 받았고 경기도 고양군 숭인면 정릉리 145의 4번지 기독교회 정릉리교회의 담임 사역자가 되었다.[107]

---

103) 지철휘, "내가 보고 알고 들은 김동열 목사님," 그리스도의교회 연구소 http://kccs.pe.kr/main31.htm, [게시 2018년 1월 24일]
104) John J. Chase, "Workers Contacted," *The Korean Messenger*, May 1947: 9.
105) John T. Chase, "Another Gospel Victory in Korea," *Christian Standard*, 17 July 1937: 6.
106) "Korean Mustard Seeds," *The Korean Messenger*, December 1937: 3-4; John T. Chase, "Introducing Pan Jo Pak of Korean Bible Training Institute," *Christian Standard*, 11 December 1937: 1154.
107) 국가기록원, 〈조선총독부관보〉(제4037호 12면, 소화 15년 7월 6일; 제4035호 2-3면, 소화 15년 7월 4일). 채이스가 1940년 5월 17일 박판조(경기도 경성부 송월정 32번지)의 포교계를, 기독교회 정릉리교회(경기도 고양군 숭인면 정릉리 145의 4번지)의 포교소 설치계를, 기독교회 정릉리교회에 박판조의 포교 담임자 선정계를 신고하였다.

'기독교회' 사역자들 가운데 창씨를 개명한 자는 '송암 승웅'과 '산천 룡' 두 사람이다. 그들의 주소지로 미루어볼 때 송암 승웅은 박판조 목사일 가능성이 크다. 만일 송암 승웅이 박판조의 창씨개명이었다면, 그는 1940년 전반기에 기독교회 정릉리교회를 맡았다가, 채이스 가족이 모금을 위해 귀국한 후 존 J. 힐과 김요한이 그해 여름에 방문하여 설립을 도운 초도리교회(강원도 고성군 현내면 초도리 200번지)에 부임하였을 것으로 추정된다. 이런 추정이 가능한 것은 1940년 9월 17일 송암 승웅(강원도 고성군 현내면 초도리 200번지 거주)의 포교계가 신고되었기 때문이다.[108]

박판조는 1944년 6월 30일 포교 폐지를, 그가 시무한 교회는 포교소 폐지를 당하였다.[109] 채이스는 해방 후 박판조 목사를 찾으려고 백방으로 노력하였으나, 들려오는 소식은 그가 소련군정이 통치하고 있는 북한에 남아 한의업(아마도 약초) 관련 일을 하고 있다는 것뿐이었다. 해방 직후 그의 마지막 사역지인 강원도 고성군 현내면 초도리는, 김일성의 별장이 남아 있는 것에서 보듯이 소련군정과 북괴 치하에 있다가 6.25전쟁 때 국군의 북진으로 수복된 지역이다.

(6) 백낙중

백낙중은 외국어학교를 졸업하였고, 부부가 모두 교사였다. 최상현 목사로부터 침례를 받았고 김요한, 최상현, 성낙소, 김문화, 박판조와 함께 근 4년간 '한국인성서훈련원'에서 교육을 받았으며

---

108) 국가기록원, 〈조선총독부관보〉(제4130호 4면, 소화 15년 10월 28일).
109) 국가기록원, 〈조선총독부관보〉(제5352호 5면, 소화 19년 12월 6일; 제5306호 1면, 소화 19년 10월 10일).

기독교회 돈암정교회에 출석하였다.

존 J. 힐 선교사의 〈한국 그리스도의교회 선교 약사〉에 의하면, 백낙중은 경기도 경성부 하왕십리정(町) 893번지 소재 기독교회 왕십리교회에서 시무하였다.[110] 조선총독부 기록에는 1940년 10월 26일 왕십리교회의 포교소 설치계가 신고되고, 1944년 6월 30일 포교소 폐지계가 신고되었다.[111] 백낙중은 해방 직후 미육군 통역관으로 고용되어 있는 동안 부인의 도움으로 공민학교를 세워 매일 학생들에게 성서를 가르쳤다. 또 학생들과 학부모들을 대상으로 공덕교회를 세워 교실에서 예배를 드렸다.[112] 채이스는 1941년부터 1948년까지 그에 대해서 전혀 소식을 듣지 못하고 있었는데, 1948년 가을 선교사의 입국 소식을 듣고 백낙중이 찾아옴으로써 재회하였다.

4) 그리스도의교회(무악기) 초기 지도자들

무악기 그리스도의교회(Churches of Christ)는 한국인에 의해 시작되었다. 그리고 그 개척자는 일반적으로 동석기, 강명석으로 알려져 있다.

---

110) John J. Hill, "A Short History of the Churches of Christ in Korea," 〈쎄메론 제7호〉(한성신학교, 1972); 노봉욱 편저, 《힐 요한 선교사의 한국 선교》(서울: 한국 그리스도의교회 유지재단, 2006).
111) 국가기록원, 〈조선총독부관보〉(제4162호 5면, 소화 15년 12월 5일; 제5306호 1면, 소화 19년 10월 10일).
112) John T. Chase, "Church Established During War by Korean Christians," *Christian Standard*, 23 July 1949: 467.

(1) 동석기[113]

동석기(董錫琪, S. K. Dong, 1881~1971)는 함경남도 북청군 니곡면 초리에서[114] 4남 1녀 중 장남으로 태어났다. 17세에 김 씨 규수와 결혼을 했으며, 1903년 가족을 뒤로 하고 하와이 사탕수수 농장으로 노동 이민을 떠났다. 동석기는 하와이에서 농장 주인의 호의로 미국 본토로 유학 가는 기회를 얻었다. 그는 미국으로 가기 전 하와이에서 세례를 받고 감리교 신자가 되었다. 1906~1909년 미국 네브래스카 주 오마하 시 중앙학교에서, 1909~1911년 일리노이 주 시카고 시 서북대학(Northwestern University)에서, 1911~1913년 동 대학 가레트 성서교육기관(Garrett Biblical Institute)에서 수학 후 1913년 6월 신학사 학위(B.D.)를 받았다.[115]

동석기 전도자
(1881~1971), 1931년
9월 3일자 〈복음주창자〉
(Gospel Advocate)지에
실린 모습

한국에 돌아온 동석기는 1914년 원주 지방에서 순회목회를 시작으로 1927년까지 14년 동안 미감리교회에서 목회를 하였다. 〈조선총독부관보〉에 게재된 내용으로 볼 때, 동석기는 1915년 경기도 인천부 내리 29번지에 거주하면서 경기도 부천군 문학면 동춘리 소재 동막 미감리교 예배당을 담임하고,[116] 1917년 거주지를 경기도

---

113) 동석기에 대해서는 김익진, 《한국 그리스도의교회 교회사》(서울: 그리스도대학교 출판부, 2011), 26-42.
114) 동석기의 선교 서신과 제출 서류에 명기된 출신지는 'Sanki Hoksei'(三歧北西)이며, 조선총독부에 제출한 이력서에는 '북청군 니곡면 추리 1709번지'가 본적으로 되어 있다. '삼기북서'는 니곡면의 직전 명칭이었다.
115) 국가기록원, 〈기독교 기독의 교회 포교 관리자 설치 및 포교계의 건〉(생산기관: 조선총독부 학무국 사회교육과, 생산년도: 1937년, 관리번호: CJA0004842).
116) 국가기록원, 〈조선총독부관보〉(제1094호 7-8면, 대정 5년 3월 30일; 제1102호 2-3면, 대정 5년 4월 10일). 1915년 12월 23일 동막 미감리교회 예배당의 포교 담임자계가 신고되었다.

경성부 서대문정 2의 34번지로 옮겨 경기도 경성부 마포동 소재 마포 미감리교 예배당의 담임으로 사역하였다.[117] 1919년 3.1 독립만세사건 직후 거주지를 경기도 이천군 읍내면 중리로 옮겨 중리 창전리 미감리교 예배당을 담임하였다.[118] 이후 경기도 이천군 백사면 내촌리 소재 내촌리 미감리교 예배당에서 담임 사역을 하다가 이 예배당을 홍성주에게 넘겨주었다.[119] 그는 1927년 미국으로 들어가기 전 감리교 예배당의 담임 사역을 그만둔 것으로 보인다.[120]

동석기가 환원운동과 인연을 맺은 것은 1927년 두 번째 도미(渡美)를 통해서였다. 그는 오하이오 주 신시내티 신학교(Cincinnati Bible Seminary)에 입학하였는데, 이 학교는 미국 유악기 그리스도의교회(Christian Churches/Churches of Christ)에서 운영하는 신학원이었다. 그는 여러 신학적 논쟁과 토론을 통해 결국 그리스도의교회로 환원하였다. 그리고 1929년 5월 "미국 환원운동의 초기 역사"(The Early History of the Restoration Movement in the United States)라는 논문으로 석사학위를 받았다.

그러나 그의 여정은 여기서 끝나지 않았다. 그는 한국에 돌아가기 직전 무악기 그리스도의교회(Churches of Christ)의 새로운 주장을

---

117) 동석기는 1917년 11월 15일 경기도 경성부 서대문정 2의 34번지로 포교자 거주지 이전계와 26일 동석기(董錫璣)를 동석기(董錫琪)로 포교자 씨명 변경계를 신고하였다. 그리고 1917년 12월 26일 마포 미감리교 예배당의 포교 담임자계가 신고되었다. 국가기록원, 〈조선총독부관보〉(제1605호 3면, 대정 6년 12월 11일; 제1603호 2면, 대정 6년 12월 8일; 제1644호 7면, 대정 7년 1월 31일).
118) 국가기록원, 〈조선총독부관보〉(제2078호 9-10면, 대정 8년 7월 15일; 제2244호 11면, 대정 9년 2월 6일; 제2251호 9면, 대정 9년 2월 16일). 1919년 12월 15일 창전리 미감리교회 예배당의 포교 담임자계가 신고되었다.
119) 국가기록원, 〈조선총독부관보〉(제2604호 5-7면, 대정 10년 4월 19일). 1920년 12월 22일 경기도 이천군 백사면 내촌리 소재 내촌리 미감리교회 예배당의 구 포교 담임자 동석기를 홍성주(경기도 이천군 읍내면 중리 거주)로 포교 담임자 변경계가 신고되었다.
120) 국가기록원, 〈조선총독부관보〉(제997호 8면, 소화 5년 5월 3일). 1930년 1월 15일 '기독교 미감리교회파'의 명의로 동석기의 포교 폐지계가 신고되었다.

듣게 되면서 다시 신학적인 고민에 빠졌다. 동석기는 귀국을 위한 여행 경비를 모금하기 위해 미국 중남부 지역을 여행하던 중 앨라배마 주 몽고메리(Montgomery)에서 톰슨(T. B. Thompson) 전도자를 만났다. 그는 톰슨의 집에서 성서에 대해 토론하게 되었는데 예배 때 악기를 사용하는 것이 비성서적이라는 결론을 얻게 되었다. 이 악기 문제가 결국 그가 무악기 그리스도의교회에 정착하는 계기가 되었다. 그는 톰슨의 추천으로 테네시 주 내슈빌(Nashville)로 가서 홀 칼훈(Hall Calhoun, 1863~1935)[121]과 샘 패트먼(Sam Pettman) 교수로부터 신약교회에 대한 성서 공부를 하게 되었다.

웨이벌리 벨몬트 그리스도의교회(Waverly Belmont Church of Christ)는 동석기의 귀국 경비를 지급해 주었으며, 한국에서 복음을 전파하도록 매월 선교비를 보조해 주기로 하였다. 후원을 받은 동석기는 1930년 11월 한국에 돌아와 가장 먼저 고향 북청에 함전 기독의교회, 서흥 기독의교회, 빙애 기독의교회, 만경 기독의교회, 수동 기독의교회, 죽평 기독의교회, 수서리 기독의교회 등을 개척하였다.[122]

국가기록원에 소장된 문서 〈기독교 기독의교회 포교 관리자 설치 및 포교계의 건〉에 따르면, 동석기는 1937년 5월 12일 경기도 경성부 다옥정 48번지에 '기독의교회'(基督の敎會) 포교 관리자 설치계

---

121) J. W. 맥가비(McGarvey)의 제자로서 예일 대학에서 목회학 석사, 하버드 대학에서 구약학 박사 학위를 취득한 유악기 그리스도의교회 목사. 근본주의 신학자로서 모교인 켄터키 주 렉싱턴 소재 성서대학에서 1917년 자유주의 신학자들과 격돌하다가 퇴출되었다. 1925년 후반부터 1926년 여름까지 프리드-하드만 대학에서, 직후 내슈빌로 옮겨 데이비드 립스콤 대학에서 가르쳤고, 라디오 방송 설교를 담당하고 있었다. 동석기 전도자가 칼훈 박사의 강의를 들었던 시기는 1929~1930년 사이이다.

122) 동석기 전도자는 1930년 11월 29일 이후 북청에 세운 교회들을 1938년에 가서야 조선총독부 학무국 사회과에 신고하였다. 국가기록원, 〈조선총독부관보〉(제3427호 10-11면, 소화 13년 6월 21일; 제4205호 2면, 소화 16년 1월 30일; 제4207호 4면, 소화 16년 2월 1일).

를 신고하였다.[123] 동석기가 교파명을 기독의교회(基督の敎會)로 정한 것은 '기독교회'란 이름으로 이미 승인을 받은 성낙소 목사의 '동경사곡선교회 기독교회'(1932년 6월 11일),[124] 이인범 목사의 '기독교회 조선선교회'(1936년 7월 8일)[125] 및 J. 마이클 쉘리와 존 T. 채이스 선교사의 '기독교회'(1935년 4월 25일)[126]와 구별하기 위함이었을 것이다.

(2) 강명석

강명석 전도자

강명석(姜明錫, 1904~?)은 강주백과 신재선 사이에서 2남으로 태어났다. 조선총독부에 신고한 이력서에 의하면, 경상남도 울산군 울산읍 교동 306번지에서 출생하였고 이름은 '강문석'(본명 聖道)이다. 그는 1911년 4월 경상남도 밀양군 하서면 양효리 사립 영생학교에 입학하여 1914년 3월 졸업하고, 1925년 4월 일본으로 건너가 신호관서학원 신학부에서 수학하였다. 1927년 신호관서학원 신학부를 졸업하고 1932년 도미 전까지 기독교감리교회에서 목사로 사역하였다.[127] 1932년 미국 테네시 주 내슈빌 시 밴더빌트 대학 종교과에 입학하여 신학사(B.D.)를 받았다.

강명석은 1935년 6월 밴더빌트 대학 졸업 후 미국교회를 순방

---

123) 국가기록원, 〈조선총독부관보〉(제3221호 4면, 소화 12년 10월 9일). 동석기의 다옥정 기독의교회(基督の敎會)는 1937년 7월 6일 포교계를 신고하였다.
124) 국가기록원, 〈조선총독부관보〉(제1692호 6면, 소화 7년 8월 26일).
125) 국가기록원, 〈조선총독부관보〉(제2883호 6면, 소화 11년 8월 21일).
126) 국가기록원, 〈조선총독부관보〉(제2526호 7면, 소화 10년 6월 15일); 〈기독교회 포교 관리자 설치계의 건-경기〉; 〈조선총독부관보〉(제3087호 9면, 소화 12년 5월 4일); 〈기독교회 포교 관리자 변경계〉.
127) 국가기록원, 〈기독교기독의 교회 포교 관리자 설치 및 포교계의 건〉.

하던 길에 테네시 주 내슈빌 소재 웨이벌리 벨몬트 그리스도의교회(Waverly Belmont Church of Christ) 예배에 참석하였다가 환원하였고 동년 6월 15일 침례를 받았다. 그는 그리스도의교회에 대해 더 깊게 공부하기를 원했다. 그래서 프리드-하드만 대학(Freed-Hardman College)에서 1년 동안 환원신학을 공부하였다. 강명석은 미국 유학을 통해서 환원운동을 알게 되었고 결국 감리교를 떠나 그리스도의교회 전도자가 되었다.

한국에 귀국한 강명석은 1936년 12월 6일(주일) 울산에서 첫 교회를 개척하였다. 이후 1937년 서울에 올라와 '강문석 전도사'란 이름으로 전도자가 되어[128] 신당정(町)교회, 동교정(町)교회,[129] 대현정(町)교회를 개척하고, 다시 경북에 경주교회(1937),[130] 경남에 진양반성교회(울산군 수동면 반천, 1938), 그리고 인천에서 송림동교회(1940)를 개척하였다. 마지막으로 동방교회(경북 월성군, 1940)를 개척하였다.

대현 기독의교회(1937년)

강명석은 박동완, 전영택, 송창근, 최상현(1937년 그리스도의교회로

---

128) 국가기록원, 〈조선총독부관보〉(제3228호 7면, 소화 12년 10월 18일). 강명석은 동석기 포교관리자에 의해서 1937년 7월 6일 '강문석 전도사'란 이름으로 '기독의교회' 포규계(布敎屆)가 신고되었다.
129) 국가기록원, 〈조선총독부관보〉(제3228호 7면, 소화 12년 10월 18일). '동교 기독의교회'(경기도 경성부 동교정 59번지) 포교소 설치계는 1937년 7월 6일에 신고되었다.
130) 국가기록원, 〈조선총독부관보〉(제3277호 3면, 소화 12년 12월 16일). 1937년 9월 23일 경주 기독의교회(경상북도 경주군 경주읍 노서리 77번지)의 포교소 설치계가 신고되었다.

2. _ 한국 그리스도의교회의 개척

환원), 채필근 등과 함께 동인지〈신생명〉(新生命)에 관여하였으며, 〈기독신보〉에 "그리스도의교회"(1937. 4. 4.)라는 글을 써서 환원운동을 한국에 소개하기도 하였다. 그의 사망 후 그가 세운 교회들은 울산교회만 '기독의교회'로 남고, 나머지 교회들은 흩어졌다.[131]

---

131) 김세복, 《한국 그리스도의교회 교회사(1930~1968)》, 51; 김익진, 《신약교회 운동사》(서울: 참빛사, 1986), 12~16. 김세복은 강명석의 사망한 해를 1944년 5월 28일로 기록하고 있다.

그리스도의교회의
한국 선교: 존재 이유

　　　　　　한반도에 기독교가 전해진 시기는 구한국이 근대화의 길목에 있을 때였다. 이 시기는 구한국이 주권을 일제에 빼앗겨, 한국민이 조선총독부의 식민통치 아래 예속과 저항 그리고 굴종의 시간을 보내고 있을 때였다. 선교사들이 한국에 들어와 개척한 교회는 교파형 교회였고 그 교회들이 전해 준 복음은 한국민이 고난을 이겨나갈 수 있는 힘과 소망을 주었다.
　그리스도의교회는 그보다 일찍 한반도에 들어와 정착한 교파형 교회에 비해 50여 년이나 늦었지만 한반도 선교를 결정했고, 이곳에 교회를 개척해야 할 분명한 이유가 있었다. 그 이유는 기존에 정착한 교회는 신조를 신앙의 기준으로 삼고 분열하는 교파형 교회들이며, 분열하는 교파형 교회는 성경적 교회가 아니기 때문이다. 교회가 분열하지 않고 하나가 되는 길은 분열의 불씨인 신조로부터 독립하고, 교파주의로부터 벗어나 성서 특히 신약성서를 신앙의 기준으로 삼는 신약성서교회를 개척하는 것이다. 신약성서교회를 개척하는 것, 이것이 그리스도의교회가 한국에 들어와 '기독교회선교부'를 세우고 한국인 사역자를 훈련하는 '성경훈련학교'를 시작한 이유였다.

참/고/도/서

서적

김성철. 《삶이란, 감사하면 그것으로 OK다》. 도서출판 진흥, 2000.
김세복. 《한국 그리스도의교회 교회사(1930~1968)》. 서울: 참빛사, 1969.
김승태. 《한말 일제강점기 선교사 연구》. 서울: 한국기독교역사연구소, 2006.
김우현. 《맨발천사 최춘선: 가난한 자는 복이 있나니》. 서울: 규장, 2004.
김익진. 《신약교회 운동사》. 서울: 참빛사, 1986.
김익진. 《한국 그리스도의교회 교회사》. 서울: 그리스도대학교 출판부, 2011.
김익진. 《한국 그리스도의교회 환원운동 – 그리스도의교회 현황과 연대기적 변천사》. 그리스도의교회, 1987.
김인수. 《한국 기독교회의 역사(하)》. 서울: 쿰란출판사, 2012.
김찬영. 《한국 그리스도의교회 초기 역사 – William D. Cunningham의 생애를 중심으로 – 1864~1936》. 한성신학교, 1991.
노봉욱 편저. 《힐 요한 선교사의 한국 선교》. 서울: 한국 그리스도의교회 유지재단, 2006.
대학교회. 《대학교회 50년사》. 학교법인 동서학원, 2003.
목포 그리스도의교회 교회사편찬위원회. 《목포 그리스도의교회 50년사 (1956~2006)》. 광주: 도서출판 한림, 2006.
민경배. 《한국기독교회사》. 서울: 연세대출판부, 2007.
박대순. 《간추린 한국 그리스도의교회사》. 오늘의문학사, 1998.
부산 중앙그리스도의교회. 《우리 교회의 반세기사》. 남선교회, 1999.
성낙소. 《기독의교회와 성낙소와의 관계》. 김종기, 조동호 편집 및 부록. 계룡: 그리스도의교회 연구소, 2010.
성낙소. 《신약교회 목회학》. 그리스도의교회 신학교 출판부, 단기 4286.
양촌소망감리교회. 《양촌소망교회 104년 역사》. 도서출판 멘토, 2011.
오수강. 《기독의교회와 성낙소와의 관계》. 필운동 그리스도의교회, 2007.
조동호. 《한국 그리스도의교회 이야기》. 계룡: 그리스도의교회 연구소(http://

kccs.info), 2016.

조동호. 《한국의 바울 김은석 목사》. 계룡: 그리스도의교회 연구소, 2010.

조동호. 《조선총독부 기록으로 본 한국그리스도의교회》. 계룡: 그리스도의교회 연구소, 2016.

조동호. 《환원운동사》. 계룡: 그리스도의교회 연구소, 2017.

조동호. 《힐 요한 선교사》. 계룡:그리스도의교회 연구소, 2011.

최윤권. 《내가 본 한국 그리스도의교회사》. 서울: 서울문화인쇄, 2003.

최재운. 《한국 그리스도의교회사》. 태광출판사, 2005.

한국기독교역사연구소. 《한국 기독교의 역사》 제1, 2권. 서울: 기독교문사, 2011.

논문

Lee, Timothy S. (이상훈). "Japan and Korea for Christ and His Church: The Unexpected Success and Demise of the Yotsuya/William D. Cunningham Mission, a Mission of the Stone-Campbell Movement." *Journal of Korean Religions*, Vol. 4, No. 1 (April 2013): 123-138.

Maxey, Mark. "Christians in Japan 100 Years (1883-1983)." http://www.bible101.org/japanmissions/page05.htm. [게시 2018년 1월 24일]

김경중. "존. T. 채이스 (John Trawrick Chase)의 한국 선교: 한국기독교선교회(Korean Christian Mission)를 중심으로." 석사학위 논문, 서울기독대학교 대학원, 2012년 7월.

김세복. "한국 그리스도의교회사." 석사학위 논문, 연세대학교연합신학대학원, 1967.

김익진. "그리스도의교회 환원운동에 관한 연구." 석사학위 논문, 한신대학교 대학원, 1978.

김홍철. "한국 그리스도의교회 성장사." 석사학위 논문, 한국목회대학원,

1986.

백종구. "윌리엄 D. 커닝햄과 한국인 선교–동경 요츠야 선교회를 중심으로." 《한국기독교신학 논총》 83집(2012. 10): 123–147.

안병호. "한국 그리스도의교회 성장사." 석사학위 논문, 베뢰안대학원, 1979.

안세희. "환원운동의 교회사적 고찰." 석사학위 논문, 호서대학교대학원, 1998.

이신. "한국 그리스도의교회 환원운동의 전개."《기독교대백과사전》. 1980.

이호열. "한국 그리스도의교회 약사." 〈문화〉 창간호. 그리스도신학대학 출판부, 1987.

장성만. "나의 삶 나의 보람."《民石 張聖萬 博士 華甲記念 論文集》. 부산: 民石 張聖萬 博士 華甲記念 論文集 編纂委員會, 1992.

정기철. "김은석 목사의 환원운동: 성령운동에서 시작된 환원운동." 석사학위 논문, 서울기독대학교대학원, 2008.

정인조. "김은석 목사의 생애와 사상에 대한 연구." 석사학위 논문, 그리스도의교회총회 한성신학교, 2009.

조동호. "한국 그리스도의교회 약사." 그리스도의교회 연구소 http://kccs.pe.kr/rmw013.htm. [게시 2018년 1월 24일]

조동호. "한민학교(한성신학교, 한국성서신학교) 약사." 그리스도의교회 연구소 http://kccs.info/with_home/bbs/board.php?bo_table=history&wr_id=72. [게시 2018년 1월 24일]

함동진. "창현 함태영 목사 전기." 1993. 자료: 그리스도의교회 연구소 http://kccs.pe.kr/main30.htm. [게시 2018년 1월 24일]

힐, 존 J. "한국 그리스도의교회 선교 약사"(A Short History of the Churches of Christ in Korea). 〈쎄메론 제7호〉. 한국성서신학교, 1972.

기타

Chase, John T. *The Korean Messenger: Korea for Christ*. Digitized by Dr. Scott Seay of the Christian Theological Seminary, Indianapolis, Indiana, 2 July, 2015.

Cunningham, W. D. *Tokyo Christian (1901~1997)*. Published by the Yotsuya (Cunningham) Mission, Christian Churches/Churches of Christ and Digitized by Dr. Scott Seay of the Christian Theological Seminary, Indianapolis, Indiana, 30 June, 2015.

Cunningham, W. D. *Tokyo Christian*. Published by the Yotsuya (Cunningham) Mission, Christian Churches/Churches of Christ and Digitized by Dr. Timothy Lee of the Brite Divinity School of Texas Christian University, Fort Worth, Texas, no date.

"John T. Chase" and "John J. Hill" Carried in the *Christian Standard*. Collected and Duplicated by Dr. Chong-Ku Paek of the Seoul Christian University and Digitized by Dr. Dongho Cho of the Christian Church Studies.

Taylor, Harold. *For Christ in Korea*. Digitized by Dr. Scott Seay of the Christian Theological Seminary, Indianapolis, Indiana, 2 July, 2015.

"기독의 교회 선언문." 경성 사직공원 내, 경성 돈암동 204, 그리스도의교회 간행. 〈기독교 연감〉 1964년도.

김환영 기자. "영혼의 리더 38 '그리스도의교회' 원로 김정만 목사." 〈중앙 선데이〉 제151호, 2010년 1월 31일자.

이신. "한국 그리스도의교회 선언." 한국 그리스도의교회 연합회, 1974년 3월 25일자.

장성만. "역경의 열매." 〈국민일보〉 2009년 4월 5일부터 5월 22일자.

〈朝鮮の宗敎及亨祀要覽〉 昭和 16년도 조선총독부 간행.

〈종교편람〉 1979년도 문공부 간행.

행정자치부 자료

1. 국가기록원의 자료
(1) 〈교파명 변경계(동경사곡선교회 기독교회)〉. 생산기관: 조선총독부 사회교육, 생산년도: 1936년, 관리번호: CJA0004831.
(2) 〈기독교 기독의교회 포교 관리자 설치 및 포교계의 건〉. 생산기관: 조선총독부 학무국 사회교육과, 생산년도: 1937년, 관리번호: CJA0004842.
(3) 〈기독교회 포교 관리자 변경계〉. 생산기관: 조선총독부 학무국 사회교육과, 생산년도: 1936년, 관리번호: CJA0004842.
(4) 〈기독교회 포교 관리자 설치계의 건-경기〉. 생산기관: 조선총독부 학무국 사회교육과, 생산년도: 1935년, 관리번호: CJA0004821.
(5) 〈동경사곡선교회 기독교회 포교 관리자 변경계(소화 11년 도서류)〉. 생산기관: 조선총독부 학무국 사회교육과, 생산년도: 1936년, 관리번호: CJA0004842.
(6) 〈동경사곡선교회 기독교회 포교 관리자 설치계에 관한 건〉. 생산기관: 조선총독부 학무국 사회교육과, 생산년도: 1932년, 관리번호: CJA0004799.
(7) 〈동경사곡선교회 기독교회 포교에 관한 건(소화 11년 도서류)〉. 생산기관: 조선총독부 학무국 사회교육과, 생산년도: 1936년, 관리번호: CJA0004842.
(8) "동경사곡선교회 기독교회 포교 관리자 설치계에 관한 건." 〈사원 창립 허가 포교 관리 기타의 건(소화 7년)〉. 생산기관: 조선총독부 학무국 사회교육과, 생산년도: 1932년, 관리번호: CJA0004799.

2. 국사편찬위원회 자료
(1) "1933년(도)말 교회당 포교소 강의소 현황." 〈조선총독부통계연보〉. 1933년도 제416표.
(2) "종교 교세 조사표." 〈치안정황〉. 경기도경찰부, 소화 9년 3월.

(3) "4장 부표: 6. 종교 교세 조사표." 〈치안정황〉. 경기도경찰부, 소화 9년 3월, 272-276.

(4) "종교 교세 조사표." 〈치안정황〉. 경기도경찰부, 소화 13년 9월.

(5) "부표: 종교 교무(세) 조사표(외국인 포교)." 〈치안정황〉. 경기도경찰부, 소화 13년 9월, 102-103.

(6) "일제 침략하 한국 36년사." http://db.history.go.kr/introduction/intro_su.html. [게시 2018년 1월 24일]

3. 〈조선총독부관보〉(1910~1945년) 자료
1) 동경사곡선교회 기독교회(포교 관리자: 성낙소 목사)
(1) 1916년 03월 25일_1090호 03면_성낙소_포교 계출_구세군
(2) 1916년 03월 25일_1090호 05면_성낙소_포교 담임자 계출
(3) 1916년 07월 26일_1194호 06면_성낙소_포교 담임자 변경_구세군
(4) 1918년 05월 13일_1728호 11면_성낙소_포교 담임자 변경_구세군
(5) 1918년 06월 17일_1758호 07면_성낙소_포교자 거주지 이전
(6) 1918년 07월 03일_1772호 04면_성낙소_포교 담임자 변경_구세군
(7) 1919년 05월 16일_2028호 10면_성낙소_포교 담임자 변경_구세군
(8) 1919년 06월 11일_2050호 12면_성낙소_포교 담임자 변경
(9) 1920년 09월 25일_2438호 02면_성낙소_포교 폐지_구세군
(10) 1932년 08월 26일_1692호 06면_성낙소_포교 관리자 설치계
(11) 1933년 02월 15일_1829호 06면_성낙소_김문화_포교소 설치계
(12) 1933년 02월 15일_1829호 06면_성낙소_포교소 설치계
(13) 1933년 02월 15일_1829호 07면_성낙소_김문화_포교계
(14) 1933년 03월 20일_1857호 06면_성낙소_김문화_포교 관리사무소 위치 변경_포교 담임자계
(15) 1933년 03월 20일_1857년 06면_성낙소_포교 관리사무소 위치 변경_포교 담임자계_김문화
(16) 1933년 04월 20일_1882호 09면_성낙소_포교소 설치계_인천 송현

(17) 1933년 04월 20일_1882호 10면_성낙소_포교 담임자계
(18) 1933년 06월 23일_1935호 05면_성낙소_포교 담임자 변경계_구세군
(19) 1934년 07월 19일_2257호 03면_성낙소_김문화_포교 담임자 변경계
(20) 1934년 07월 19일_2257호 06면_성낙소_포교 소재지 변경계
(21) 1935년 11월 11일_2649호 05면_성낙소_포교 담임자 변경계_구세군
(22) 1936년 03월 18일_2752호 12면_성낙소_포교 관리자 변경계_이인범
(23) 1936년 08월 21일_2883호 06면_성낙소_교파명 변경계_이인범
(24) 1937년 01월 26일_3007호 05면_성낙소_김문화_포교 폐지계
(25) 1937년 03월 09일_3042호 06면_성낙소_포교소 설립자 변경계
(26) 1937년 07월 08일_3143호 09면_성낙소_포교소 설립자 변경계
(27) 1940년 06월 21일_4024호 03면_성낙소_조선야소교회_포교계
(28) 1940년 06월 21일_4038호 04면_성낙소_조선야소교회_포교소 설치계
(29) 1940년 07월 08일_4038호 05면_성낙소_조선기독(야소)교회_교회 포계 담임자 선정계

2) 기독교회(포교 관리자: J. 마이클 쉘리 선교사, 존 T. 채이스 선교사, 김요한 목사)
(1) 1935년 06월 15일_2526호 07면_쉘리_포교 관리자 설치계
(2) 1937년 05월 04일_3087호 09면_채이스_포교 관리자 변경계_쉘리
(3) 1937년 08월 18일_3178호 10면_채이스_포교계_김요한(약한)
(4) 1937년 08월 18일_3178호 11면_채이스_신당정_포교소 설치계
(5) 1937년 10월 09일_3221호 04면_채이스_포교계
(6) 1937년 12월 16일_3277호 03면_채이스_포교소 설치계_돈암_기독의교회 (대현_경주)
(7) 1938년 01월 24일_3304호 04면_최상현_포교 폐지계_기독교조선감리회
(8) 1938년 02월 07일_3316호 06면_채이스_포교계_최상현
(9) 1939년 06월 23일_3726호 09면_채이스_포교계_성낙소
(10) 1939년 06월 23일_3726호 09면_채이스_포교소 설치계_내수정

(11) 1939년 06월 23일_3726호 10면_채이스_포교 담임자 선정계_성낙소
(12) 1940년 03월 14일_3943호 03면_채이스_포교계_김문화
(13) 1940년 03월 18일_3946호 02면_채이스_포교소 설치계_돈암제2교회(김문화)
(14) 1940년 03월 30일_3956호 06면_채이스_포교 담임자 선정계_김문화(돈암제2교회)
(15) 1940년 07월 04일_4035호 02면_채이스_포교소 설치계_정릉리
(16) 1940년 07월 04일_4035호 03면_채이스_포교 담임자 선정계_박판조(정릉리)
(17) 1940년 07월 06일_4037호 12면_채이스_포교계_박판조
(18) 1940년 10월 28일_4130호 04면_채이스_포교계_송암 승웅
(19) 1940년 12월 05일_4162호 05면_채이스_포교소 설치계_왕십리
(20) 1941년 04월 02일_4256호 13면_채이스_포교 관리자 변경계_김요한
(21) 1944년 10월 10일_5306호 01면_채이스_포교소 폐지계
(22) 1944년 12월 06일_5352호 05면_채이스_포교 폐지계_김요한_김문화_산천룡_송암 승웅
(23) 1945년 01월 23일_5387호 03면_채이스_포교 관리자 폐지계_김요한

3) 기독교회 조선선교회(포교 관리자: 이인범 목사, 신신근 목사)
(1) 1920년 07월 03일_2369호 04면_이인범_포교계출
(2) 1921년 06월 07일_2646호 06면_이인범_포교자 거주지 이전
(3) 1924년 11월 12일_3674호 06면_이인범_포교자 거주지 이전
(4) 1925년 04월 09일_3792호 07면_이인범_포교 담임자계
(5) 1927년 05월 27일_0121호 14면_이인범_포교 담임자 변경계
(6) 1927년 05월 27일_0121호 15면_이인범_포교 폐지계
(7) 1928년 01월 12일_0308호 09면_포교 담임자 변경계_동양선교회_이원균
(8) 1928년 07월 05일_0455호 04면_포교 폐지계_동양선교회_이원균
(9) 1933년 03월 18일_1856호 05면_신신근_포교 담임자 변경계_동양선교회

(10) 1933년 04월 19일_1881호 08면_신신근_포교계_동양선교회
(11) 1936년 03월 18일_2752호 11면_이인범_포교 관리사무소 소재지 변경계
(12) 1936년 03월 18일_2752호 12면_이인범_성낙소_포교 관리자 변경계
(13) 1936년 07월 24일_2859호 06면_신신근_포교 폐지계_동양선교회
(14) 1936년 08월 21일_2883호 06면_이인범_교파명 변경계
(15) 1936년 10월 16일_2929호 03면_이인범_포교계_신신근(금곡)_김영배(유정)
(16) 1936년 10월 16일_2929호 04면_이인범_김영배_포교소 설치계_포교 담임자 선정계
(17) 1936년 11월 18일_2955호 06면_신신근_포교 담임자 변경계_동양선교회
(18) 1937년 01월 26일_3007호 04면_이인범_포교계
(19) 1937년 01월 26일_3007호 05면_이인범_포교 폐지계(성낙소_김문화)
(20) 1937년 01월 26일_3007호 06면_이인범_포교소 소재지 변경계
(21) 1937년 02월 09일_3019호 05면_이인범_이난기_포교계
(22) 1937년 02월 09일_3019호 06면_이인범_포교 담임자 변경계
(23) 1937년 03월 09일_3042호 06면_이인범_성낙소_포교소 설립자 변경계
(24) 1937년 04월 10일_3069호 04면_이인범_김태희_포교계
(25) 1937년 06월 02일_3112호 09면_이인범_김성산_장신주_포교계
(26) 1937년 06월 02일_3112호 10면_이인범_오봉교회_포교소 설치계
(27) 1937년 06월 18일_3126호 09면_이인범_포교계(김상익_최성진)_포교소 설치계(용포동_문인동)
(28) 1937년 07월 08일_3143호 09면_이인범_포교소 명칭 변경계_포교소 설립자 변경계_포교소 소재지 변경계
(29) 1937년 08월 18일_3178호 10면_이인범_정삼선_채이스_김요한_포교계
(30) 1937년 08월 18일_3178호 11면_이인범_금곡정_채이스_신당정_포교소 설치계
(31) 1937년 12월 16일_3277호 05면_이인범_포교소 소재지 변경계_유성_포교소 명칭 변경계_화정
(32) 1938년 12월 08일_3567호 04면_이인범_윤낙영_포교계

(33) 1938년 12월 08일_3567호 05면_이인범_포교소 설치계
(34) 1938년 12월 08일_3567호 06면_이인범_윤낙영_이난기_김상익_포교 담임자 선정계
(35) 1939년 03월 16일_3645호 02면_이인범_포교계_김태희(대구 덕산정)_이용주(기독교의교회_대현)
(36) 1939년 03월 16일_3645호 03면_이인범_포교소 설치계_포교 담임자 선정계_김태희_이용주(기독의교회)
(37) 1940년 03월 30일_3956호 05면_이인범_포교소 설치계_대화
(38) 1940년 03월 30일_3956호 06면_이인범_포교 담임자 선정계_임준식_대화
(39) 1940년 04월 13일_3967호 06면_이인범_포교계_임준식
(40) 1940년 07월 26일_4054호 03면_이인범_포교소 설치계_마산
(41) 1940년 07월 31일_4058호 15면_이인범_포교 담임자 선정계_송기준
(42) 1940년 08월 27일_4081호 06면_이인범_포교계_송기준
(43) 1940년 09월 03일_4087호 03면_이인범_포교소 설치계_대흥정
(44) 1942년 02월 23일_4520호 02면_이인범_포교소 설치계_현천
(45) 1943년 10월 26일_5020호 14면_이인범_포교 관리자 변경계_평산 무웅
(46) 1943년 10월 30일_5024호 20면_이인범_포교 폐지계_기독교회조선선교회
(47) 1943년 11월 08일_5030호 02면_이인범_포교 담임자 변경계_송산 의웅
(48) 1944년 12월 06일_5352호 03면_이인범_포교계_유지욱
(49) 1944년 12월 07일_5353호 02면_이인범_포교 담임자 변경계_이난기_유지욱
(50) 1944년 12월 09일_5355호 02면_이인범_포교 담임자 선정계_유지욱

4) 기독의교회(포교 관리자: 동석기 전도사)
(1) 1916년 03월 30일_1094호 07면_동석기_포교계출
(2) 1916년 03월 30일_1094호 08면_동석기_포교계출
(3) 1916년 04월 10일_1102호 03면_동석기_포교 담임자계출
(4) 1917년 12월 08일_1603호 02면_동석기_포교자 씨명 변경
(5) 1917년 12월 11일_1605호 03면_동석기_포교자 거주지 이전

(6) 1918년 01월 31일_1644호 07면_동석기_포교 담임자 변경
(7) 1919년 07월 15일_2078호 10면_동석기_포교자 거주지 이전
(8) 1920년 02월 06일_2244호 11면_동석기_포교자 거주지 이전
(9) 1920년 02월 16일_2251호 09면_동석기_포교 담임자 변경
(10) 1921년 04월 19일_2604호 05면_동석기_포교 담임자 변경계출
(11) 1921년 04월 19일_2604호 07면_동석기_포교 담임자 변경계출
(12) 1930년 05월 03일_0997호 08면_동석기_포교 폐지계_미감리교회
(13) 1937년 08월 30일_3188호 05면_강문석_포교계
(14) 1937년 08월 30일_3188호 05면_동석기_포교 관리자 설치계
(15) 1937년 10월 09일_3221호 04면_동석기_포교계
(16) 1937년 10월 18일_3228호 07면_강문석_기독의교회_동교_포교 설치계
(17) 1937년 12월 16일_3277호 03면_강문석(경주)_동석기(대현)_포교소 설치계
(18) 1938년 06월 21일_3427호 10면_동석기_포교소 설치계
(19) 1938년 06월 21일_3427호 11면_동석기_포교 담임자 선정계
(20) 1938년 09월 28일_3511호 08면_동석기_포교 담임자 선정계
(21) 1938년 09월 28일_3511호 09면_동석기_포교 담임자 선정계
(22) 1939년 03월 16일_3645호 02면_동석기_포교계_이용주
(23) 1939년 03월 16일_3645호 03면_동석기_포교 담임자 선정계_이용주
(24) 1939년 03월 16일_3645호 03면_동석기_포교소 설치계_포교 담임자 선정계_ 김태희(기독교회)_이용주
(25) 1941년 01월 30일_4205호 02면_동석기_포교소 설치계_수서리
(26) 1941년 02월 01일_4207호 04면_동석기_포교 담임자 선정계

제3부 /
한국 그리스도의교회의
재건(1945~1960)

제2차 세계대전이 연합군의 승리로 끝나면서 한국은 해방을 맞이했지만 38선을 경계로 북쪽에는 소련군이, 남쪽에는 미군이 진주하여 군정을 실시했다. 북쪽에서는 소련군이 젊은 장교 김일성을 내세워 1948년 9월 9일 '조선민주주의인민공화국'을 선포하고 공산정권을 세웠다. 남쪽에는 미군이 진주하여 자유민주주의 원칙을 세우고 유엔의 감시 아래 선거를 실시하여 1948년 8월 15일 이승만을 대통령으로 대한민국을 수립했다. 그러나 소련군과 미군이 철수하고 중국이 공산화되면서 북한은 남한을 공산화하기 위해 전쟁을 시작하였다. 3년 동안 계속된 전쟁은 재산과 인명에 많은 피해를 안겨주었다.

1.
한국교회의 재건

1) 해방과 한국교회

해방 후 기독교가 당면한 문제는, 일제의 강요에 의해 '일본기독교조선교단'으로 통폐합되어 일본 기독교의 일부가 된 각 교파교회를 본래의 교회로 회복하고, 강제로 해산된 군소교회를 재건하는 것이었다. 북한에서는 1945년 9월 4일 신사참배를 반대하여 은신하던 교회지도자들이 평양 산정현교회에 모여 한국교회의 재건을 위해 기도하고 논의하고 9월 20일 한국교회의 재건 원칙을 발표하였다. 동년 12월 이북 5도의 16노회가 평양 장대현교회에서 연합회를 구성하여 교회의 재건에 필요한 긴급 사항, 즉 '일본기독교조선교단'으로 단일화되기 이전의 총회헌법 사용, 신사참배자의 통회와 근신, 장로교신학교 복구 등 6개 사항을 발표하였다.

해방이 되었으나 북한에서는 공산당이 세력을 확장해 가고 종교의 자유와 민주주의 정부의 수립을 원하는 기독교계 인사들을 탄압하고 제거했다. 그리고 기독교를 박멸하기 위해 1946년 11월 '북조선기독교연맹'이라는 공산당 어용 기독단체를 조직했다.[1] 이 단체의 설립자는 평양 장로회신학교 출신이며 김일성의 외가 친척인 강양욱으로, 강양욱은 이후 '북조선기독교연맹'의 조직을 활성화하여 민족 진영의 목사들과 '5도연합노회' 소속 목사들을 회유하고, 일반 평신도들을 강요하여 연맹에 가입하게 했다. 그리고 1949년 5도 교회 대표자들을 평양 서문밖교회에 모이게 하여 '북조선기독교연맹' 총회를 구성하였다.

북한과는 달리 남한에서는 미군정이 교회 재건을 지원하고, 기독교계 인사나 기독교계 배경을 가진 인사들을 정치계에 대거 참여시켰다. 또 제2차 세계대전 말기 일제에 의해 강제로 추방되거나 미국 정부의 외국인 철수령으로 한국을 떠났던 선교사들이 하나둘씩 귀국하면서 선교사업이 제자리를 찾았다.

한편 교회의 재건을 위해 '일본기독교조선교단'의 임원들이 1945년 9월 8일 새문안교회에서 '남부대회'라는 이름으로 교단 총회를 소집하였다. 그러나 감리교와 장로교의 반대로 총회가 와해되고 기존 교파들이 교파별로 교회를 재건하기 시작했다. 장로교는 1946년 남한 전역의 모든 교파교회의 재건을 완료하고 1946년 6월 12일 서울 승동교회에서 장로교 남부대회를 소집하였다. 그리고 교회의 재건에 중요한 사항으로 신사참배 의결의 취소, 남부총회 직영 신학교 설립 등을 의결했다. 이어 1947년 4월 제2회 장로

---

1) 한국기독교역사회편,《한국 기독교의 역사Ⅲ》(서울: 한국기독교역사연구소, 2009), 45-50.

교 남부대회를(1942년 일제의 강요로 해산된 대한예수교장로회 제31회 총회를 계승하여) 33회 총회로 개회하였다. 감리교는 재건파와 교단파로 나뉘어 서로 교권 투쟁을 하다가 연합연회를 구성하였다.

　남한의 교파교회는 1940년대 후반 교회의 재건을 완료했지만 곧 분열의 길을 갔다. 장로교의 경우 신사참배 문제로 1952년 4월 11일 경남노회로부터 고신교단이 분열하여 고신교단 총회를 구성하였다(교회 568개, 교인 15,350명, 목사 111명). 1953년 6월 10일 자유주의 신학을 수용한 조선신학교 측이 기존 장로교회 총회로부터 분리하여 새 총회를 구성하고 교단의 이름을 '대한기독교장로회'로 변경했다. 기존 장로교회는 1959년 9월 총회에 파견할 경기노회의 총대 선출 문제로 에큐메니컬 운동을 지지하는 '연동 측'과 복음주의협회에 소속한 '승동 측'이 분열되었다. '연동 측'이 통합교단이 되고 '승동 측'이 합동교단이 되었다.

2) 6.25전쟁과 한국교회

　북한의 소련군과 남한의 미군이 철수한 후 북한은 남한을 공산화하기 위해 전쟁을 시작하였다. 1950년 6월 25일(주일) 새벽 북한군은 탱크를 앞세우고 38선을 넘어 남한으로 진격해 왔다. 북한군의 침략을 예측하지 못하고 무방비 상태에 있던 남한은 거의 다 점령되고 부산항 하나만 남았다. 이때 유엔 안전보장이사회에서 유엔군 파견 결의안이 통과되어 16개국에서 파견한 유엔군이 한국전에 참가하였다. 1950년 9월 28일 서울을 수복하고 압록강까지 북진하였으나, 중공군의 개입으로 1951년 1월 4일 후퇴를 단행하고 38

선을 경계로 휴전이 성립되었다.

6.25전쟁(한국전쟁) 동안 북한교회는 북한군을, 남한교회는 유엔군과 남한군을 지원하였다. 북한교회 지도자들은 전쟁을 "조국의 통일과 독립과 민주와 자유와 평화"를 위한 것으로 생각하면서 전쟁 지원 활동에 적극적으로 나섰다. 반면 남한의 교회는 의용군을 모집하고, 유엔과 세계교회, 미국 대통령 등에게 남한이 승리하도록 도와줄 것을 요청하는 활동을 전개하였다.[2]

서울을 탈출한 교역자와 미 점령지역의 교역자들은 1950년 7월 3일 '대한기독교구국회'를 구성하여 선무, 구호, 방송 사업에 참여하고, 기독교 의용군을 모집하였다. 1952년 1월 한국기독교연합회 주관으로 여러 교파교회들이 연합하고, 주한 각 교파 선교부와 제휴하여 6개 분야의 교회 재건 사업을 추진했다. 또 주한 각 교파 선교부의 노력으로 세계교회협의회 대표들이 한국을 방문하고, 이들의 주선과 호소로 세계교회가 한국교회와 한민족의 구호에 나섰다.

한국전쟁 동안 교회가 입은 피해는 컸다.[3] 북한에서는 '조선기독교도연맹'이 중심이 되어 공산주의를 지지하지 않는 기독교인들과 교역자들을 무참히 학살했다. 북한군이 서울에 입성하여 기독교인들을 생포하고 검거하였다. 특히 서울이 수복되기 직전 북한군은 지하에 숨어 있던 목사들을 검거하여 투옥하고 피살하고 또 납북해 갔다. 인적 피해뿐 아니라 교회 건물도 큰 피해를 보았다. 장로교의 경우 교회 건물 152동이 소실되고 467동이 파손되었으며, 감리교 소속 교회 건물 84동이 소실되고 155동이 파괴되었다.

---

2) 앞의 책, 122.
3) 앞의 책, 318.

한국전쟁 후 남침례교를 위시하여 나사렛교회, 순복음교회, 한국복음선교회 등 소교파 선교사들이 서울과 인근에 거점을 확보하고 각 교파교회의 활동을 개시하였다.[4]

6.25전쟁은 많은 사회문제를 일으켰다.[5] 부모를 잃은 고아들, 남편을 잃은 주부, 전상자들이나 장애인들, 전쟁난민들이 수없이 많았다. 1952년 8월 정부가 집계한 통계에 따르면 피난민이 약 380만 명, 가옥과 재산을 잃은 이재민이 402만 명에 달했다. 1952년 초까지 남한 인구의 절반이 구호를 필요로 하는 상황에 처했다. 이런 상황에서 외국 정부 및 외국의 교회와 기독교 구호단체의 대규모 원조가 시작되었다. 구호 사업은 각 교파별 혹은 개인이나 단체, 외국 선교기관의 한국 지부들을 통해 다양하게 전개되었다. 기독교 구호단체 가운데 미국 기독교협의회 소속 기독교세계봉사회는 1951년 7월 한국위원회(장로교, 감리교, 구세군, 성결교회에서 선출된 대표들로 구성)를 조직하고, 그 아래 125개 지역위원회를 구성하여 구호품의 배급을 담당했다.

기독교 외원 단체는 구호 사업과 보건 사업에 집중하여 활동했다. 구호 사업은 고아원, 아동 후원사업, 미망인 보호시설, 피난민촌 지원 등을 포함했으며, 보건 사업은 결핵 퇴치나 상이용사 재활과 관련된 것이었다. 이런 사업 외에도 양로원 지원, 탁아소 지원, 농촌 개발 사업에 참여하였다.[6] 구호 활동 대상 가운데 가장 시급한 대상은 고아가 된 어린이로 당시 고아의 수는 6~10만 명에 달했다.

---

4) 앞의 책, 325.
5) 앞의 책, 128-129.
6) 앞의 책, 113.

2.
한국 그리스도의교회의 재건

1) 존 T. 채이스의 재건 노력

해방 후 채이스는 한국 입국을 원하였으나 미국정부가 한국의 불안한 정세를 이유로 입국비자를 내주지 않았다. 1941년 서울을 다녀간 후 채이스는 잉글우드 하이츠 그리스도의교회(Inglewood Heights Church of Christ)를 맡아 사역하고, 퍼시픽 성서신학교(Pacific Bible Seminary)에서 매주 하루씩 강의하며 거의 매일 강연을 다니며 기금을 모금하였다. 그 결과 모금액이 1,402달러 7센트에 달하였다.[7] 끊임없이 문을 두드린 끝에 채이스는 결국 1946년 12월 23일 워싱턴 주 시애틀에서 '머린 팰컨'(Marine Falcon)호에 승선할 수 있었다. 심한 폭풍과 거친 파도와 뱃멀미에 시달리며 예성보다 많이 늦은 1947년 1월 7일 일본 요코

---

7) "Finances," *The Korean Messenger*, May 1946: 1.

존 T. 채이스 가족(1944년경)

하마 항에 도착하였다. 일본에서는 큐슈에서 근무하던 군목 할 마틴(Hal Martin)이 마중을 나왔다.[8]

1947년 1월 중순 채이스는 서울에 도착하여 군부대 숙소에 여장을 풀고 한 달 반가량 체류하였다. 서울에 머무는 동안 선교부 재산을 되찾기 위해 가능한 모든 법적 청구 절차를 밟았고, 그 청구가 법무부 청구국에 접수되었다.[9] 채이스의 각고의 노력에도 불구하고 선교부 재산은 몰수된 지 10여 년 후인 1952년경에야 환수되었다.[10] 서울에서 체류하는 동안 채이스는 교회들을 방문하여 목회자들과 성도들을 격려하며 매주 힘닿는 대로 생필품을 공급해 주었다.[11]

'기독교회선교부' 소속으로서 일제의 모진 압제와 탄압을 견디고 끝까지 살아남은 교회는 최상현의 돈암동 그리스도의교회와 성낙소의 기독교회 경성

채이스 선교사가 1947년 2월초에 방문했던 필운동 그리스도의교회

---

8) 마틴은 수개월 후에 김포 미항공기지로 전근되어 1947~1948년 사이에 선교사의 부재를 메웠다.
9) "Concerning the Property in Korea," *The Korean Messenger*, October 1946: 5.
10) 1948년 10월 17일 서울에 도착한 채이스는 1949년 2월 중순경 떠날 때까지 미군정과 대사관에 수차례 호소하였다. John J. Hill, "A Short History of the Churches of Christ in Korea," 〈쎄메론 제7호〉(한성신학교, 1972); 노봉욱 편저, 《힐 요한 선교사의 한국 선교》(서울: 한국그리스도의교회 유지재단, 2006), 33, 75.
11) 채이스가 1947년 3월 1일 인천항에서 샌프란시스코로 향하는 미육군 수송선 '캡스 제독'(Admiral W. L. Capps) 호에 승선하여 3월 5일 배 안에서 쓴 글. John T. Chase, "Missionary Footsteps," *The Korean Messenger*, May 1947: 7-8.

내수정교회뿐이었다. 채이스는 예전의 사역자들을 찾아 현황 파악에 주력하였다. 길에서 우연히 만난 김요한 목사는 해방 전 세 차례나 감옥에 갇혔다가 풀려난 후 목회를 쉬고 있었고, 김문화 목사는 신사참배 거부로 여러 해 동안 투옥되었다가 풀려났으나 몸이 이미 망가진 상태에서 신탄진에 머물고 있었다. 박판조 목사는 소련군정이 통치하는 북한에 머물며 한의업에 종사한다는 소문만 들었다. 채이스는 북한에서 남하한 동석기 전도자를 만났다. 동석기는 전 재산을 소련군에게 몰수 당하고, 사모와 자녀들 일부가 여전히 북한에 남아 있었다.

채이스는 한 달 반 가량의 한국 방문을 마치고 1947년 3월 1일 인천항을 떠나 미국으로 돌아갔다. 그는 미국에서 목회 활동을 하면서도 한국에 구호물자를 보내는 일을 잊지 않았고 선교사 동원에도 힘썼다. 그는 클라이드와 테사 애덤스(Clyde and Tessa Adams) 부부를 선교사로 모집하였다. 그러나 그들이 한국에 들어올 준비를 하며 미국 정부의 허락을 기다리던 중 갑자기 클라이드가 사망하여 애덤스 가족은 선교사가 되려던 계획을 포기해야만 했다. 애덤스가 한국에 나오기 위해서 모금한 금액은 3,102달러 97센트로 전액 한국 그리스도의교회 재건을 위해서 사용되었다.[12]

채이스는 1948년 10월 17일 서울로 재입국하고 존 J. 힐 선교사 가족은 1년 늦은 1949년 2월 18일 서울로 돌아왔다.[13] 채이스는 '한국인성서훈련원'이 운영을 힐에게 맡기고 자신은 미국

---

12) John T. Chase, "Concerning Adams' Korean Fund," *Christian Standard*, 13 July, 1946: 472.
13) "The Year 1948," "Personnel Transfers" and "An Announcement," *The Korean Messenger*, March 1949: 1, 3-4.

으로 돌아가 주간지 〈Christian Standard〉(그리스도인 표준)과 함께 "Chapels for Korea"("한국에 예배당을")라는 캠페인을 펼치며 5만 달러 기금 조성에 힘썼다. 이 모금액이 달성되면, 채이스 가족은 동년 9월에 한국으로 아주 돌아올 계획이었다. 그러나 채이스 가족은 예정했던 기간에 한국으로 돌아가지 못하였다. 그해 7월경까지 모금액수가 대략 17,500달러에 그쳤고, 목표 금액이 달성된 것은 6.25전쟁이 터진 직후인 1950년 7월이었다. 모금된 돈은 총 5만 62달러 90센트였다.[14] 이 기금은 전후 군대 지원 프로그램(Armed Services Aid Program)에 3천 달러가 사용되고, 일본으로 피신한 힐 가족과 폴 잉그램 가족의 거주지를 구입하는 데 사용되었으나, 나중에 환수되어 한국교회를 위해 사용되었다.[15] 채이스는 1956년 1월 3일 해롤드 테일러 선교사의 후원 교회인 오클라호마 주 마이애미의 제일 그리스도의교회에 잔액 18,424달러 88센트를 송금함으로써 한국 선교에서 완전히 손을 뗐다.[16] 한국을 떠나 미국에서 거주하는 동안 채이스는 선교와 목회와 관련한 활동을 다양하게 수행했다.[17]

---

14) John T. Chase, "Proposed Goal Reached in 'Chapels for Korea' Campaign," *Christian Standard*, 8 July, 1950: 420.

15) John T. Chase, "Chapels to Be Built in Korea," *Christian Standard*, 27 March, 1954: 201.

16) John T. Chase, "Final Report on 'Chapels Fund'," *Christian Standard*, 28 January, 1956: 60.

17) 미국에서 존 T. 채이스의 중요 활동에 대해서는 주간지 *Christian Standard*; 김찬영, 《한국 그리스도의교회 초기 역사 - William D. Cunningham의 생애를 중심으로 1864~1936》(한성신학교, 1991), 119-24; "Wahneta Irene Smith-Chase," *Lodi News-Sentinel*, 23 July 2002: 8.

2) 존 J. 힐의 재건 노력

1940년 11월 16일 본국으로 철수한 존 J. 힐(John J. Hill)은 미시건 주 스터르기스(Sturgis)와 웨스트버지니아 주 파이던시티에서 목회하였다. 그리고 1944년 10월 5일 미육군 군목으로 입대하여 미국, 필리핀, 일본에서 총 19개월간의 복무를 마치고 1946년 5월

존(John)과 에스더(Esther) 힐(Hill) 부부

14일 제대하였다. 제대 후 힐은 미국 정부로부터 한국으로 출국 허락을 기다리는 동안 인디애나 주 월턴(Walton)과 온워드(Wonward)의 그리스도의교회들에서 목회하였다.[18] 동년 9월 제대군인지원법(Army G. I Bill of Rights)에 따라 장학금을 받고 버틀러 대학교 신학대학원(School of Religion, Butler University)에 입학하여 이듬해 M.A.학위를 받았다.[19]

힐 선교사 가족은 한국에서 강제로 철수한 지 8년 3개월 만인 1949년 2월 18일 한국에 재입국했다.[20] 힐 가족은 연지동에 있는 2층 건물(두 가족 거처, 지하실, 창고, 1-2개의 교실, 침례탕, 차고, 정원, 잔디, 방이 있었음)을 남장로교회로부터 임대하고 그 건물에서 3월 15일 성경학교(Bible Institute, 채이스가 시작한 '한국인성서훈련원'의 후신)를 개교하였다.[21] 이 시기 수업은 주당 17시간이고, 교과목은 그리스도의교

---

18) "Latest News from the Hills of Korea," *The Korean Messenger*, October 1946: 2.
19) John J. Hill, "Latest Word from the Hill Family," *The Korean Messenger*, December 1947: 1, 3-4.
20) John J. Hill, "Overcoming Obstacles in Korea," *The Korean Messenger*, July 1949: 2.
21) *Christian Standard*, 15 February 1947: 118; 27 August 1949: 549.

회 기본원칙, 사도행전, 신약 서간, 설교학, 복음서였다. 주일 아침 영어성경반이 열리고, 매주 4시간 야간 수업이 있었다. 최상현, 성낙소, 존 J. 힐 부부가 교수로 사역하였다. 교육비는 무료였으나 몇몇 학생은 생활이 어려워 매월 10-15달러 생활비를 받아야 학교에 다닐 수 있었다.[22] 이 연지동 건물에서는 침례탕을 만들어 침례를 베풀었는데, 이 신학교 학생인 최춘선(김포 교회 사역자)의 부인이

'기독교회선교부' 신학교 교수진 및 학생들(1949년 12월 9일, 필운동 교회). 앞줄 중앙에 존과 에스더 힐 부부, 힐 좌측부터 백낙중, 최상현, 성낙소, 오현팔, 이흥식, 오현팔과 이흥식 사이(뒷줄)에 최춘선. 무악기 교회 목회자 이흥식, 김광수, 정희건이 이 신학교를 졸업함

힐이 구입한 천으로 5일간에 걸쳐 꿰맨 여섯 벌의 침례복이 사용되었다.[23] 성경학교의 학생이 많아지자 힐은 교실을 성낙소 목사의 필운동교회로 옮겨 본격적으로 목회자 양성에 들어갔다.

힐이 한국에 돌아온 후 16개월 동안(1949.2~1950.6) 그리스도의교회는 빠르게 성장했다. 교회는 도시와 한국의 남쪽 농촌 지역으로 퍼져 나갔다.[24] 882명이 세례를 받고 한국인 사역자(설교자, 학생, 전도부인)가 75명으로 증가하였다. 김포, 미아리, 신탄진, 부강, 광주, 목포, 부산 등에 35개의 교회가 개척되고, 35명의 설교자들이 사역에

---

22) *Christian Standard*, 16 April 1949: 243.
23) 앞의 신문. 또한 다음을 보라. *Ibid.* John J. Hill, "Korean Missionaries Face Obstacles Because of Lack of Facilities," *Christian Standard*, 27 August 1949: 549.
24) *Christian Standard*, 19 May 1951: 309.

추가되었다.[25] 이 기간 선교사들은 한 교회에서 설교하기보다는 매주일 교회들을 방문하면서 가끔 설교도 하고 한국인 설교자들의 말을 들었다. 힐 자신은 한국인 설교자 1명을 동반하여 외곽 교회들을 방문하여 격려하고 그들의 필요를 알기 위해 장거리 여행을 떠났다.

1950년 6월 25일 북한군의 남침으로 한국전쟁이 발발하자 힐 가족은 다음날 새벽 3시경 인천에서 피난 배를 탔다. 배 안에서 부인 에스더에게 산통이 있어 배가 일본 땅에 닿자 바로 후쿠오카(Fukuoka)의 군병원으로 직행하였다.[26] 에스더는 병원에 도착하자마자 아이를 출산하였다. 힐 부부는 태어난 지 6일 된 갓난아기를 안고 26시간 동안 열차를 타고 도쿄에 도착하여 요츠야 선교부의 해롤드 심즈(Harold Sims) 선교사의 집에 머물렀다.[27] 일본에서 힐은 8월 한 달 동안 동경 미가와시마 소재 요츠야 선교부의 조선 기독교회(한국인 교회)와 일본 기독교회들(일본인 교회들)을 돕고, 이후 가루이자와(Karuizawa)에 머물면서 한국어를 배웠다.[28]

1950년 9월 서울이 수복되자 11월 5일 힐은 한국에 돌아왔다. 그는 당시의 상황을 이렇게 적었다.

한국인 지도자, 설교자, 교수인 최상현과 두 지도자들, 김양선[부강교회]과 최주민[왕십리교회]이 공산주의자들에 의해 납북되어

---

25) 앞의 신문.
26) John T. Chase, "Mr. and Mrs. John J. Hill Are Safe in Army Hospital in Japan," *Christian Standard*, 15 July, 1950: 436.
27) "Heartaches of War" and Harold Sims, "Missionary's View on Korean War," *Tokyo Christian*, July-August 1950: 2-3.
28) *Christian Standard*, 16 September 1950: 581.

다른 많은 지도자들과 함께 피살되었다…사역자 E. 기구의 처는 미군 폭탄에 의해 불구가 되고 마비되었다. 김광수의 가족도 피살되었다. 신학교에서 잠깐 동안 공부했던 학생들 가운데 몇 명은 공산주의자가 되었다.29)

서울에 남아 있던 성낙소, 한형태, 이기구는 공산주의자들의 심문을 받았다. 공산주의자들은 이 3명의 지도자들을 공산주의 기독 단체 '민주기독교연맹'에 가입시키려 했다. 그러나 이들은 연맹 가입은 신약성경의 가르침과 반대된다는 이유로 가입을 거절했다.

1939년 매입한 송월동 '기독교회선교부' 건물은 3-4개의 폭탄을 맞았고 전항섭 씨는 아직 방 2개와 지하실을 점유하고 있었다. 힐이 임대한 연지동 건물은 전체가 털리고 약탈당했다. 차, 가구, 옷, 음식, 비품, 기념품, 책을 잃었다. 음식은 귀하고 가격은 폭등했다. 힐은 1950년 11월 28일 서울 장충동에 한 건물을 임대하여 성경신학교(Bible Seminary, 성경학교의 후신)를 재개하였다. 첫날 3명의 교수와 10명의 학생들이 출석했고 2달 후 학생 수는 18명으로 늘어났다.

힐이 서울에 머무는 5주 동안 거의 모든 한국인 설교자들에 대한 소식을 들었다. 설교자들은 대부분 각자 강단으로 돌아왔다. 그러나 그들은 집과 소유품을 분실하고 교인들이 흩어져서 매우 어려운 시간을 보내고 있었다. 힐이 보고한 한국전쟁의 상황을 듣고 미국 교인들이 보내온 구호품과 현금 964.73달러는 설교자들과 그

---

29) *Christian Standard*, 16 December 1950: 787.

들의 가족에게 구호품으로 나누어졌다.[30]

중공군의 개입으로 서울의 안전이 위험해지자 힐은 1950년 12월 11일 다시 일본으로 돌아가야 했다. 일본에 있는 동안 힐은 한국인들이 보낸 편지로 한국 그리스도의교회의 상황을 알았다. 한국인 설교자의 반이 안전하고, 몇 명은 가까운 섬으로 피신했다. 그들은 설교하고 침례를 주고, 남부에서는 교회를 개척하기 시작했다. 그들 가운데 한두 명을 제외하고는 집과 모든 소유를 잃었다. 힐은 그들을 돕기 위해 한 달에 200-300달러를 보냈다.

한국전쟁에서 유엔군이 승리했다는 소식을 듣고, 힐은 1951년 6월 18일 한국에 다시 돌아와 흩어진 기독교 세력을 규합하고 선교 사역을 재개했다. 그는 당시 부산에서의 그의 사역을 이렇게 적었다.

> 나는 부산에서 2주 동안 머물면서 그곳에 있는 피난민 형제들, 그 중에서 15명을 만나고 도왔다. 우리는 6월 24일과 7월 1일에 나무 아래 모여 함께 예배를 드렸다. 6월 24일에는 3명이 침례를 받았는데 이 가운데는 우리와 함께 일할 신실한 교단 설교자도 포함되었다. 나는 그곳에 있는 형제들을 위해 예배의 장소로 사용되도록 큰 천막을 사서 거기에 남겨 두었다.[31]

1951년 7월 5일 힐은 최춘선(김포교회 사역자)과 성수경(필운동교회 사역자)과 함께 서울로 올라왔다. 서울 서대문 근처 송월동에 있는 구 '기독교회선교부' 건물을 찾기 위해 성수경과 동행했다. 전항섭

---

30) *Christian Standard*, 27 January 1951: 51.
31) John J. Hill, "John Hill Returns to Korea; Resumes Evangelistic Work," *Christian Standard*, 4 August 1951: 483.

은 장전된 연발권총을 가지고 쫓아왔으나 선교부가 합법적인 소유자임을 알고 물러갔다.

서울에 도착한 지 이틀째가 되는 저녁부터 전도집회를 갖기 시작했다. 매일 저녁 참석자가 늘어났다. 그리고 8월 4일 전쟁 동안 부서진 송월동 선교부 건물에 전쟁고아 19명을 수용하여 '그리스도의교회 보육원'(Christian Mission Orphanage)을 시작하였다. 사역자들은 낸시 홍, 신 여사, 차 선생, 존 J. 힐, 성수경, 조 선생과 조 부인이었다.[32] 서울에 고아원이 시작된 지 얼마 안 되어 힐은 인천, 대전, 대구에 각각 1개씩의 고아원 설립과 유지에 도움을 주었다.[33]

3) 선교사들의 입국과 활동

1950년대 초 몇몇 선교사들이 더 입국하였다. 폴 잉그램(Paul Ingram)은 가족과 함께 힐의 한국 선교를 돕기 위해 1952년 일본 도쿄에 도착하여, 힐의 가족과 함께 전쟁이 끝날 때까지 일본에 체류하였다. 이 기간에 힐과 잉그램은 기회가 주

앞줄 좌측부터 성낙소 목사, 김동수 통역, 폴 잉그램(1953년경)

---

32) John J. Hill, "Korean Officials Make Change in Orphanage Regulations," *Christian Standard*, 15 September 1951: 581.
33) John J. Hill, "A Short History of the Churches of Christ in Korea."; 노봉욱 편저, 《힐 요한 선교사의 한국 선교》, 30-39.

어질 때마다 가족을 일본에 남겨 둔 채 한국에 들어가 사역하였다. 힐의 가족은 1953년 5월경 안식년으로 미국에 돌아갔고, 잉그램이 힐의 선교 사역을 대신했다. 힐이 안식년을 마치고 1954년 돌아왔을 때, 잉그램은 추가로 매입한 선교부에 붙은 땅에 미군의 도움을 받아 3층짜리 신학교 건물을 세웠고, 1954년 입국한 메리 반힐(Mary Barnhill)과 1953년 입국한 리라 톰슨(Lila Thompson)은 선교부 보육원(부평으로 이전)을 포함하여 5개의 보육원을 돌보는 일에 관여하였다.[34]

그러나 1955년 선교사들은 모두 한국을 떠나야 했다. 메리 반힐과 리라 톰슨은 둘 다 간염에 걸려 반힐은 그해 10월에 한국을 떠났고, 톰슨은 미군 중사 히람 힐러(Hiram Hiller)와 결혼하였다. 해롤드 테일러(Harold Taylor)가 1955년 11월 한국에 입국했을 때 서울에 남아 있던 선교사는 한 달 전에 결혼한 리라 톰슨 힐러(Lila Thompson Hiller)뿐이었다. 힐러는 이듬해 1956년 3월 미국으로 돌아갔다.[35]

1954년 힐의 부인 에스더 미반즈(Esther Beavans)가 한국인 신학생 2명과 부적절한 혼외관계에 빠진 일이 있었다. 그중 한 명은 두 아이를 가진 유부남이었다. 젊은 여선교사들이 젊은 한국인 남성과 연애하여 결혼한 사례는 종종 있는 일이었지만 가정까지 버린 경우는 흔치 않았다. 이에 교감이었던 성낙소는 1954년 6월 25일 신학교를 휴교 조치하고 채이스에게 내한을 요청하였다. 불미스러운 소식을 접한 채이스와 힐의 모교회 장로들, 〈Christian Standard〉의 편집자와 다른 그리스도의교회 교인들은 힐 가족의 한국 선교 사역 승인을 철회했다. 그리고 힐이 '기독교회선교부'와 한국인들 시

---

34) Harold Taylor, "History of the Korean Christian Mission," *For Christ in Korea*, October 1959: 3-4.
35) 앞의 신문.

역에서 손을 떼어야 한다고 생각했다.[36] 동년 9월 하순 내한한 채이스는 성낙소, 힐, 잉그램 등과 함께 회의를 열어 힐과 잉그램이 귀국하도록 조치하였다. 폴 잉그램은 1955년 1월 8일 귀국하였고, 힐은 버티다가 해롤드 테일러 선교사 부부(Harold and Ada Taylor) 에게 새로 지은 신학교 건물을 포함한 송월동 선교부 재산을 모두 물려주고, 7월 5일 본의 아니게 쫓기다시피 한국을 떠나야 했다.[37]

4) 그리스도의교회(유악기) 목회자들

그리스도의교회 목회자들 가운데 최상현, 성낙소, 백낙중은 존 J. 힐이 1949년 2월 18일 재입국하여 연지동에서 개교했다가 학생이 많아져 필운동교회로 옮긴 '기독교회선교부' 신학교의 교수로 섬겼다. 이때의 학생들 중에는 김은석 목사의 제자이자 훗날 맨발의 천사로 알려진 애국지사 최춘선도 포함되었다. 이들은 모두 채이스가 '한국인성서훈련원'에서 교육하고 협조하여 신약성서교회를 개척하게 한 사람들이고, 일제의 탄압을 이기고 살아남은 그리스도의교회의 목회자들이었다. 그러나 애석하게도 최상현 목사는 6.25전쟁 중에 납북되었고, 백낙중 목사는 피살되었다. 최상현은 미군정 때 연락관을 지낸 인물이었고, 백낙중은 미군이 들어왔을 때 그들의 통역관으로 일한 교육가이자 목회자였다. 그런 그들의 경력이 공산주의자들에게 납북되고 피살된 원인이었을 것이다.

---

36) *Christian Standard*, 4 September 1954: 562; *Christian Standard*, 27 August 1955: 546, 555.
37) 노봉욱 편저, 《힐 요한 선교사의 한국 선교》, 24; 성낙소, "제21장 두 선교사 귀국과 신학교 휴교와 유무악기파 합동 건," 《기독의교회와 성낙소와의 관계》, 김종기, 조동호 편집(계룡: 그리스도의교회 연구소, 2010).

5) 그리스도의교회(무악기)의 재건과 선교사들의 입국과 활동

(1) 그리스도의교회 지도자들의 월남

함경남도 북청군에서 그리스도의교회들을 개척했던 동석기 전도자도 해방 후 곧바로 월남하였다. 그는 기독교 지도자였기 때문에 누구보다 공산주의자들의 표적이 될 수 있었다. 동석기는 월남하여 내수동 그리스도의교회를 개척하는 등 한국에 그리스도의교

이홍식 전도자
(1912~1991)

회들을 설립하는 데 온 힘을 쏟았다. 그리고 한국전쟁 후에는 노년의 나이에도 불구하고 남한 지역 여러 곳에 교회를 설립하는 데 경제적 지원을 아끼지 않았다.

동석기 외에도 다수의 그리스도의교회 신자들이 월남하여 서울에서 교회 개척에 동참하였다. 그 대표적인 인물이 북청 수동리교회 출신의 이홍식 전도자(1912~1991)이다. 그는 해방 이후 월남하여 10여 곳의 교회를 개척하는 데 깊이 관여하였다.

(2) 그리스도의교회 선교사들의 입국과 활동
① 데일 리치슨(Dale Richeson)

미국 그리스도의교회(무악기)가 한국에 관심을 갖고 선교사 파송을 시작한 것은 1950년 6.25 한국전쟁 이후부터이다. 한국에 파견된 첫 선교사는 미국 워싱턴 그리스도의교회의 파송을 받은 데일과 델마 리치슨(Dale and Thelma Richeso n) 부부였다. 리치슨은 1954년 5월 10일 선교사로 파송되어 한국 선교를 시작하였다. 그는 선교사업을

데일 리치슨(Dale Richeson, 앞줄 중앙)이 집례한 침례식 기념 사진 (1954년 10월 31일 한강). 뒷줄 좌측에서 다섯 번째가 동석기, 아홉 번째가 이흥식 전도자

위해 효창동에 대지 1,779평을 구입하고 선교, 의료, 교육사업에 높은 뜻을 두었다. 전직 기자 출신으로 사업적 기질과 세밀한 성품을 가진 리치슨은, 한국에 선교사로 파송되기 전 미국과 일본에서 한국 역사, 문화 및 언어를 배우고 연구했다. 그는 한국에 와서 이화여자대학교에서 불어를 강의했고, 먼저 파송되어 선교 활동을 하던 타 교단 선교사들과 교류하고 한국 선교에 대한 정보를 얻었다.

리치슨은 한국전쟁으로 발생한 고아와 혼혈아를 사회문제로 보고 미국 신문에 기고하였다. 이 기사를 보고 해리 홀트(Harry Holt)가 전쟁고아와 혼혈아에 대한 깊은 관심을 갖고 한국에 들어왔다. 홀트는 입국 후 리치슨을 만나 효창동 그의 집 옆에 건물을 지어 홀트아동복지원(일산 홀트 아동복지원의 전신)을 설립하였다.

그러나 리치슨은 동석기를 비롯한 한국인 사역자들과 뜻이 맞지 않아 2년 만에 한국을 떠나게 되었다. 그가 한국인 사역자들과 반목을 샀던 이유는 그리스도의교회(유악기)와 타 교단 선교사들과 교류하는 그의 개방적인 성격 때문이었다. 이런 행동은 한국인 사역자들에게는 '그리스도의교회' 고유의 정체성을 희석시키는 것으로 여겨졌다.[38]

---

38) 김세복, 《한국 그리스도의교회 교회사(1930~1968)》(서울: 참빛사, 1969), 56-57.

② 최수열

데일 리치슨 다음으로 온 선교사는 최수열(Lewis Haskell Chesshir, 1916~2003)이다. 최수열은 1954년 11월 워싱턴 D.C.의 디캐처 교회(Sixteen & Decatur Church of Christ)로부터 한국에 파송되었다. 그는 성격이 활달하고 활동적이어서 선교사업 및 사회사업의 기반으로 낙농업을 발전시켜 그리스도의교회 사역자를 양성하려고 하였다. 그는 미국 그리스도의교회에 선교사 파송을 요청하였다. 그리고 건축업을 하는 이젤(Ezells)의 노력으로 상당한 금액을 모금하여 1960년 3월 경기도 김포군 양동면(현 서울시 강서구 화곡6동) 소재 부지 64,000평을 구입하여 선교사 사택을 건축하였다. 사택의 지하실은 신학생들이 공부하는 강의실로 활용하였다. 이때부터 현 강서구 등촌동에 소재한 등촌중학교 부지와 경기도 파주 및 제주도에 임야와 대지를 학교 명의로 구입하였다. 특히 그가 미국 그리스도의교회의 후원으로 산 땅은 그리스도대학교(현 KC대학교)와 몇 개 그리스도의교회의 터전이 되었다.

최수열 선교사(1916-2003)
Lewis Haskell Chesshir

③ A. R. 홀튼, D. C. 하딘, W. A. 이철선

리치슨과 최수열 외에도 1950년대에 많은 선교사가 입국하였다. 아더 R. 홀튼(Arthur R. Holton)은 1957년 4월 워싱턴 그리스도의교회로부터 선교사로 파송되었다. 한국에서 그는 그리스도의교회를 순회하면서 성경공부를 시켜 청년들에게 침례를 주고 그들이 그리스도인이 되어 교회에 봉사하게 하였다. 홀튼은 한국에서는 교

아더 홀튼(Arthur R. Holton) 부부, 안식년을 마치고 김포공항에 도착해서(1960년)

역자가 중심이 되어 교회를 이끌어갈 지도자 양성에 열성을 기울여야 한다고 주장하였다. 그는 1958년 '한국기독학교'(Korean Christian Institute)의 초대원장으로 취임하였다.

하딘(Daniel C. Hardin)은 1958년 7월 한국에 파송되었다. 그는 테네시 주 데이비드 립스콤 대학(David Lipscomb College)을 졸업한 후 결혼하여 한국에 들어왔다.

이철선(William A. Richardson, Jr.)은 미군으로 근무하다가 선교사로 한국에 정착하였다.

이밖에도 1954년 5월부터 1965년 말까지 한국에 들어온 선교사로는 시드니 알렌 박사(Dr. Sidney and Jenetta Allen), O. P. 베어드(O. P. and Jerry Baird), 로버트 구치(Robert Gooch), 로레타 루워즈(Loretta Lewers, 일본과 한국), 존 루이스(John Lewis, 일본과 한국), 드와이트 매러블(Dwight Marable), 로널드 넬슨(Ronald and Marsha Nelson, 1966년에 한국에 들어올 계획), 말콤 파슬리(Malcolm and Shirley Parsley), 빌 램지(William R. and Nancy Ramsay), 로버트 언더우드(Robert Underwood)이다.[39]

---

39) Alan Bryan, Jimmie Lovell and Archie Luper, "Missionary Directory - Churches of Christ: Number Two, March 1966"(1966). *Stone-Campbell Books.* 459. http://digitalcommons.acu.edu/crs_books/459, [게시 2018년 1월 24일]

3.
한국 그리스도의교회의 환원운동과 일치운동

1) 기독의교회 합동선언문

1930년대 후반부터 일제는 한국교회에 신사참배를 강요하고, 1945년 7월 한국교회를 통폐합하여 '일본기독교조선교단'을 조직하였다. 해방 후 한국교회에서는 '일본기독교조선교단'으로부터 원래의 교단으로 돌아가는 교파별 재건운동이 일어나고, 신사참배와 성서비평의 문제로 교파별 재분열이 일어나고 있었다. 이런 상황에서 성낙소와 최요한을 비롯한 몇몇 한국 그리스도의교회 지도자들은 1946년 8월 신약교회로의 환원과 교회 일치를 선언하는 〈기독의교회 합동선언문〉을 발표하였다. 이 선언문은 "우리 그리스도의교회는 신약 시대에 그리스도께서 창립하신 교회로 오늘날 각각 분열된 기독교 각 교파는 신약 시대 그리스도의교회로 환원하도록 주 예수의 성지를 순응하여 합동 통일운동을 선언하노라"로 시작하였다. 그리고 교회 일치의 방법으로 예수와 사도 바울의 성지를 밝힌 후 다음과 같이 말했다.

그런즉 악마에게는 굴복하여 신사참배의 합동 통일은 하면서도 주님의 말씀인 성경의 교훈대로 각 교파 신도의 통일을 부인할 수 있을까? 만일 부인한다면, 주님의 성지인 성경 말씀을 부인하는 것이다. 삼가 조심하라. 그런즉 합동 통일을 함에는 어떠한 방법으로 할 것인가? 덮어놓고 합동하자는 것이 아니다. 신약 시대의 교회로 돌아가자. 신약 시대의 교회로 돌아가자면, 신약 시대의 교회를 찾아야 한다. 신약 시대의 교회는 신약성경 중에서 찾아야 한다.

이어서 선언문은 다음과 같은 8가지 실행 내용을 선포하였다.

1. 교회 창립자와 머리를 찾자 – 이는 예수 그리스도시다(마 16:18; 엡 5:23). 각 교파의 창립자와 머리는 누구인가? 가톨릭은 저스테니안, 성공회는 헨리 8세, 루터교는 마틴 루터, 침례교는 코날드 그레벨, 장로교는 존 낙스, 칼빈교는 칼빈, 감리교는 요한 웨슬레, 구세군은 윌리엄 뿌드, 성결교는 카우만이다.
2. 교회 명칭과 터를 찾자 – 그리스도의교회가 바른 이름이며, 그리스도의 터는 그리스도이다(마 16:18; 롬 16:16; 고전 3:11). 그러나 각 교파의 명칭은 성경에 전혀 없다.
3. 교인의 명칭을 찾자 – 오직 그리스도인이라(행 11:26; 갈 2:24; 벧전 4:16). 그러나 각 교파 교인의 명칭은 성경에 없다(장로교인, 감리

교인 등…).

4. 교인이 되는 방법을 찾자 ㄱ) 믿고 침례 받음(마 28:19; 막 16:16). ㄴ) 회개하고 침례 받음(행 2:38). ㄷ) 신앙을 고백한다(행 8:37). 그런즉 믿고 회개하고 고백하고 침례 받으면 사죄 구원하는 동시에 성신을 선물로 받는다. 침례는 죄의 몸이 죽고 부활과 신생을 얻는다(롬 6:4; 골 2:2). 물과 성신으로 중생한다(요 3:5). 약식 세례는 성경에 없다. 이는 기원 753년에 로마법왕 스티븐 2세가 애돌프스의 집에 시작된 것이다.

5. 침례는 누가 행할 수 있는가 성경에서 찾자 - 목사, 집사, 성도들이다. 침례 받는 자는 누구나 행할 수 있다(행 2:38-41, 8:38, 9:17-18). 이상은 사도 집사 빌립과 성도 아나니아가 시행하였음. 목사만이 행할 수 있다는 것은 교파들의 주장이다.

6. 그리스도인이 되면, 첫째로 하나님께 예배한다. 예배일을 찾자. 칠 일 중 첫날은 주일이요, 일요일이 아니다(행 2:41 42, 20:7). 이 날은 주님이 부활하신 후 일곱째 안식일 다음날인 오순절날 성령 강림하신 날이요, 이날에 삼천 명이 침례받아 제자가 되었고, 그리스도의교회가 시작된 날이 주일이요, 유대교에서 지키는 안식일이 아니다.

7. 신약 시대 교회에서 주일을 예배 일로 지켰는가? 주님의 부활과 십자가를 기념하는 주의 만찬을 위해 모였다(행 2:41-42, 20:7). 주일에 주의 만찬을 하지 않으려면 차라리 안식일을 지켜 유대교인 율법으로 돌아감이 어떨까? 그리스도의교회는 유대교가 아니다.

8. 신약교회는 하나님의 지상명령인 성경만 믿는다. 성경 이외에 헌법이나 규칙은 죄가 된다(계 22:18).

이상에 대하여 더 알고자 하거나 깊이 연구하시려면 성경에 나타난 신약교회로 오시면 됩니다. 여러 교파와 교인들이여 우리 모두 교회의 합동 통일운동을 위하여 힘을 합칩시다. 다른 교파에서 신학을 마친 교역자들은 우리 신학 별과를 단기로 수양하니 같이 합시다. 환영합니다.

서기 1946년 8월

경성 사직공원 내, 경성 돈암동 204, 그리스도의교회[40]

2) 그리스도의교회(유악기)와 그리스도의교회(무악기)의 통합 시도

1954년 6월 14~19일 신앙실천 일치 토론회 기념사진

유악기와 무악기 그리스도의교회들의 통합 시도가 몇 차례 있었다. 잠깐 동안이나마 실제로 통합이 이뤄진 때도 있었으나 통합 시도는 결국 한국 그리스도의교회들의 염원에 그치고 말았다.

첫 통합 시도는 성낙소 목사와 김진영 목사 사이에서 이뤄졌다. 그들은 합동으로 유·무악기 통합 시도를 알리는 편지 공문을 발송하였고, 실제로 '신앙실천 일치 토론회'를 1954년 6월 14일 오후 7시부터 19일 오후 5시까지 대전 선화 그리스도의교회에서 개최하였다. 편지 공문의 내용은 다음과 같다.

---

40) "기독의교회 합동선언문," http://kccs.info(환원역사 문서자료 게시판), [게시 2018년 1월 24일]

초청장

주의 은혜와 평강이 귀하와 같이하심을 기원합니다. 초대 신약교회로 환원하기를 기원하는 그리스도의교회에 있어서 오늘날 한 성령 안에서 영감으로 기록된 한 성경을 인하여 그 주장하는 바가 사람마다 다르게 나타남으로 교회 자체가 진리에서 벗어나 갈등과 분쟁 및 분열이 속발(續發)하여 있는 바, 신앙이 있는 자로 하여금 탄식을 금치 못하게 함으로 한곳에 회집하여 신앙 실천의 일치로 하나님께 영광을 돌리고저 하기(下記)의 발안(發案)을 귀하에게 통지하오니 착오 없이 이행하기를 갈망하나이다.

기(記)

1. 교회 일치에 관한 건
2. 구원에 관한 건
3. 성서 해석에 관한 건
4. 교회 조직에 관한 건

장소 : 선화 그리스도의교회(대전시 선화동 2구 35번지)

일시 : 1954년 6월 14일 오후 7시부터 6월 19일 오후 5시까지.

여비는 각자 부담하시고 식사는 일체 무료 제공함.

1954년 6월 7일

발기인 김진영 목사, 성낙소 목사[41]

---

41) "편지공문," http://kccs.info(환원역사 문서자료 게시판), [게시 2018년 1월 24일]

4.
김은석의 부흥운동

김은석 목사(1902~1963)

장로교회에서 그리스도의교회로 환원한 김은석은 1946년부터 17년간 충청 이남 지역에서 그리스도의교회(유악기)의 부흥을 이끌었다. 그의 부흥 사역은 국가와 민족의 상황이 암울했던 시기에 말씀과 신유를 동반한 사역이었다.

1) 생애

김은석(1902~1963)은 황해도 평산군 당구리에서 유교 지주층 가정의 6남매 중 장남으로 태어났다. 그는 학식이 있는 아버지의 영향으로 한자와 한학에 조예가 있었으며, 키 1m 70cm 이상에 체중

70kg 정도의 체격을 소유한 자로 16살 때 장가를 갔다. 부인은 다섯 살 위였는데 생식기에 문제가 있어 우울증으로 힘들어하다가 집에 불을 질렀다. 이 방화 이후 집안이 몰락해서 김은석은 당구리를 떠나 중국으로 건너갔다. 중국에서 신학을 공부하고 재혼해서 아들을 얻었으나 아들은 3살 때 사망하고 연이어 부인이 사망하는 아픔을 겪었다.[42]

젊은 시절 크게 실망 중에 있을 때 그는 성경을 읽기 시작했고 성경을 100독할 때 성령을 체험하였다. 이후 그는 기도하면서 성경을 다독하고 또 많이 암송하였다. 그는 다음과 같이 말했다. "성경을 통해서 하나님의 사람으로 변하고 성령 충만으로 그냥 앉아 있을 수가 없어 복음을 증거하는 삶을 살게 되었다."[43]

김은석은 주로 만주, 일본, 한국을 오가며 복음을 전했다. 1930년대 초 20대 후반의 김은석은 한국인들이 모여 사는 만주 길림성 지역을 순회하며 복음을 전하였다. 그러나 그가 복음 전도로 유명인사가 되어 일본 경찰의 주목을 받게 되자, 한국으로 돌아와 장로교 전도자로 순회하며 전도하였다. 한국에서도 일본 경찰의 탄압을 받자 1935년경 일본으로 밀항하였다. 일본에 입국 증명 없이 들어갔기에 그는 늘 숨어 다닐 수밖에 없었다. 평일에는 막노동판이나 탄광에서 일하고 주일에는 시모노세키(하관, 下關), 아사(김성철의 친부 김명석 거주), 덕산(박점상 거주), 도쿄, 오사카 지방을 순회하며

---

42) 김성철, 《삶이란, 감사하면 그것으로 OK다》(도서출판 진흥, 2000), 33-35; 목포 그리스도의교회 교회사 편친위원회, 《목포 그리스도의교회 50년사》(광주: 도서출판 한님, 2006), 301-304. 김은석 목사의 신장과 체중이 180cm와 80kg정도였다는 목격담이 있으나 동료들과 찍은 사진들로 볼 때, 박점상 목사보다는 작고, 심영진 목사보다는 컸다. 몸도 가냘퍼서 체중이 70kg를 크게 상회하지 않았을 것으로 추정된다.
43) 정기철, "김은석 목사의 환원운동: 성령운동에서 시작된 환원운동," (서울기독대학교 석사학위 논문, 2008), 7.

4. _ 김은석의 부흥운동

전도하였다.[44]

말씀 선포에 능력이 임하자 유명세를 타게 되었고, 특히 1941년 제2차 세계대전이 시작되면서 김은석은 다시 요주의 인물로 지목되었다. 그가 1936년 시모노세키에서 그의 설교에 은혜를 받은 김명석과 함께 교회를 개척하자 300명 정도의 교인이 모였다. 그가 "세례와 성만찬을 겸한 하나님의 말씀을 전할 때 성령의 역사가 나타났는데 그 역사하심이 초대교회의 오순절 역사와 다를 바가 없었다."[45]

김은석은 신사참배를 죄라고 믿어 이를 거부하였다. 주일이면 신사참배에 반대하는 한국인 교인들을 찾아가 "주 예수 그리스도를 믿으라. 그러면 너와 네 집이 구원을 받으리라. 일본 천황에게 절하지 말라. 신사참배는 죄다"라고 선포하였다. 신사참배 반대로 인하여 그의 신변은 항상 위태하였다. 일본에서 그는 '간다긴세기 신전 은석'으로 불렸고, 별명은 합바지(무명바지)를 입고 다니는 '핫바지 조사'(전도사)였다. 김은석은 교인의 중개로 김완례와 결혼하였으나 자식이 없어 딸과 아들을 양녀 양자로 들여왔다.[46]

김은석 목사와 김완례 사모, 양자 김성철(목사),
양녀 김명순(뒷줄), 양녀 김순희(앞줄)

해방 직전 한국에 계신 어머니가 위독하다는 급전을 받고 김은석은 일시 귀국하였다. 그러나 한일해협이 봉쇄되어 일본으로 돌

---

44) 목포 그리스도의교회 교회사 편찬위원회, 《목포 그리스도의교회 50년사》, 301-304.
45) 앞의 책, 312.
46) 앞의 책, 301-304.

아가지 못했다. 그는 전도 생활에 전념하는 한편 서울역 앞에 있는 빨간색 벽돌 빌딩(세브란스)을 빌려 '백만 귀환 동포 영접위원회'라는 것을 운영하였다. 큰 솥을 걸고 교회에서 쌀을 공급 받아 오가는 사람을 먹이고 재우면서 귀환 동포들의 뒷바라지를 하였다. 당시 한국에는 여관이 없었기 때문에 이 빌딩은 일본, 중국으로부터 밀려오는 귀환 동포들의 수용소 역할을 하였다. 강신명 목사, 한경직 목사도 그때 함께 활동하였다. 그는 또 구국위원회의 위원으로서 애국 활동을 하였다.[47]

해방 후 1945년 가을 김은석은 김교인 장로의 초청으로 부강 오데골 장로교회 사역자로 부임하였다. 그는 부임하자마자 100일 집회를 개최하였고, 이때 성령의 역사가 크게 일어났다. 그러나 성령 부흥 집회를 자제하라는 노회의 권고를 무시했다는 이유로 노회로부터 제명되었다. 이듬해 1946년 김은석은 박점상과 함께 그리스도의교회로 환원하고, 동년에 '부강 그리스도의교회'와 '신화신학 성경연구회'를 시작하였다. 이때부터 김은석은 '신화신학 성경연구회'와 '한국성서신학교'에서 제자들을 양육하여 충청 이남 지역에 파송하여 수십 개의 그리스도의교회들을 개척하게 하였다.[48] 존 J. 힐 선교사가 대전시 가장동에 신학교 교사를 건축하던 1964년 충청 이남 지역에는 60개의 교회가 있었다(충북 16, 충남 19, 전북 1, 전남 24). 《목포 그리스도의교회 50년사》는 이것을 김은석이 일으킨

---

47) 김성철, 《삶이라, 감사하며 그것으로 OK다》, 35.
48) 채이스는 〈한국인 전령〉(*The Korean Messenger: Korea for Christ*) 1949년 7월호에서 교회 숫자를 10개라고 했다가 돌연 19개로 수정하여 보고한 바 있고, 테일러는 〈한국에 그리스도를〉(*For Christ in Korea*) 1956년 6월호에서 교회 숫자를 75개로 보고하였으며, 〈한국에 그리스도를〉 1958년 2월호에서 김은석 목사를 "남한에 약 25개 교회를 세운 복음의 옹호자"(Gospel father)라고 보고하였다.

부흥운동의 열매로 보았다.[49]

김은석은 말년에 창병(瘡病)으로 고생하였다. 그는 창병의 치료를 위해서 '강신규'의 거처에 머물며 간호를 받았는데 그로 인해 악성루머가 퍼졌다. 루머의 사실 여부를 밝히고자 하여 모인 50여 명의 목회자들 앞에서 김은석은 시인도 부정도 하지 않았다. 그러나 이 사건은 그를 사랑하고 존경했던 전국 그리스도의교회 성도들에게 큰 충격을 주었다. 그를 사랑했던 많은 성도들은 이 사건을 연민과 동정으로 받아들였고, 일생을 가시밭길을 걸으며 복음전파만을 위해서 자기 자신과 가족까지 돌보지 않았던 그를 이해하려고 애썼다. 그러나 이 사건은 김은석 자신에게도 극복하기 힘든 충격이었는지 칩거에 들어갔다.[50]

김은석의 칩거는 만 2년을 넘지 않았다. 김은석의 성경 통독 메모는 "1958년 4월 26일 오후 청원군 남일면 문주리 고동주 씨, 우정예 자매 댁에서(역대하 ?-21장) 봉독"에서 멈췄다가 "1958년 10월 13일 오후 2시 30분에 부산 침례회병원에 입원 후 16일에 본서 호세아를 다 봉독"이라는 메모로 완전히 끝이 난다. 김은석이 1959년 말과 1960년 초 사이에 지인들과 함께 찍은 사진들은 그의 활동이 재개되었음을 보여준다.[51] 김은석은

1960년 초 박점상의 침례신학교 졸업식에 참석한
김은석 목사와 김완례 사모

---

49) 목포 그리스도의교회 교회사 편찬위원회,《목포 그리스도의교회 50년사》, 324-325.
50) 조동호,《한국 그리스도의교회 이야기》(계룡: 그리스도의교회 연구소, 2016), 316-317. 강신규는 김은석의 충실한 여성 동료이자 김완례 사모의 올케의 올케 또는 올케의 아들인 김은영 목사의 외숙모였다.
51) 1960년 초 김은석 목사와 김완례 사모가 박점상 목사의 침례신학교 졸업식 날 셋이서

1963년 1월 20일 '충곡 그리스도의교회'에서 주일 저녁 집회를 인도하고, 밤 10시가 넘어 찐 고구마와 날고구마를 먹고 탈장이 되었다. 3년 전 위 수술을 받았던 것이 원인이 되어 복통을 일으켜 앓다가 다음날 21일(월요일) 최봉석 장로 댁(고 명달재 목사 장인)에서 사망하였다.[52]

2) 전도 활동

김은석은 자신이 일생 동안 소지하다가 유일한 유품으로 남긴 성경에 1953년 3월부터 1958년 10월까지 대략 5년간의 성경 통독 일지를 메모로 남겼다. 이 성경 통독 메모는[53] '김은석의 전도인의 삶'과 '신화신학 성경연구회'에 관한 몇 가지 사실을 말해 준다.

김은석은 '하나님'이란 단어에 지대한 관심을 보였다. 창세기에 실린 '하나님'이란 단어에 일일이 마크를 해놓고 그 사용 빈도수를 209회로 체크하고, 출애굽기에서도 '하나님'이란 단어에 주목하며 사용 빈도수를 112회, 총 1,134절로 되어 있음을 적고 있

김은석 목사의 성경책은 1920~30년대에 출판된, 조선어와 한문이 혼합된 선한문 관주 성경책이다. 너덜너덜해져서 김은석 목사가 손수 수차례 제본을 다시 하였는데, 책의 앞뒤 페이지들은 떨어져 나가고 없고, 신약성경을 욥기와 시편 사이에 끼워 넣었으며, 메모를 위해서 간지들을 책들 사이에 끼워 넣고 꿰매었다. 김은석 목사는 이 성경의 행간에 1953년 3월부터 1958년 10월까지 성경 통독 일지를 메모로 남겼다.

찍은 사진과 한국성서신학교 개교 당시 교수와 학생들과 함께 충남 대덕군 유천면 도마리 성화교회(심영진 목사 시무), 현 대전 그리스도의교회당 앞에서 찍은 사진이 남아 있다.
52) 김성철, 《삶이란, 감사하면 그것으로 OK다》, 33, 87-89.
53) 조동호, 《한국의 바울 김은석 목사》, 59-168.

다.[54] 이는 그의 생각이 온통 하나님에 집중되어 있었음을 말해 주는 것이다. 김은석은 또 등불과 관련하여 많은 생각을 했다. 등불은 말씀(계시)의 불, 기도의 불, 성령의 불을 상징할 수 있다. 출애굽기 27장 21절에서 "燈天恒常"(등천항상), 즉 '하나님 앞에 항상 등불을 밝힘'이라 적고 있고, 헌금 관련 성구를 적은 메모지 옆에 열왕기하 8장 19절에 근거하여 "恒常一燈(항상일등) 주심", 즉 '항상 한 등불을 주심'이라고 적고 있다. 또 출애굽기 29장 39절에서는 "朝夕(조석)으로 獻燈(헌등)," 즉 '아침저녁으로 등불을 밝힘'이라고 적고 있다. 이는 그가 말씀과 기도와 성령으로 충만한 삶을 희구(希求)하며 살았다는 것을 보여준다.

김은석의 일상은 기도하고, 때로는 금식하며, 성경 읽고, 전도하고, 가르치고, 설교하는 것, 그리고 교회 순방을 위해 기차 타고 버스 타고 배 타고 이동하는 것이었다. 그는 성서를 손에서 놓지 않았다. 낮이고 밤이고 시간만 나면 성경을 읽었다. 교회당에서, 강단 앞에서, 강단 옆에서, 강단 뒤에서, 교회의 골방에서, 목회자의 방에서, 자택의 방에서, 다락방에서, 심방한 성도의 방에서, 식사하던 식당에서, 기차에서, 버스에서, 배에서, 정류장에서, 터미널에서, 누구와 있든지, 누구와 동행하든지 상관없이, 어디에 있든지 상관없이, 어디로 향하든지 상관없이 시간만 나면 성경을 읽었다. 매일 그렇게 읽었다. 하루에도 몇 번씩 읽었다. 아침에 일어나면 조반 전에, 조반 후에, 오후에, 늦은 밤에, 새벽에 읽었다. 성경을 읽을 때는 매 장마다 언제 어디서 어느 부분을 읽었는지를 메모해 놓

---

54) 성경 66권 전체에 쓰인 여호와, 하나님, 예수, 그리스도, 주란 단어에 동그라미 마크를 해놓았다.

았다. 그의 성서 통독에는 한 가지 특이한 원칙이 있다. 구약과 신약을 함께 읽을 때에는 구약의 책은 장(章)의 순서대로 읽고, 신약의 책은 장(章)의 역순으로 끝장에서 시작하여 첫 장을 향해서 읽곤 하였다. 이유는 알 수 없지만, 구약과 신약을 함께 읽을 때에는 언제나 이 원칙을 취하였다.

김은석이 전도하는 날은 365일 매일이었다. "1955년 3월 3일 목요일 마음에 감화되어 전도하는 바 매일 1인씩 할 작정"이라고 적고, 이어서 한 페이지 촘촘하게 전도한 일자와 장소와 대상자의 성별, 이름, 나이를 적었다. 이것은 전도에 대한 그의 의지가 얼마나 대단하였는가와 그가 얼마나 많은 사람들에게 전도하였는가를 보여준다. 그가 남긴 성서의 한 페이지, 모세오경이 끝나는 신명기와 여호수아 사이의 빈 공간에, 3월 3일부터 10월 말까지 매일 1인 이상씩 전도한 사실을 1일 단위로 전도한 사람의 이름과 나이를 빼곡히 적고 있다. 그는 심지어 주일에도 전도를 빼놓지 않았다. 한번 마음에 결정한 것을 실천에 옮기는데 그것을 끝까지 이루고 마는 김은석의 의지력과 실천력은 가히 놀랄 만하다. 10월 26일자에 더 이상 글씨를 쓸 공간이 없어서 아주 작은 깨알 같은 글씨로 이렇게 적고 있다. "26일부터 29일까지는 우연이 耳痛症(이통증)이 생겨서 外出不能(외출불능)으로 견도 못 함." 병이 들어 외출을 하지 못할 경우가 아니면, 비록 그날이 주일이든, 생일날이든, 추석 같은 무슨 특별한 날일지라도 전도를 빼놓지 않았다.

김은석익 전도 대상은 남녀노소, 군인, 경찰, 교사, 부인 등 전혀 구분이 없었다. 4월 17일 주일에는 "校先妻(학교 선생의 처) 一人게 전도"라고 적기도 하였다. 10월 22일에는 "목포 평화하숙 주인에게"

4. _ 김은석의 부흥운동

라고 적었다. 김은석의 전도 장소는 부강, 대전, 연산, 소태, 충주, 서울, 강진, 상월, 목포 등 대한민국 구석구석이었다. 김은석은 이동이 잦았기 때문에 성서 통독 때와 마찬가지로 버스와 기차를 이용하여 이동 중일 때에도 전도하였고, 출발지와 도착지에서도 전도하였다. 전도를 하지 못한 날은 "불젼인" 혹은 "젼불인"이라고 적고 있는데, 그 숫자가 1년을 통틀어 몇 번 되지 않는다. 특히 8월 20일자에서는 "주님 앞에 죄송함. 금일은 불젼인"이라고 적었다.

김은석의 교회 순방의 목적은 일차적으로 집회를 포함한 전도 활동과 성서 강의였다. 그가 남긴 메모는 주로 성서를 어느 장소 누구의 집에서 몇 장까지를 읽었는가에 한정되기 때문에, 어느 장소 어느 교회에 왜 갔는지에 대해서는 혼인, 모친 방문, 병석 등 특별한 경우를 빼놓고서는 자세히 적지 않았다. 그러나 "간다고만 하면 섭섭해 하니 답답함"이라고 적어놓은 것은 교회나 성도들이 그의 설교나 강의를 더 많이 듣지 못하는 데서 오는 서운함을 드러낸 것이기 때문에, 그가 가는 곳에서는 항상 크고 작은 집회들이 열렸을 것으로 보인다. 목포 그리스도의교회 출신으로서 한성신학교(한민학교)에서 33년간 가르쳤던 최용호 교수와 전남 해남군 화산면 방축리 교회 출신인 사모 박정자의 증언에 의하면, 김은석이 지방에 도착하면 그날로부터 일주일에서 열흘씩 밤낮없이 집회가 지속되었고, 매번 집회마다 시간 제한 없이 몇 시간씩 사경회가 지속되었다고 한다.

김은석은 가정보다는 교회와 복음 전도에 최우선순위를 두었다. 예를 들어, 그가 출애굽기를 통독했던 1955년 1~2월 중 대전 자택에 머문 날은 단 하룻밤뿐이었다. 그는 광주 집회소(김재순)에 있다가 대전 선화동교회로 바로 갔고, 다시 경북 금능군(김천시) 대보교회(장성우 목사의 사모 김순옥의 모친 김묘암이 설립)를 거쳐, 충북 괴산군 소수면의 수리교회(장천호)로 이동하여 그곳에서 6일을 머문 후에, 대전의 집에 와 단 하룻밤만 지내고, 다시 논산 충곡교회(안영천)로 옮겨, 5일 이상을 그곳에서 머물다가 전남 영광으로 떠나 그곳에서 출애굽기 통독을 마치고 있다. 1954년 2월 2일에도 해남군에서 영산포행 차를 기다리는 중 출애굽기 통독을 마쳤고, 1956년 1월 19일에는 목포에서 출애굽기 통독을 마쳤다. 출애굽기 통독을 마친 1954, 1955, 1956, 1957년의 시점이 모두 1~2월경이고, 1957년만 부강교회이며 나머지 세 번은 전남의 끝자락이어서, 김은석 목사는 가정보다는 하나님의 교회와 복음 전도에 최우선순위를 두고 살았던 분으로 여겨진다.

김은석에게 세상 일은 그다지 중요치 않았다. 그는 양아들 김성철이 자신의 대를 이이서 목사가 되어 주기를 바랐으니 평소 세상 공부는 필요치 않다며 학교 공부를 시키지 않았다. 김성철 목사가 충남상고와 충남대를 졸업한 것은 순전히 개인의 노력에 의한 것이었다. 김성철의 친부인 김명석(김주일) 목사도 이 점에 있어서는 마찬가지였다. 그는 김은석을 일본에 있을 때부터 추종하였으므로 그 역시 처자식들을 돌보지 못하였다. 처자식을 하나님보다 더 사랑하는 것은 하나님께 책망받을 일이라고 생각했을 것이다(마 10:34-39). 김은석에게 설날과 추석 혹은 생일과 기념일 같은 특별한 날은 그의 인생에 전혀 의미가 없었다. 명절에 한복을 곱게 차려입거나 온 식구가 한 상에 둘러앉아 명절을 맞는 일은 적어도 그의 성경 통

4. _ 김은석의 부흥운동

독 메모에서는 나타나지 않는다.[55]

3) 신화신학 성경연구회

박점상 목사에 의하면, 1946년 부강 그리스도의교회와 '신화신학 성경연구회'가 시작되었다. 김은석은 부강에서 병원을 개업한 신현창 장로와 더불어 신화신학 성경연구회를 개설하였다. '신화신학 성경연구회'는 처음에 '경천학'이라 불렸다가 '성령으로 거듭나는 체험의 장'이라는 의미로 신화신학으로 개명되었다.[56]

'신화신학 성경연구회'에서 초기에 공부했던 목회자들은 정찬성, 장주열, 김명석, 김재순, 최요한, 김상호, 구광서, 박점상, 김정만, 창현 함태영, 김동열, 이원노 등이었다. 10여 년이 지난 1955년 4월 12일 성서 통독 메모에 의하면, 소수 교회당에서 진행된 백일 성경 연구 집회에 참석하여 당일 4시까지 공부한 사람들 중에는 "유경히, 곡봉예, 전도희, 최옥순, 이혜순, 정히순, 김옥히"(이상 여자), "이원노, 박장봉, 차대훈, 나연찬, 김명석, 김웅석"(이상 남자)이 있었다. 김은석의 성서 통독 메모에 의하면, 성경 연구 집회에 참석한 인원이 평일 10-20명, 주말 수십여 명에 달했다. 이밖에 김교인 장로의 아들 김태수와 김철수, 김명석의 아들이자 김은석의 양아들 김성철 등이 부강교회 출신이자 '신화신학 성경연구회'에서 공부한 그리스도의교회 목사들이며, 이신(이만수)도 6.25 때 광주에서 김은석의 설교를 듣고 감리교회에서 신약성서교회로 환원한 목

---

55) 조동호, 《환원 운동사》(계룡: 그리스도의교회 연구소, 2017), 468-473.
56) 목포 그리스도의교회 교회사 편찬위원회, 《목포 그리스도의교회 50년사》, 310.

회자요 교수였다. 이처럼 수많은 인재들이 김은석의 '신화신학 성경연구회'를 통해서 그리스도의교회로 환원하여 목회자와 교회 개척자로서 고난의 길을 걸었다.

'신화신학 성경연구회'는 다음과 같은 몇 가지 특징을 갖고 있었다.

첫째, 백일 성경 연구 집회였다. 김은석은 기회와 시간이 주어지면, 하루, 열흘, 한 달 혹은 한 달 반 등 제한 없이 가르치는 일에 전념하였다. 그러나 그중에서도 백일 집회를 선호하였다. 그가 1945년 가을 부강 오데골장로교회에 부임해서 가장 먼저 한 일이 백일 집회였다. 이런 집회가 1년에도 몇 차례씩 진행되었기 때문에 그는 1년의 대부분을 집을 떠나 타지에서 동료들과 함께 시간을 보냈고, 가족을 거의 돌보지 못했다.

둘째, 이동 신학교였다. 김은석은 이신과 같은 동료들과 더불어 해마다 지역을 바꿔가면서 성경 연구 집회를 개최하였다. 집회 장소는 부강, 광주, 목포, 해남, 함평, 부여, 오창, 괴산, 충주, 대구 등지였다.

박점상 목사

셋째, 성서 통독 강의와 전도 실습이었다.

넷째, 성령 충만함이었다. 김은석이 1945년 가을에 부강 오데골장로교회에 부임하자마자 백일 집회를 개최하여 성령님의 역사를 크게 일으킨 것이 문제가 되어 노회로부터 제명된 것에서 보듯이 김은석 사역의 특징은 성령 충만함이었다. 《목포 그리스도의교회 50년사》는 "그 당시 함께 성령을 받은 사람은 구봉례(집사), 김규상(목사), 김교인(장로), 윤정렬(사모), 김철수(목사), 오연우(장로), 전도희(집사), 황 집사, 김복수(집사)와 그의 딸 김은영, 박오덕, 장 집사, 민명옥(전도부인) 등 70여 명으로 추산된다"[57] 고 하였다. 이들 가운데 김철수, 김복수는 김교인 장로의 자녀들이고, 구봉례 집사는 김규상의 모친이다. 백일 집회에서만 목회자가 3명이 나왔는데, 그들이 바로 그리스도의교회의 김규상 목사, 김철수 목사, 전도희 전도사이다. 김교인 장로의 또 다른 두 아들인 김재순과 김태수도 그리스도의교회 목사가 되었다. 《목포 그리스도의교회 50년사》는 장주열과 최요한도 김은석이 인도하는 부흥회에 참석했다가 은혜를 받고 목사가 되었다고 하였다.[58] 김규상은 1951년경 영광에서 개최된 백일 집회에 참석하여 김동열과 함께 큰 은혜를 받고 동년에 16살의 나이로 충곡 그리스도의교회에 부임하였다고 한다. 이신도 감리교신학교를 마치고 감리교회에서 목회하다가 6.25전쟁 때 피난생활을 하던 중, 김은석이 인도하는 광주 집회에 참석했다가 김은석의 성령 역사에 크게 감동을 받아 그리스도의교회로 환원하였다.[59]

4) 신약성서교회들의 개척자

김은석은 자신이 직접 1946년 부강교회(충북 청원군 부용면)와 1951년 늦은 가을 선화교회(대전시 선화동 2구 315번)를 설립하고 건축하였다. 그는 존 J. 힐이 1959년부터 대전에 정착하는 것을 도왔을 뿐 아니라, 동년 12월 1일 심영진 목사가 시무하던 대전 도마리 성화교회에서 시작한 한국성서신학교의 교수로 섬겼다. 이때의 교수진은

---

57) 앞의 책, 307.
58) 앞의 책, 315.
59) 앞의 책, 320-322; 조동호,《환원운동사》, 473-475.

존 J. 힐 부부, 김은석, 심영진, 김태수(통역)였다. 김은석은 1960년, 부산에서 이신이 교수진에 합류하면서 신학교를 자신이 세운 선화교회로 옮겼다. 대전시 서구 가장동 21-5번지 캠퍼스 부지에 건물이 들어서기까지 수업이 이곳에서 이루어졌다.

김은석은 중국에서 2쌍, 일본에서 8쌍, 한국에서 60쌍, 총 70쌍에게 결혼식 주례를 하였다. 이들 중에는 지철희, 문원섭, 이원노, 김태수, 최요열, 김은성, 김규상, 박점상, 최순국, 김은영 등의 목사들이 포함되어 있다. 61세의 짧은 생을 마친 김은석 목사가 70쌍 이상의 혼인에 관계하였다는 것은 그가 얼마나 많은 이들로부터 존경을 받고 있었는가를 말해 준다.

김은석의 성경 통독 메모에 적힌 목회자, 전도사, 장로, 집사, 성도들의 이름만 하여도 220여 명이나 된다. 그들 가운데 강순명(천혜경로원), 강신규, 고광석, 김교인(1956~1957년경에 순복음교회로 이적), 김동열, 김명석(김싱철 목사의 진부), 김상호(순복음으로 이석), 김숙녕, 심은영, 김재순(김교인 장로의 아들), 김정만, 김태수(김교인 장로의 아들), 박점상, 박종예, 신현창(의사), 심영진, 이신, 이원노, 이혜순, 임남규, 장성만, 장주열(최요한의 큰동서), 전도희, 정찬성(순복음으로 이적), 최요한, 최춘선(김포교회, 사회사업가, 맨발의 천사. 1951년 6월 김은석, 정찬성과 함께 충주시 동양면 조동 또는 동량교회 설립), 창현 함태영 등 많은 목사들과 여전도사들이 있었다. 이들은 김은석의 동료들이었을 뿐 아니라, 순회여행을 자주 함께했던 동행자들이기도 하였다.

한국 그리스도의교회의 괄목할 만한 부흥의 결과로 1951년 봄 광주에서 한국 그리스도의교회 교역자회가 조직되었다. 김은석

이신 박사(신학자, 화가, 1927~1981)

의 주례로 장주열, 최요한, 김재순, 창현 함태영, 이신(이만수), 김동열이 목사 안수를 받은 이후 1959년 제1회 그리스도의교회 연합회가 개최되었다. 이 모임에 성낙소, 심영진, 장성만, 최요열(순복음으로 이적), 이신 등 다수가 참석하였다. 1961년 8월 17일 부강교회에서 그리스도의교회 연합회가 개최되었고, 주제는 '신약교회로의 환원'이었다. 이 모임에 존 J. 힐, 장성만, 박재관, 김동열, 이종만, 정인소, 김찬영, 김성철, 심영진, 이신, 장주열, 성낙소, 안일승, 고재윤, 현정규 등이 참석하였다. 1962년 신탄진에 세워진 한 천막에서 그리스도의교회 연합회가 개최되었고, 1960년대 중반에는 '한국성서신학교'에서 그리스도의교회 연합회가 개최되었다. 이 모임에 딕 래시, 존 J. 힐, 최용호, 제인 힐, 김중현, 고광석, 천명화(감리교회로 이적), 장주열, 노봉욱, 임춘봉, 장성만, 최요한, 조규석, 이종만, 안일승 등이 참석하였다.[60]

---

60) 조동호, 《환원 운동사》, 475-477; 조동호, 《힐 요한 선교사》, 90-93.

한국 그리스도의교회의
일치와 환원의 원칙 실험

해방 후 통치 이데올로기의 차이로 남한과 북한에 별개의 정부가 세워지고, 6.25전쟁으로 남한과 북한의 분열이 고착화되었다. 기존 주류 교파교회들이 일제 잔재의 청산과 신학적 보수와 진보로 분열하고 있을 때 한국 그리스도의교회는 서울·경기 지역과 충청 이남 지역에 서로 다른 두 유형의 신앙이 나타나고 있었다. 서울·경기 지역에서는 선교사들이 전해 준 말씀의 지적 이해를 중심으로 한 신앙이 뿌리를 내리고, 충청 이남 지역에서는 성령 체험을 중심으로 한 자생적 신앙이 싹이 터 자라나고 있었다. 이 시기 두 유형의 신앙은 한국인 사역자들이 중심이 되어 각기 그리스도의교회가 추구하는 일치와 환원의 원칙을 실험하고 있었다.

서울에서는 한국교회 전체 차원의 분열에 대해 'No'를 말하고 연합의 길로 신약성서교회로의 '환원'을 선언하는 '기독의교회 환원 선언문'의 발표가 있었다. 안타깝게도 이 선언은 한국 그리스도의교회의 울타리 밖으로 넘어가지 못했다. 한편 충청 이남 지역에서는 유악기 그리스도의교회와 무악기 그리스도의교회를 통합하려는 시도가 있었다. 그리고 개별 그리스도의교회들을 연합하는 단체들이 지방별로 조직되어 친교가 이루어지고 있었다.

참/고/도/서

서적

김성철. 《삶이란, 감사하면 그것으로 OK다》. 도서출판 진흥, 2000.
김세복. 《한국 그리스도의교회 교회사(1930~1968)》. 서울: 참빛사, 1969.
김찬영. 《한국 그리스도의교회 초기 역사 – William D. Cunningham의 생애를 중심으로 (1864~1936)》. 한성신학교, 1991.
노봉욱 편저. 《힐 요한 선교사의 한국 선교》. 서울: 한국 그리스도의교회 유지재단, 2006.
목포 그리스도의교회 교회사 편찬위원회. 《목포 그리스도의교회 50년사 (1956~2006)》. 광주: 도서출판 한림, 2006.
성낙소. 《기독의교회와 성낙소와의 관계》. 김종기 조동호 편집 및 부록. 계룡: 그리스도의교회 연구소, 2010.
조동호. 《한국 그리스도의교회 이야기》. 계룡: 그리스도의교회 연구소, 2016. http://kccs.info. [게시 2018년 1월 24일]
_____. 《한국의 바울 김은석 목사》. 계룡: 그리스도의교회 연구소, 2010.
_____. 《환원운동사》. 계룡: 그리스도의교회 연구소, 2017.
_____. 《힐 요한 선교사》. 계룡: 그리스도의교회 연구소, 2011.
한국기독교역사회편, 《한국 기독교의 역사Ⅲ》. 서울: 한국기독교역사연구소, 2009.

논문

정기철. "김은석 목사의 환원운동: 성령운동에서 시작된 환원운동." 석사학위 논문, 서울기독대학교대학원, 2008.

기사

Bryan, Alan; Lovell, Jimmie; and Luper, Archie. "Missionary Directory – Churches of Christ: Number Two, March 1966"

(1966). *Stone-Campbell Books*. http://digitalcommons.acu.edu/crs_books/459. [게시 2018년 1월 24일]

Hill, John J. "A Short History of the Churches of Christ in Korea" (한국 그리스도의교회 선교 약사). 〈쎄메론 제7호〉. 한국성서신학교, 1972.

"Wahneta Irene Smith-Chase," *Lodi News-Sentinel*, 23 July 2002.

기타

Chase, John T. *The Korean Messenger: Korea for Christ*. Digitized by Dr. Scott Seay of the Christian Theological Seminary, Indianapolis, Indiana, 2 July, 2015.

Cunningham, W. D. *Tokyo Christian(1901~1997)*. Published by the Yotsuya(Cunningham) Mission, Christian Churches/Churches of Christ and Digitized by Dr. Scott Seay of the Christian Theological Seminary, Indianapolis, Indiana, 30 June, 2015.

Cunningham, W. D. *Tokyo Christian*. Published by the Yotsuya(Cunningham) Mission, Christian Churches/Churches of Christ and Digitized by Dr. Timothy Lee of the Brite Divinity School of Texas Christian University, Fort Worth, Texas, no date.

"John T. Chase" and "John J. Hill" Carried in the *Christian Standard*. Collected and Duplicated by Dr. Chong-Ku Paek of the Seoul Christian University and Digitized by Dr. Dongho Cho of the Christian Church Studies.

Taylor, Harold. *For Christ in Korea*. Digitized by Dr. Scott Seay of the Christian Theological Seminary, Indianapolis, Indiana, 2 July, 2015.

제4부

한국사회의 변동과
한국 그리스도의교회의 성장(1960~1990)

이 시기 사회는 급변하고 있었다. 1961년 5월 쿠데타로 박정희 군부가 들어서고, 1972년 유신체제를 거쳐, 1978년 12.12 사건으로 전두환 신군부가 정국을 주도했다. 분단의 상황에서 정부는 반공을 정치적 이념으로 내걸고, 경제 성장을 최우선 과제로 삼아 수출 위주의 산업을 발전시켰다. 경제 성장의 결과 산업구조는 1차 산업 중심에서 2차, 3차 산업 중심으로 개편되고, 경제 성장의 가시적 성과가 국민소득의 증가로 나타났다. 반면 산업화의 역기능으로 산업 간 불균형이 생기고, 빈부격차가 심화되었다.

1.
한국사회의 변동과 교회의 성장

1) 사회 변동과 한국교회

　산업화의 역기능으로 발생한 빈민층의 증가로 원조에 의지하였던 기독교 관련 구호 활동이 줄어들고 정부 차원의 복지 활동이 시작되었다. 특히 1970년대부터는 정부의 복지 활동이 법적으로 제도화되고 복지의 대상도 점차 확대되어 갔다. 정부 차원의 복지 지원이 점차 한계에 부딪치면서 정부가 민간인이 설립한 복지시설의 운영비를 보조하는 관민 협력 형태의 복지제도가 생겨났다.[1] 도시화된 산업사회는 인간관계를 생존경쟁의 관계로 만들고 물질주의 가치관을 만연시켰다. 종교적으로 전통종교가 부흥되어 불교, 유

---

1) 노치준, "사회복지를 향한 개신교의 사회봉사," 이삼열 외, 《한국사회 발전과 기독교의 역할》(서울: 한울, 2000), 164.

교, 무교의 신도 수가 급증하고 있었다.

이 시기 한국교회의 관심은 전도와 교회 성장에 맞추어져 있었다.[2] 한국교회는 1965년 선교 80주년을 맞아 대규모 전도운동을 전개하였다. 여러 교단이 동원되어 한 해 동안 전국적으로 전개한 전도운동은 농어촌과 도시, 학원과 군대, 개인과 집단 등 여러 지역과 분야를 대상으로, 교단별 혹은 연합으로, 다양하게 전개되었다. 장로교 합동 측은 '1만 교회 운동,' 통합 측은 '연 300교회 개척운동,' 감리교는 '5,000교회 100만 신도운동'을 전개하기로 결정하였다. 성결교도 '1만 교회 300만 신자'라는 목표를 세우고 십자군 전도대를 운영하였다.

1970년대 들어 대규모 전도운동은 더 활기차게 전개되었다. 1970년 초 국내외 중견 부흥사들이 교파 연합으로 '한국기독교부흥협회'를 조직하여 부흥운동에 새로운 방향을 설정하고 자체 정화운동에 힘썼다. 이런 노력의 결과는 대규모 부흥전도집회의 개최로 이어졌다. 1973년 '빌리 그레이엄(Billy Graham) 전도대회', 1974년 '엑스플로(Explo) 74', 1977년 '77민족복음화성회' 등 대규모 부흥전도집회에 연인원 수백만 명이 동원되었다. 특히 한국교회 100주년을 앞두고 각 교단이 경쟁적으로 부흥운동을 전개하여 교세를 확장하였다. 전국에 걸쳐 이루어진 부흥운동은 한편으로 방언, 신유, 이적을 통한 성령 체험을 강조하고, 다른 한편 물질적·육체적 축복을 약속했다. 부흥운동의 열기 속에서 부흥집회를 상시 개최할 수 있는 장소로 기도원이 생겨났다.

1970년대 미국으로부터 교회성장론이 소개되었다. 도널드 A.

---

2) 한국기독교역사연구소, 《한국 기독교 역사》 제2권(서울: 기독교문사, 1997), 115-143.

맥가브란(Donald A. McGavran, 1897~1991),[3] 피터스(George W. Peters, 1907~1988), 로버트 H. 슐러(Robert H. Schuller, 1926~2015)를 비롯한 교회성장학자들이 주장한 교회성장론은 전통적 선교와 전도의 목표를 교회성장으로 수정했다. 그리고 전도에 장해가 되거나 기회가 되는 사회적 환경에 관심을 기울이며, 평신도 교육을 강화하는 교회 프로그램을 개발하고, 주변 교회(para church)들과 연계를 가질 것을 권장했다. 교회 성장 이론의 영향으로 교회들이 다양한 프로그램을 개발하고 활용했다. 1960년대부터 철야기도회를 시작으로 여러 가지 형태의 기도 모임, 평신도를 대상으로 한 성경공부 및 제자훈련, 구역 혹은 속회 조직 강화, 전 교인을 각종 선교회나 친교회로 묶은 다양한 행사가 개최되었다.[4]

이 시기 또 하나 새로운 것은 주변 교회의 등장이다. 주변 교회는 교회와는 독립된 조직으로 교회를 지원하는 기관이다. 주변 교회 가운데 가장 대표적인 것은 캠퍼스 학생을 대상으로 하는 학원 선교 단체들이다. 이들 선교 단체들은 대부분 해외에서 발전되어 6.25전쟁 이후 국내에 들어온 단체들로, 1950년대 IVF와 한국대학생선교회(CCC), 1960년대 네비게이토, 1970년대 예수전도단이 국내에 들어와 활동했다. 학원 선교 단체들은 복음을 전하여 학생들을 개종시키고, 체계적 신앙훈련으로 교역자, 평신도 지도자를 양

---

3) 도널드 A. 맥가브란은 1897년 12월 인도에서 선교사 부모로부터 태어났으며, 그와 그의 아내 메리는 1923년부터 1954년까지 인도에서 그리스도의교회 소속 선교사로 사역하였다. 미국으로 돌아온 맥가브란은 1961년 1월 유악기 그리스도의교회(Christian Churches and Churches of Christ)와 제휴된 오리건 주 유진(Eugene)에 소재한 북서부기독대학교(Northwest Christian University)에 교회성장연구소를 설립하였다. 1965년에 캘리포니아 주 파사데나에 소재한 풀러신학교(Fuller Theological Seminary)로 옮겨 부설 세계선교학교에서 강의를 시작하였고, 이곳에 그 유명한 교회성장연구소를 설립하였다. 맥가브란이 그리스도의교회 소속 선교사였다는 점과 그 연관성 때문에 다수의 그리스도의교회 소속 미국인 목회자들과 교수들이 그의 지도 아래 학위 과정을 이수하였다.

4) 백종구, "한국 개신교의 성장과 평가," 〈선교신학〉 7 (2003): 245-269.

육하고, 이들을 다시 전도자로 파송하는 프로그램을 운영하였다. 이 단체들은 문화 사역에 관심을 가지고 문서 출판, 찬송가, 교회 건축물에 주목하고, 청년과 학생 선교의 수단으로 새로운 스타일의 기독교 음악, 즉 복음성가를 도입하여 보급하였다. 또 중창단을 결성하고, 해외 공연을 나가고, 찬양과 경배 모임을 시작했다.[5]

2) 한국교회의 성장

한국교회는 사회의 변화(분단의 상황, 정치적 불안, 산업화와 도시화 등)와 변화에 대응하는 교회의 노력으로 역사상 최고의 양적 성장을 가져왔다. 1960년 5,011개였던 교회가 1970년에 12,866개(157% 증가), 1980년에 21,243개(65% 증가), 그리고 1990년에 35,190개(69%)로 각각 증가하였다. 전체적으로 1960년부터 1990년 사이 30년간 한국교회는 7배 이상 증가하였다. 교세의 증가는 거의 모든 교파교회에 나타났다. 그중에서도 특히 오순절교회와 성결교 그리고 침례교의 성장은 괄목할 만하였다.[6] 장로교의 통합 측과 합동 측, 그리고 고신 측의 교세가 확장되고, 감리교의 교세 역시 확장되었다. 또 규모가 작은 중소교단 가운데서도 교세가 성장한 교회가 적지 않았다.

---

5) 백종구, "한국 복음주의 학생선교운동," 박종현 편집, 《변화하는 한국교회와 복음주의운동》, (2011): 18-41.

6) 한국기독교역사연구소, 《한국 기독교의 역사 II》, 115. 성결교는 1950년 말 약 10만 명이었던 교인 수가 1970년대 말경에 3배 이상 증가하였다.

3) 해외 선교

한국교회의 성장은 해외 선교에 대한 관심과 선교사의 파송으로 이어졌다. 통계에 의하면 1964년부터 1978년까지 매년 평균 3.3명의 선교사가 해외로 파송되었고, 이후 1989년까지 10년 동안 연평균 46.6명의 선교사들이 파송되었다. 이것은 선교사 파견이 1980년대 급증했다는 사실을 보여준다. 1980년대 파송된 선교사의 증가는 교회의 인적·물적 자원의 증가, 1989년 해외여행 자유화 조치와 관련이 있다.

1970년대까지 해외 선교는 각 교단과 교회의 주도 아래 이루어졌다. 그러나 1980년대에는 학원 선교 단체와 해외 선교 단체들이 파송한 선교사들이 급증했다. 해외 선교의 열기가 고조되면서 각 교단이 선교부를 만들고, 한국해외 선교회(GMF, 1987) 같은 독립 선교 단체들이 조직되고, OMF(1980), OM(1989) 등 해외 선교기관 지부가 국내에 조직되었다.

한국교회가 파송한 해외 선교사의 증가에 맞추어 선교사도 다양화되고 확대되었다. 한국교회의 선교지는 1960년대 동남아시아와 대만에 집중되었다. 1970년대 들어서 해외 한국인 대상의 사역을 선교로 인정하게 되자, 한인교포가 많은 북미, 유럽, 일본, 호주, 아르헨티나 등으로 선교사들이 대거 진출하였다. 그러나 시간이 지나면서 한인 교포 대상의 선교사 비율은 줄어들고, 1980년대 말부터는 아프리카, 중동, 인도와 인구 집중 지역으로 선교지가 확대되었다.

2. 한국 그리스도의교회 선교사들의 활동

1) 그리스도의교회(유악기)

(1) 선교사들의 활동

1960년대 이후 그리스도의교회 선교사들의 사역은 서울, 대전, 강릉, 부산을 선교 거점으로 이루어졌다. 서울에서는 해롤드 테일러(Harold Taylor)가 '기독교회선교부'(Korean Christian Mission)의 사역을 계승하고, 최윤권 목사가 미국에서 귀국하여 '한국기독교복음선교부'(Korea Christian Gospel Mission)를 만들어 사역을 시작하였다. 대전에서는 존 J. 힐이 1959년 8월 부산을 통해서 재입국하여 선교사가 없던 대전에 정착하여 '한국크리스챤밋숀'(Christian Mission to South Korea)을 설립하여 사역을 재개하였다. '한국크리스챤밋숀'은 미국에서 학업을 마치고 귀국한 김찬영 목사가 이어받았다.

강릉에서는 '기독교회선교부' 선교사로 입국한 리처드 래쉬(Richard Rash)가 1958년부터 1964년 부산으로 옮겨갈 때까지 사역하였다. 부산에서는 '크리스챤 라디오 밋숀'(Christian Radio Mission)을 설립한 알렉스 빌즈(Verlen Alex Bills)가 일본에서 입국하여 조셉 세걸키(Joshep Seggelki, 1958~1961), 버트 엘리스(Bert Ellis, 1958~1983) 등과 함께 라디오 방송 선교와 라디오 방송국 설립을 위해 힘썼다. 또 장성만은 미국에서 학업을 마치고 '극동기독교교육선교부'(Christian Education for Far East)를 만들어 1964년 늦은 여름 귀국하여 대학 설립과 복음 전도에 힘을 쏟았다.

이상 소개되었거나 추가로 소개될 그리스도의교회(유악기)의 선교부들은 교단 차원에서 조직된 선교기관들이 아니다. 그리스도의교회(유악기)에서는 개교회나 개인이 각자가 후원하고 싶은 선교사들이나 기관들에게 직접 후원하는 선교 방식, 즉 직접 후원 선교(Direct-Support Missions) 또는 생계비 전담 후원(Living Link) 방식을 채택하고 있기 때문이다. 아래에 소개될 선교부들은 개교회 혹은 개인들의 후원을 받아 행한 사역들에 대해서 신뢰성을 높이고 필요한 감독을 받기 위해 선교사들이 자발적으로 구성한 단체들에 불과하다. 그러나 일부 선교부들은 모금과 사용처에 대해 공신력을 높이기 위해서 미국 정부로부터 허가받아 운영하는 법인의 명칭이거나 국내에서 펼치는 사역의 편의를 위해서 한국정부로부터 허가받은 재단법인의 명칭일 수 있다. 각 선교부의 사역은 소속 선교사와 사역자들을 중심으로 이루어졌으므로 아래에서 선교부 소속 선교사와 사역자들을 중심으로 선교 사역을 기술한다.

(2) 기독교회선교부

존 T. 채이스가 설립한 기독교회선교부(Korea Christian Mission)는 존 J. 힐(John J. Hill)을 거쳐 해롤드 테일러가 맡게 되었다. 고든 패튼(Gorden Patten, 배도은)과 리처드 래쉬가 한국에 입국하여 테일러의 선교사업을 보조했다.

① 해롤드 테일러

해롤드 테일러(Harold Taylor, 1904~1976)는 한국에 오기 전 1945~1946년경 중국 선교에 참여했으며, 중국이 공산화된 후 일본으로 건너와 선교 활동을 하다가 채이스의 소개로 1955년 11월 13일 입국했다.[7] 이후 1960년 4.19혁명, 1961년 5.16군사혁명, 1972년 유신체제에 이르기까지 격동기 20여 년을 한국에서 보냈다.

테일러는 1955년 11월 존 J. 힐(John J. Hill)의 기독교회선교부(Korea Christian Mission)를 계승하여 추락한 선교부의 지도력 복원과 분열을 치유하기 위해 노력하였다. 1956년 2월에 전국 75개 그리스도의교회들에 설문지를

해롤드 테일러(Harold Taylor) 선교사 가족. 좌측부터 러랜드(Leland), 에이더(Ada), 패니 루(Penny Lou), 글렌(Glenn), 해롤드(Harold)

보내서 교회들의 역사, 재적인원, 출석과 건물 현황에 대해서 조사하였다. 답장을 보내온 교회들 가운데 침례교인은 1,379명이었고

---

7) 최윤권, 《내가 본 한국 그리스도의 교회사》(서울: 환원출판사, 2003년 수정증보판), 48.

10명 미만인 교회가 9개, 20명 미만인 교회가 22개, 50명 이상인 교회가 4개였다. 출석교인들은 이보다 10배 정도 많았다. 이들 가운데 몇몇 교회들만 적절한 크기의 건물을 갖고 있었고, 거의 대부분의 교회들은 일정 부분 도움을 필요로 하였다.[8]

테일러가 한국에 들어온 1950년대 중반 한국 그리스도의교회(유약기)의 상황은 다음과 같다. 그리스도의교회들은 대부분 시골에 있었다. 가난하고 작은 교회들이었으나 교인들은 그들이 알고 있는 것에 열심을 내는 성도들이었다. 이들은 담임목사의 생활을 책임질 만큼 넉넉하지 못했고, 일부 교회들은 매일 교회에 상주하는 상임 목회자를 두지 못하였다. 1955년까지 전국에 75개의 교회가 있었지만, 그 가운데 5개 정도만 도시에 있었고 나머지는 모두 시골이나 도시 공유지를 점유한 판자촌 또는 피난민촌에 있었다.[9] 1958년 초 채이스가 모금한 '한국에 예배당을' 기금을 후원받은 교회들은 대부분 텐트나 초라한 건물들에서 예배를 드리고 있었고, 초가지붕이거나 마루도 없는 교회들이었다.[10]

테일러는 1957년 전반까지 39개의 교회에 재정을 지원하였다. 이 시점까지 테일러가 받은 기금은 총 28,857달러 83센트였다. 이 가운데 채이스로부터 넘겨받은 돈은 18,424달러 88센트였다. 39개의 교회를 건축하거나 수리 또는 보수하는 데 들어간 비용은 26,776달러 51센트였고, 송금료 22달러 41센트, 환전료 10달러 11센트, 기타(순회 및 국내 송금료) 119달러 12센트였으며, 잔액은 1,929달러 79센트였

---

8) "The Chapels Program," *For Christ in Korea*, June 1957: 2.
9) "Preachers and Problems," *For Christ in Korea*, June 1956: 5.
10) "The Chapels Program," *For Christ in Korea*, February 1958: 2.

다.¹¹⁾ 1958년 초 테일러는 여전히 도움의 손길을 기다리는 교회들을 돕기 위해 최소한 1만 달러가 더 필요하다고 보고하였다. 이 1만 달러가 추가되면 총 5만 달러를 쓰게 되는 것인데, 이 5만 달러는 미국에서 예배당 하나 짓는 비용에 불과하고, 한국 교파교회들의 큰 교회 예배당 두 개 정도를 짓는 비용에 불과했다.¹²⁾ 1959년 10월경까지 '한국에 예배당을' 기금은 총 11개의 새 예배당 건축, 1개의 장로교회 예배당 매입, 34개 교회들의 신축 또는 수리를 위한 보조금으로 지급되었다.¹³⁾

테일러는 부임한 이듬해 1956년 초부터 전국의 교회들을 순차적으로 순방하였다.¹⁴⁾ 요츠야 선교부와 기독교회선교부를 통틀어 한국에 체류했거나 시찰했던 선교사들 가운데 남한 전역을 순회한 선교사는 테일러가 처음이었다. 테일러는 기독교회선교부의 책임선교사로 1956년 1월 24일부터 28일까지 5일간 이신 목사와 함께 전라남도 지역의 교회들을 순회하였다. 이 무렵 전남에는 김은석과 최요한의 영향 아래 19개¹⁵⁾의 교회가 있었는데, 김은석의 백일 저녁집회가 끝나는 마지막 날 함평군 함평면 석성리 신생마을교회를 방문한 것을 시작으로, 영광교회, 115명의 아이들이 수용된 보육원, 최요한 목사가 시무하던 유달교회(순복음), 대전시 판암동의 애생원 등 다섯 곳을 방문하였다. 동년 3월 31일부터 4월 4일까지 최순국(통역)과 함께 새 예배당을 짓고 부흥회 마지막 날 입당예

---

11) "The Chapels Program," *For Christ in Korea*, June 1957: 2.
12) "The Chapels Program," *For Christ in Korea*, February 1958: 2.
13) Harold Taylor, "History of the Korean Christian Mission," *For Christ in Korea*, October 1959: 3-4.
14) 조동호, 《한국 그리스도의교회 이야기》(계룡: 그리스도의교회 연구소, 2016), 221-227.
15) 1956년 연감에는 17개로 되어 있다.

배를 드린 대구교회 방문을 시작으로 김천교회, 신탄진교회(김동렬 목사)와 신화신학 성경연구회가 열리고 있던 부강교회를 방문하여 5시간 동안 강의하였다.[16]

테일러는 1957년 초 신학교가 겨울방학에 들어가는 기간을 이용하여 광주와 목포, 제주(2개 교회가 있었음), 부산, 대전으로 이어지는 제2차 남부 순회 전도 여행을 계획하였고, 동년 3월 19일부터 26일까지 8일간 최순국과 함께 부산을 시작으로 경상도와 강원도 지역 교회들의 방문길에 나섰다. 부산에서 방송국 설립을 추진하고 있던 알렉스 빌즈(Verlen Alex Bills) 선교사 가족을 만났고, 기독교회선교부로부터 '한국에 예배당을' 기금의 후원으로 장로교회로부터 헌 예배당을 매입한 울산교회, 한의사였던 애국지사 오현팔 목사가 시무하던 영양교회, 삼척교회, 주문진교회를 방문하였으며, 38선 이북 고성까지 갔다.[17] 동년 4월 29일 수도권 지역의 목회자, 장로 및 집사들의 연합집회를 개최하여 40여 명이 모였고, 인천교회에서의 모임도 계획하였다. 또 테일러는 1957년 6월 3일 충청도, 5일과 7일에 전남, 9일에 제주도에서 연합집회를 열 계획을 세웠다. 테일러는 이 집회들을 통해서 전국 그리스도의교회들의 절반 이상과 만나게 되기를 희망하였고, 7월 말까지는 모든 그리스도의교회들과 만남이 이뤄지기를 기대하였다. 이 목적을 위해서 테일러는 가능하다면 전국의 그리스도의교회들을 방문할 계획이었다.[18]

테일러는 1958년 한길사 직원 방모 씨(통역)와 동행하여 5월 18일 주일부터 부강교회, 송조순 형제가 운영하던 판암동 애생원, 전라

---

16) "Our First Chapel," *For Christ in Korea*, June 1956: 1.
17) "To the Uttermost Parts," *For Christ in Korea*, June 1957: 3.
18) "Report of Progress," *For Christ in Korea*, June 1957: 1-2.

남도 광주, 해남군 화산면 방축리교회, 강진, 영암군 학산면 상월리교회, 무안군 하의면 하태리 하의도교회(임해숙 전도사)를 방문하고 25일(주일) 오후에 귀경하였다.[19] 그는 1959년 6월 8~10일에 전라도지방을 순회하였다. 테일러의 전국 순회 일정들을 볼 때, 교회가 전국에 고루 분포되어 있었다는 것을 알 수 있다. 이 밖에도 그는 교도소 전도, 학원 전도, 시청각 전도 등에도 힘썼다.

1963년 서울성서신학교 개교식, 앞줄 우측부터 김진문 목사, 박두진 시인, 정인소 박사, 최윤권 목사, 해롤드와 에이더 테일러 선교사 부부, 고든과 샤론 패튼 선교사 부부, 한 사람 건너 차원봉 목사

　　데일러의 후원정책은 개교회가 할 수 없는 부분만큼만 지원하는 것이었다. 그는 그의 선임 선교사들이 목회자들에게 정기적으로 주던 후원금을 끊고 긴급 상황에서만 후원을 하였다. 테일러의 이 후원정책은 채이스가 '한국에 예배당을' 기금을 조성할 때 세웠던 계획, 곧 꽤 훌륭한 예배당을 10여 채 이상 세우겠다는 계획에서 벗어난 것이었다. 게다가 그의 후원정책은 많은 내국인 사역자들이 그를 배척하는 원인이 되었다. 그럼에도 불구하고, 테일러는 각 교회가 예배당을 짓거나 수리하고자 할 때 자조 자립을 원칙으로 하되 교회가 부담할 수 없는 부분만 보충해 주는 방식을 취하여, (채이스가 남긴 선교기금과 자신이 추가로 모금한 기금을) 보다 많은 예배당의 건

---

19) "Daily Doings from Our Diary-May," *For Christ in Korea*, August 1958: 2.

축과 보수에 효율적으로 사용하였다. 이로써 테일러는 힐 선교사가 1959년 재입국하여 대전에서 선교 사역을 시작하기까지, 1950년대 후반기 5년간 전국 그리스도의교회들에 영향력을 행사하였다. 1960년대에는 테일러가 수도권에서, 힐이 충청 이남권에서 영향력을 나눠 행사하였다. 그러나 이들 선교사들은 신학교의 운영자요 내국인 사역자들의 후원자였을 뿐 그리스도의교회들의 성장을 실제로 주도한 인물들은 수많은 한국인 사역자들이었다.

테일러가 처음 한국에 왔을 때 확연히 드러난 2가지 문제가 있었다. 첫 번째 문제는 70여 개의 어린 교회들 대부분이 2~3명의 신실한 목회자들의 열정에 의해서 세워진 것들로 제대로 훈련받지 못한 목회자들이 돌보고 있다. 따라서 이들 양떼를 제대로 돌볼 훈련된 목회자들이 필요하다는 것이다. 또 다른 문제는 대개의 교회들이 시골이나 피난민 지역들에 있기 때문에, 인구가 많은 도시에 교회를 세워야 할 필요가 있다는 것이다. 서울을 제외한 다른 10개의 대도시에 그리스도의교회가 단지 6개뿐이었는데, 그 가운데 2개만이 제대로 운영되고, 오직 1개의 교회만 장로 1명을 두고 있었다. 시골에 있는 교회들조차도 단지 몇 개만이 상태가 괜찮았고, 그들 가운데 전남 해남군 화산면 방축리교회는 80여 명의 성도에 2명의 장로가 있으나 애석하게도 장로들이 목회자를 내보내어 그 목회자가 인근지역의 타 교단으로 갔다. 테일러는 작은 교회들을 아우를 수 있는 맏형 교회가 대도시에 필요한데, 그러기 위해서는 제대로 된 신학교, 정부로부터 인가가 난 신학교가 필요하다고 확신하였다.[20]

---

20) "Working with Him," *For Christ in Korea*, August 1958: 1.

이 확신을 가지고 테일러는 정부로부터 정식 인가를 받기 위해 신학교 캠퍼스 이전 프로젝트(New Seminary Project)를 계획하고 실행에 옮겼다. 테일러의 입국 당시 서울성서신학교 학생들은 40여 명이었고, 일본에서 활동하는 선교사들이 서울에까지 와서 가르쳐야 했기 때문에 교과과정은 과목당 6주씩 집중 교육을 받는 형식으로 운영되고 있었다.[21] 테일러는 1956년 문교부에 신청한 인가가 부지가 8분의 1밖에 되지 않아 거부되자, 신학생이 늘어나 장소가 협소하다면서 송월동 부지와 건물을 팔고 더 싸고 넓은 부지를 물색하여 선교부와 신학교를 이전해야 할 필요성을 강조하기 시작하였다. 제대로 된 시설을 갖춰야 정부로부터 대학 인가를 받을 수 있고, 인가를 받아야 좋은 학생들을 받을 수 있으며, 재학생들이 병역 문제를 비롯해서 여러 가지 혜택들을 정부로부터 받을 수 있다는 점을 강조하였다.[22] 결국 테일러는 송월동 선교부의 재산(토지 396평과 그 위에 세워진 신교부 건물과 신학교 3층 건물)을 모두 팔고[23] 7,087평의 역촌동 땅 위에 새 캠퍼스를 마련하여[24] 1963년에 서울성서신학교(현 서울기독대학교)로 개교시켰다. 학교 이전 때문에 신학교 운영이 잠시 중단되었으나, 힐 선교사 가족이 입국하여 1959년 12월부터 대전에서 신학교를 열어 목회자 교육을 시작함으로써 그 공백기를 메울 수 있었다.

테일러는 내국인들의 이견을 좁히고, 자신이 주도하는 비교파 교회 계획 곧 신약성서기독교를 전국에 소개하며, 목회자들의 설

---

21) Harold Taylor, "History of the Korean Christian Mission," *For Christ in Korea*, October 1959: 3-4.
22) "Seminary Registration," *For Christ in Korea*, June 1956: 4.
23) "Moving Days," *For Christ in Korea*, October 1959: 1.
24) "The New Location," *For Christ in Korea*, May 1960: 3.

교 준비와 목회 사역을 돕기 위해 1957년 3월 월간 〈하나의 길〉(One Way, 1962년 10월 1일 〈한길〉로 개명)을 창간하였다.[25] 〈하나의 길〉은 처음에는 신문 형식으로 발간되다가 13호부터는 잡지 형식으로 바꿨다. 매호마다 묵상(QT), 교리, 선별된 기사들이 담겼고, 12-16쪽으로 구성되었으며, 연말에는 합본을 만들어 제공하였다. 그리스도의교회들뿐 아니라 많은 타 교파교회와 학교, 그리고 군목들에게도 발송되었다.[26] 이밖에도 테일러는 1956년부터 선교지 〈한국에 그리스도를〉(For Christ in Korea)을 1년에 1~3차례 발행하였고, 신약성서교회 조직에 힘썼으며, 여성들의 친교 모임을 조직하여 월 1회씩 모임을 갖도록 장려하였다.

또 테일러는 6.25전쟁 이후 심각한 문제가 된 전쟁고아들을 보살피기 위해서 그리스도의교회들 보육원을 직접 운영(부평) 또는 후원(인천 숭의동, 대전 판암동)하였으며, 3개의 중학교 설립을 돕고 순회하며 후원하였다.[27] 또 리처드 래쉬 가족(Richard and Melba Lash)과 고든 패튼 가족(Gorden and Sharon Patten)을 선교사로 영입하여 한국교회 발전에 크게 기여토록 하였다. 래쉬 가족은 1957년 6월 24일 부산에 도착하고[28] 고든 패튼은 1962년 5월 25일 부인과 두 딸과 함께 한국 땅을 다시 밟았다.[29] 이뿐 아니라 테일러는 장래가 촉망한 내

---

25) "Report of Progress," *For Christ in Korea*, June 1957: 1-2.
26) "Report of Progress," *For Christ in Korea*, June 1957: 1-2.
27) "No Mama, No Papa?" and "Middle Schools," *For Christ in Korea*, June 1956: 1-2, 4; Ada Taylor, "Changes at Bupyung" and "Suffer the Little Children to Come unto Me," and "Middle Schools-A Real Need," *For Christ in Korea*, June 1957: 3-5; "These Little Ones" and "Your Middle School Needs You," *For Christ in Korea*, May 1959: 3-4.
28) "First Word from the Lashes," *For Christ in Korea*, September 1957: 1-2.
29) 고든 패튼은 1954년 주한미군으로 근무하면서 한국의 물적 영적 궁핍을 깨닫고 선교사가 되기로 결심하였다. 미국에 돌아가 신학 공부를 마친 후 1962년 다시 한국으로 왔다. "A Place for the Pattens," *For Christ in Korea*, March 1962: 3; 김찬영, 《한국 그리스도의교회 초기 역사 - William D. Cunningham의 생애를 중심으로(1864~1936)》(한성신학교, 1991), 151-153.

국인 젊은이들을 지도자들로 키우기 위해서 미국에 유학을 주선하였는데, 그들이 바로 최순국, 최윤권, 김진문, 안재관 등이다.

테일러는 1961년 3월 재단법인 '그리스도의교회 복음회유지재단'을 설립하였다.[30] '그리스도의교회 복음회유지재단'은 그동안 선교사들 각각의 명의나 그들의 대리인 명의로 되어 있던 당시의 재산들을 모아서 설립된 법인이다. 이 재단법인에는 강릉에 있던 래쉬 선교사 명의의 재산과 기독교회선교부가 운영하던 서울성서신학교, 그리스도의교회 보육원(1951년 설립), 대전 그리스도의교회 보육원(애생원, 1950년대 초 설립), 월간 〈하나의 길〉 등이 귀속되었다. 초대 이사장 해롤드 테일러, 상무이사 1인(조셉 세걸키), 이사 3인(에이더 테일러, 리처드 래쉬, 맥신 세걸키), 감사 1인(멜바 래쉬)으로 구성되었다. 1964년 이사진이 이사장 해롤드 테일러를 제외하고 이복선, 배도은, 박정훈, 박근일로 교체되었다.

테일러 자신은 이런 노력들의 결과에 대해서 긍정적으로 평가하였으나 실상은 절반의 성공에 그쳤다. 한국인 사역자들의 반발은 한국인들의 사정을 잘 이해하고 인정도 많은 존 J. 힐로 하여금 재입국의 빌미를 제공하였고, 자신의 도움으로 미국에 유학을 다녀왔고 또 자신이 신뢰했던 최윤권, 최순국, 안재관 등의 젊은 지도자들마저 그에게서 등을 돌렸다.[31] 반면에 일방적이고 하나뿐이던 리더십에 다변화가 이뤄졌고, 발전과 성장에 대한 동력도 훨씬 커졌다.

테일러는 선교부의 모든 일을 후임자인 배도은에게 넘기고 만

---

30) 최재운, 《한국 그리스도의교회사》(태광출판사, 2005), 106-109, 134-139.
31) 최윤권, 《내가 본 한국 그리스도의교회사》(2003), 56, 132.

70세 때인 1974년에 은퇴하였다. 그러나 부부 모두 은퇴 후의 여생이 길지 못하였다. 그는 1976년 5월 15일 교회 제직 소풍 중에 심장마비로 쓰러진 후 오후 8시 13분에 만 72세로 별세하였다. 부인 에이더는 캘리포니아 주 산타클라라 카운티(Santa Clara County)의 산호세에서 1980년 10월에 만 74세로 영면하였다.[32]

② 배도은

배도은(고든 패튼, Gorden Patten)이 한국에 첫 발을 내딛은 것은 6.25전쟁 직후인 1954년에 군인으로 1년간 한국에서 근무하면서였다. 전쟁 직후 한국은 많은 도움이 필요한 때였다. 정치적·경제적으로 아주 어려웠고, 특히 전쟁고아가 문제가 되었던 때였다. 이러한 사정을 체험한 배도은은 제대 후 곧바로 산호세 신학교에 입학하여 선교사 수업을 쌓고 1960년 대학을 졸업하였다. 그리고 1962년 5월 배도은 부부는 두 딸과 함께 선교사의 자격으로 한국을 다시 찾았다.[33]

배도은은 입국하여 서울성서신학교 기숙사에 머물면서 테일러 선교사를 돕고 한국어 공부에 주력하였다. 또 1963년 개교한 서울성서신학교에서 교수로 가르치고, 〈한길〉 발행과 부평보육원을 보조하고, 한 달에 2번 정도 부산을 왕래하였다. 1964년 가정에서 영어성경반을 시작하고, 새 집을 지어 이사하였다.

1966년 첫 안식년을 보내고 돌아온 후부터 그는 문서 사역에 힘썼

---

32) "Ada Mary Ellen Sayer," *The Family Records of Elsie Klinger Eaves*: http://eavesphotos.com/EKE-o/p1295.htm, [게시 2018년 1월 24일].
33) "A Place for the Pattens," *For Christ in Korea*, March 1962: 3; 김찬영, 《한국 그리스도의교회 초기 역사- William D. Cunningham의 생애를 중심으로(1864~1936)》(논산: 한성신학교, 2011), 151-153.

다. 성경공부 교재를 출판하였고, 1968년 교도소 선교를 시작하면서 《사도행전》과 《반석 위에》라는 책을 번역 출판했다. 1970년 30여 종류의 전도지 50만 장을 찍어 교도소 전도용으로 활용하거나 교회에 보냈다. 배도은의 문서사업은 1975년 태광출판사를 설립하면서 본격화되었

배도은 선교사 가족(1962년). 좌측부터 레이첼 마리(Rachel Marie), 샤론(Sharon)과 고든 패튼(Gorden Patten) 부부, 리베카 루스(Rebekan Ruth)

다. 태광출판사는 성서 주석과 같은 많은 종교서적과 전도용 전단들을 영어에서 한글로 번역하여 출판하고 보급하였다. 1977년까지 23권, 1988년까지 58권의 도서를 출판하였다.[34] 배도은은 자신이 직접 《회복된 예언서들의 권위》(1975)와 《밝혀진 비밀(요한계시록 연구)》(1983)을 저술하기도 했다. 그는 또한 보수 선교 단체에 의해 문화 사역이 활성화되던 1971년, 복음영화를 교도소, 군부내, 교회, 고아원 등에서 상영함으로써 복음 전도에 큰 효과를 보았다.

배도은은 테일러 선교사가 은퇴한 1974년 기독교회선교부 4대 회장, 재단법인 그리스도의교회 복음회유지재단의 3대 이사장과 서울성서신학교 교장에 취임하였다. 1975년 이광 고등공민학교를 인수하여 개교하였고, 1979년 신학교 이전을 위해서 안양에 부지를 매입하였다. 1980년 부인이 소천하고 장녀가 미국에서 사망하는 슬픔 속에서도 서울성서신학교와 대한기독교신학교의 통합에 합의하여 1981년 3월 2일 통합감시예배를 드렸다. 그리고 이후 통

---

34) 김찬영, 《한국 그리스도의교회 초기 역사》, 151-153. 1982년 4권의 책과 10만 장의 전도지를 발간하였으며, 1984년에는 두 권의 새로운 책을 발간하였다.

합신학교(대한기독교신학교)의 이사장직을 수행하였다. 1982년 329명에게 침례를 베풀었고, 1983년 선교부 건물의 건축을 시작하고 이듬해 선교부 건물을 완공시켰다.[35]

신조광 목사, 그리스도의교회 협의회 총회장(2017~2018)

배도은의 선교 사역은 신조광 목사가 이어받았다. 현재 신조광은 재단법인 그리스도의교회 복음회유지재단 이사장, 도서출판 태광출판사 대표, 월간 〈한길〉 발행인 겸 편집인, 보람 그리스도의교회 담임목사, 보람유치원 설립자, 학교법인 환원학원 이사 및 이사장으로 재직하고 있다.

③ 리처드 래쉬

리처드 래쉬(Richard Lash) 가족은 해롤드 테일러의 권유로 1957년 6월 4일 입국하여 '기독교회선교부'의 선교 사역에 참여했다. 그는 약 1년간 서울에 머물면서 서울성서신학교에서 가르치다가 1958년 5월 10일 강릉으로 옮겨 갔다. 래쉬가 강릉을 선교지로 택한 이유는, 테일러가 캠퍼스 이전을 추진하면서 신학교 운영을 중단하였고 강릉에 그리스도의교회가 없었기 때문이다.[36] 래쉬

래쉬 선교사 가족. 좌측부터 리처드(Dick Lash), 돈(Dawn), 도로시(Dorothy), 멜바(Melba), 1957년 이전

---

35) 앞의 책.
36) *Flashes from the Lashes*, 24 April 1958: 1-4.

는 1958년 8월부터 강릉시 옥천동을 중심으로 활동하였다. 이때 김은석 목사가 잠시 강릉에 내려와 집회들을 통해 래쉬를 도왔다. 래쉬의 강릉 지역 활동은 주로 교회 개척과 후원에 집중되었다. 그는 오랫동안 주문진 그리스도의교회의 교회 건축과 설교자의 후원에 조력하였다. 또 강릉시 옥천동을 중심하여 강릉 그리스도의교회를 개척하고 1964년 교회 건물을 새로 건축하였다. 병산교회를 시작하고 구절교회의 개척을 지원했다. 이밖에도 그는 학원 및 교도소 전도에도 힘썼다.[37] 강릉에서 래쉬는 선교 사역의 한계, 두 딸의 교육 문제, 부산에서 함께 일하자는 장성만 목사의 지속적 권유로[38] 1964년 부산으로 사역지를 옮겼다.

(3) 한국기독교복음선교부

'한국기독교복음선교부'(Korea Christian Gospel Mission)는 최윤권이 믿든 선교부로, 미국 내 연락처는 Lester & Donna Lemay: 1409 W. 6th Dr. Mesa AZ, 85202이었다. 최윤권은 그리스도의교회 초기 지도자 최상현 목사의 둘째 아들로 군에서 연락장교로 복무한 후 제대하여 서울성서신학교에서 영어강사, 통역, 〈한길〉 편집 등의

미국유학을 마치고 귀국한 최윤권 목사 (1961년)

일을 하였다. 1956년 미국에 유학하여 산호세 성서대학(현 William Jessup University)과 링컨 기독대학원(현 Lincoln Christian Seminary of the Lincoln Christian University)을 졸업하고, 한국기독교복음선교부를 만들

---

37) 최재운, 《한국 그리스도의교회 역사》, 99-100.
38) *Flashes from the Lashes*, 20 November 1963: 1-4.

어 1961년 11월 8일 귀국하였다.[39]

귀국 후 최윤권은 도원동교회에서 목회하며, 통신신학을 개설하고, 중앙그리스도의교회를 설립하였으며, 성경연구원을 시작하고, 〈환원〉지를 창간하였다. 이 시기 최윤권은 해롤드 테일러 선교사가 기독교회선교부의 선교기금 사용 방식 또는 선교 지원 방식을 놓고 내국인 목회자들과 갈등을 일으키자, 테일러와 갈라져 한국 교회 지도자들과 함께 대한기독교신학교 기성회를 조직하였다. 그리고 1965년 3월 18일 서울 용산구 원효로의 임시 교사에서 '대한기독교신학교'를 개교하였다. 최윤권이 교장을 맡았고, 공동 설립자 최순국은 기성회(설립협의회) 회장을 맡았다. 구광서, 강병천, 성수경, 심영진, 이신, 김진문, 최윤환, 김규상 등이 강의를 맡아 가르쳤다. 동년 여름 효창동 소재 구 철도청 관사를 사들여 교사로 사용하였다.[40]

학교를 설립한 이듬해 1966년 최윤권은 부인 민병례(지온) 여사와 함께 지온보육원(어린이집)을 설립하였다. 귀국 후 첫 사역지인 도원동은 빈민동네로 영양실조로 죽어가는 아이들이 많았고 버려진 아이들도 있었다. 교인들 가운데 정신장애를 가진 여성의 자녀 4명을 돌본 것이 첫출발이었다.[41] 1981년 사망한 민지온 여사의 이름을 딴 지온보육원은 대한기독교신학교 캠퍼스에서 시

---

39) 한국인으로서 미국에서 선교부를 만들어 그리스도의교회들로부터 후원자들을 모집하여 귀국한 최초의 인물은 무악기 전도자들인 동석기(1930년)와 강문석(명석, 1936년)이다. 그로부터 30년 후 최윤권 목사가 유악기 목회자로서는 최초로 1961년 미국에서 선교부를 만들어 후원자들을 모집하여 귀국하였다. 선교사 개인이 만든 선교부(회) 이름들은 대부분 교단의 공식기구가 아니며, 한국에서 쓰였거나 쓰이는 이름이 아니다. 그러나 '기독교회선교부'나 '한국크리스챤밋숀'은 영문에 상관없이 한국정부에 등록된 우리말 재단법인 명칭들이다.
40) 최윤권, 《내가 본 한국 그리스도의 교회사》, 61.
41) 최윤권, 《눈물 속에 뜨는 무지개》, (서울: 지온보육원), 2001, 17.

작되어 나중에 강서구 개화동 325-11번지로 옮겼다.[42]

최윤권은 방송 선교와 출판에도 열정을 보였다. 1970년대 기독교방송을 통해서 최순국, 김일엽과 함께 〈이형과 더불어〉를 진행하였고, 그 후 단독으로 기독교방송 혹은 극동방송을 통해서 〈저 높은 곳을 향하여〉, 〈그리스도의교회 아워〉, 〈성서로 돌아가자〉, 〈기쁜 소식〉 등을 방송했으며, 1990년대에는 심야에 대북방송까지 하였다. 1988년부터 1990년대까지 미국 샌프란시스코에서 〈생활 속의 성경〉이라는 텔레비전 종교 프로그램도 방송하였다.[43] 저서로는 《깨어진 십자가》 1, 2, 3권과 《내가 본 한국 그리스도의 교회사》 등 다수가 있다. 특히 최윤권 목사의 저서들은 《Restoration Movement in Korea》를 포함하여 10여 권이 영문으로 출판되어 미국 그리스도인들에게 읽히고 있다.[44]

(4) 한국복음 전도협의회

'한국복음 전도협의회'(Korea Evangelistic Association)는 최순국(1933~2002)이 미국에서 공부를 마치고 만든 선교부로, 1960년대에 격월간 선교지 〈동료〉(Dong' Yur)를 후원자들에게 발송하였다. 1971년 1월부터는 한국복음 전도협의회를 '한국복음선교부'(Korea Evangelistic Mission)로 개명하고, 월간 선교지 〈한국복음선교부 소식지〉(KEM NEWS)를 발송하였다.

미국으로 유학가기
직전의 최순국 목사
(1959년)

---

42) 앞의 책, 63.
43) 앞의 책, 65.
44) http://www.kcgm.org/books.html, [게시 2018년 1월 24일]

최순국은 1933년 일본에서 태어나 성장하였다. 6.25전쟁 중 재일본 한인 34명으로 구성된 의용군(학도병)에 자원입대하여 전투에 참가하였고, 미군 부대에 편입되어 미공군 사병 데일 브라운(Dale Brown)을 만났는데, 브라운은 나중에 미국 그리스도의교회(제자회, Disciples of Christ) 목사가 되었다.[45] 최순국은 전후 한국에 남아 존 J. 힐 선교사가 운영하는 서울성서신학교를 다니면서 힐의 통역을 겸하였다. 김은석 목사가 그의 결혼식 때 주례를 섰다.

최순국은 선교사들의 분열(존 J. 힐과 폴 잉그램) 당시 현장을 지켜본 젊은이로, 1954년 6월 25일 신학교가 휴교하자 일본으로 건너가 요츠야 선교부의 동경성서신학교(1948년 4월 10일 개교)에 다녔다.[46] 신학교 재학 중 테일러 가족이 사역지를 일본에서 한국으로 옮긴다는 소식을 듣고, 최순국은 테일러를 찾아가 기독교회선교부의 상황과 역사에 대해서 설명하고 그해 12월 31일 입국하여 테일러와 래쉬의 통역을 맡았다.[47] 20대 초반의 최순국은 테일러와 한국인 사역자들 사이의 긴장을 완화시킬 뿐 아니라 테일러가 직면한 초기의 난관들을 놀랍도록 지혜롭게 처리함으로써 두터운 신임을 받았다.[48]

최순국은 군복무를 마친 후[49] 1959년 미국에 유학하여 링컨 기독대학(현 Lincoln Christian University)에서 문학사(B.A.), 이어 신약신학을 전공하여 1962년 문학석사 학위(M.A.)를 받았다. 또 동년에 목사안수를 받았다. 그는 1965년 밴더빌트 대학교 신학대학원에서

---

45) Timothy Lee, "Soongook Choi: Our taesonbae," Fall/Winter 2002~03 Bulletin(Vol. 72, No 2) of the Disciples Divinity House of the University of Chicago; "In View of Existing Conditions: A Brief History of the North American Pacific/Asian Disciples, 1891-2010," *Discipliana*, Spring 2012: 6.
46) "Bible College Opens in April," *Tokyo Christian*, March~April 1948: 1.
47) "Chueh Soog Gook," *For Christ in Korea*, February 1957: 1.
48) "To the Army," *For Christ in Korea*, June 1957: 1.
49) 앞의 신문.

목회학 석사(B.D.)를 받고 1966년 9월 1일경 귀국하였다.[50] 귀국 후 1969년까지 필운동 그리스도의교회를 시무하면서, 대한기독교신학교의 기성회(설립협의회) 회장과 제2대 교장을 역임하였고, 교수, 목회자, 방송 선교사로 왕성하게 사역하였다.[51]

최순국은 1974년 미국 시카고로 이민하여 시카고 그리스도의교회를 개척하였다.[52] 이후 1989년 노트르담 대학교 신학대학원에서 목회학 박사학위를 취득하고, 시카고 파크릿지(Park Ridge)에 소재한 루터교 종합병원(Lutheran General Hospital)의 정규직 원목으로도 사역하였다.

이밖에도 최순국은 '한국인 제자들교회협회'(Korean Disciples Convocation)를 설립하고, '북미 태평양아시아인 제자들'(North American Pacific/Asian Disciples, NAPAD)을 조직하였다. 그리고 그리스도의교회(제자회, Disciples of Christ)의 교단 총괄 이사회의 회원, '제자들교회신학원'(Disciples Divinity House)의 이사(1989~1997), '아시아계 미국인 제자들'(American-Asian Disciples, AAD)의 회장, '그리스도의 제자들 한국인 목회자회'(Disciples of Christ Korean Fellowship) 초대 회장 등을 역임하였다. 그는 그리스도의교회(제자회)의 교단에서 평가한 지난 100년 동안 가장 많은 업적을 남긴 36명의 사역자에 아시아인으로서는 유일하게 선발되었고, 교단의 100대 목사에도 선정되었다.[53]

---

50) "Letter 1," *Dong'Yur*, 29 Mar 1966: 1.
51) Soongook Choi, "Reports - Plans Interpretation" of the Korea Christian College Planning Association, 20 November 1965; Leaflets of the Korea Christian College Planning Association, November 1965.
52) "Chicago Christian Church(Korean)," *KEM NEWS*, Vol. 10, No, 3, September 1974: 1-2. 최순국은 시카고 그리스도의교회를 개척하여 1997년 3월 은퇴 때까지 섬겼다.
53) 조동호, 《한국 그리스도의교회 이야기》(2016), 250-258. 최순국 목사는 2002년 4월 14일 서울기독대학교로부터 명예 신학박사 학위를 받고, 수개월 후인 9월 16일 소천하였다.

(5) 한국크리스챤밋숀

① 존 J. 힐

'한국크리스챤밋숀'(Christian Mission to South Korea)은 존 J. 힐(John J. Hill, 1913~2009) 선교사가 대전시 가장동에 세운 선교부의 이름이자 1964년 4월 17일 교육부 사회교육과로부터 설립 허가를 받은 재단법인의 명칭이다. 힐은 부인 에스더 비반즈(Esther Beavans)의 가출 사건으로 서울 송월동의 '기독교회선교부'의 재산과 업무를 모두 후임자 해롤드 테일러에게 넘기고 1955년 7월 5일 미국으로 돌아갔다. 미국에서 힐은 제인 키넷(Jane Kinnett) 선교사와 재혼하였다.[54] 그리고 1959년 8월 부산을 통해 재입국하여 대전에 정착하였고, 동년 12월 1일 한국성서신학교를 개교했다.[55]

1960년대는 힐의 나이 50대로 그의 생애에 있어서 가장 성공적인 절정기였다. 일제의 탄압도 없었고 6.25와 같은 전쟁도 더 이상

JOHN AND JANE HILL
Pioneer missionaries to Korea, with missionary daughter Miss Virginia Hill and children Danny and Tina. Adopted Korean boys are "Line" and "Doug".
CHRISTIAN MISSION TO SOUTH KOREA
Taejon, Korea
September 1968

없었다. 그의 한국 체류 기간에 4.19혁명과 5.16군사혁명이 있었으나 선교 사역에는 아무런 지장을 초래하지 않았다. 오히려 힐은 한국을 사랑하고 이해하려고 노력하였으므로 1972년 6월 은퇴할 때까지 13년

---

54) 제인 키넷은 중국, 미얀마, 일본, 한국에서 선교 사역을 경험한 미혼 여성이었다.
55) 노봉욱 편저,《힐 요한 선교사의 한국 선교》(서울: 한국 그리스도의교회 유지재단, 2006), 24-26, 58-59.

동안 성낙소, 이신(박사), 최요한, 심영진, 장성만, 이종만, 정인소(박사), 임명진(장로), 노봉욱(장로) 등의 한국인 지도자들, 특히 충청 이남 지역의 목회자들로부터 테일러보다는 훨씬 큰 지지와 존경을 받았다. 이유로 첫째, 힐이 1939년부터 배출한 목회자들이 교단의 주역들이었던 반면에 테일러가 배출한 목회자들은 갓 목회를 시작한 신출내기들이었다. 둘째, 힐은 커닝햄과 채이스가 채택한 생계비 전담 후원(Living Link) 방식을 고수한 반면, 테일러는 선임 선교사들이 목회자들에게 정기적으로 주던 후원금을 끊고 긴급 상황이나 개교회가 할 수 없는 부분만 지원하는 방식을 취했다. 셋째, 힐이 김은석 목사의 권유에 따라 대전에 자리를 잡음으로써 김은석의 영향권 아래 있었던 충청 이남 지역의 목회자들로부터 전폭적 지지를 받은 반면, 테일러는 정반대였다.

그러나 힐과 테일러가 은퇴한 1970년대 이후에는 서울성서신학교와 교육부로부터 각종 학교 인가를 받은 대한기독교신학교 출신들의 영향력이 커짐으로써 상황이 역전되었다. 따라서 김찬영 목사의 한국크리스챤밋숀의 영향력은 최윤권 목사의 한국기독교복음선교부와 배도은 선교사의 기독교회선교부에 비해서 상대적으로 크게 위축되었다. 마침내 한국크리스챤밋숀이 대전에서 서울로 넘어갔고, 1999년 10월 13일 그 이름마저 '한국 그리스도의교회 유지재단'으로 변경되었다.[56]

힐 선교사는 1972년 6월 한국 나이 60세 때에 은퇴하였다. 그의 은퇴가 빨랐던 이유는 모금의 어려움이 현실적으로 가장 큰 이유였던 것으로 추정된다. 힐이 1964년에 짓기 시작한 한국성서신학

---

56) 노봉욱 편저, 《힐 요한 선교사의 한국 선교》, 59. 현재 32개의 교회가 이 재단에 가입되어 있다.

교 최초의 교사 1-2층을 완공시킨 것은 김찬영 목사와 조 가맨(Joe Garman) 선교사였다. 힐은 제인이 소천한 이듬해 미조리 주 조플린(Joplin)에서 아이린(Irene)을 만나 재혼하였다. 힐은 2009년 11월 4일 만 96세로 사망할 때까지 에덴보육원과 한국의 열악한 5개 그리스도의교회들을 매월 후원하였고, 러시아 단기 전도 사역에도 참여하였다.

② 버지니아 힐

버지니아 힐(Virginia Hill)은 존 J. 힐 선교사의 딸로서 오자크 기독대학(Ozark Christian College)에서 기독교교육학을 전공한 후 '한국크리스챤밋숀'의 선교사로 1966년 8월 29일 입국하였다. 한국성서신학교에 머무는 동안 기독교교육, 영어회화, 영어성경을 강의하였고, 여성3중창을 지도하여 조 가맨 선교사의 부흥 전도 여행(1967년 10월 18일부터 12월 30일까지) 때 찬양을 불렀다. 이밖에도 충남대학교에서 영어회화를 매주 4시간씩 강의하고, 선교사 자녀, 의사, 직업군인, 간호실습생에게, 또 대학생친목회(University Bible Fellowship Club)에서 영어성경을 가르쳤다. 그녀는 또한 틈틈이 영아원, 논산 에덴보육원, 부산 성광원, 임홍만 목사의 장호원 기독중학교, 교회들을 방문하고, 극빈 속에서 헐벗고 굶주리는 신학생, 목회자, 영아, 고아, 복음중학교 학생, 대전 수침교 아래 거지들의 의식주를 걱정하며 지속적으로 미국의 형제들에게 목적헌금(임홍만 목사의 기독중학교, 논산 에덴보육원, 부산 성광원, 한국성서신학교 운영기금, 목회자 후원기금 등), 특별지원(헌옷가지, 겨울옷가지, 기독교서적, 각종 사전류, 성서지리 궤도, 성경, 카메

라 필름 등) 등을 요청하였다.[57]

버지니아 힐은 1968년 4월 22일 논산 에덴 보육원으로부터 인수받은 15명의 고아와 당진에서 온 2명의 남자아이를 데리고 '대전 크리스쳔 보육원'(Taejon Christian Orphanage)을 개원하였다.[58] 버지니아는 안식년을 가진 힐 선교사 내외와 함께 1969년 5월 30일 귀국하였다. 힐 가족을 대신해서 조 가맨 부부(Joe R. and Linda Garman)가 10개월 체류 예정으로 내한하여 9월 8일부터 업무를 수행하였다.[59]

버지니아 힐(Virginia Hill)

⑹ 그리스도의 한국 선교부

'그리스도의 한국 선교부'(Christ's Korean Mission Inc.)는 김찬영 목사와 그의 부인 패츄리사(Kim C.Y. and Patricia)가 해외 선교를 위해 미국에 등록한 법인으로, 미국 내 연락처는 Carl Gajarsky: 7 Sunrise Dr. St. Peters, MO, 63376이었다. 그러나 한국에서의 선교부는 존 J. 힐로부터 인계받은 '한국크리스쳔밋숀'이었다.

김찬영은 1936년 경상남도 밀양에서 출생하였다. 장성한 그는 부산에 내려가 장성만 목사가 세운 대교 그리스도의교회에 출석하며 세족회 회원이 되었다. 1959년 8월 존 J. 힐 선교사 가족이 부산을 통해 입국하였을 때, 통역사로 힐의 가족과 함께 대전으로 올라왔다. 대전에서 충남대학교 야간에 다니며 1962년까지 힐 선교사

---

57) *Christian Mission to South Korea: Virginia Hill - Missionary*, 20 July~20 November 1966, no date: 1-2; 14 October 1967: 1-4.
58) *Christian Mission to South Korea: Virginia Hill - Missionary*, January~June 1968, not date: 1-2.
59) *Christian Mission to South Korea: Virginia Hill - Missionary*, September. 1968~May 1969, 30 April 1969: 1-3; 노봉욱 편저, 《힐 요한 선교사의 한국 선교》, 12, 100.

김찬영 박사 부부(Dr. C. Y. & Patricia Kim, 장백산 폭포 아래에서)

의 사역을 돕다가 군에 입대하였다. 제대 직후 1965년 9월 힐과 장성만의 도움으로 미국에 건너가 존슨 성서대학(현 Johnson University)에 입학하였다. 그곳에서 같은 대학 1학년에 재학 중이던 패츄리사(Patricia A.)를 만나 결혼하였다. 존슨 성서대학 졸업 후 신시내티 크리스천 대학교 성서대학원에 입학하여 1969년 5월 졸업하였다. 이후 신시내티 대학교와 루이빌 장로교 신학대학원에서 1년간 수학한 후, 부인 패츄리사와 자녀들을 데리고 1970년 11월 15일 귀국하였다.

김찬영은 1972년 1월 21일 존 J. 힐 선교사의 후임으로 한국성서신학교(1981년 한성신학교로 개칭)의 제2대 교장으로 취임하여 1998년까지 교단과 한성신학교의 발전을 위해서 혼신의 힘을 쏟았다. 1998년 이후로는 미국에 해외 선교를 위한 법인 CRAM Worldwide(Christ Reaching Asia Mission Worldwide)을 조직하여 베트남, 중국, 북한 선교에 주력하였다. 그러나 북한 선교는 남북관계 및 북미관계의 악화로 어려움을 겪고 있다. 현재는 중국, 캄보디아(나환자촌), 필리핀(빈민촌) 선교에 집중하고 있다.

김찬영은 주로 중국에 거주하면서 훈춘에 특수교육학교, 희망외국어학교, 복음식품 유한회사(장애인 제빵기술 교육 및 간식용 제빵공장), 희망농목개발 유한회사(장애아동 재활 승마 목장, 가축 목장, 옥수수 콩 경작지)를 설립하였으며, 2014년 중국 양포에 장애인을 위한 시설, 고아원 및 양로원을 개원하였다. 또한 북한 나진시에 진료소 3곳(신해, 유현, 비파)과 120명을 수용하는 나선고아원을 헌당하고(2006년 5월 17일), 중국에서 구입한 의약품, 모포, 의류, 쌀 등을 지속적으로 공급하였다. 선봉시에는 빵공장을 건립하여 매일 수천여 명의 아이들에게 빵과 콩우유를 공급하였으며, 신해목장과 유치원 2곳 및 탁아소 2곳을 설립하여 운영하였다. 그밖에도 부모 없는 북한 청소년 수용 기술학교와 비즈니스텔을 건설하였다.

김찬영은 한양대학교에서 교육학 박사를 취득하였다.《한국 그리스도의교회 초기역사 - William D. Cunningham의 생애를 중심으로-(1864~1936)》,《예배학》,《설교집》등을 저술하였고,《예수의 마지막 주간》을 번역 출간하였다. 대전에 체류하는 동안 '4년제 대학 학력인정 교학장협의회' 회장, 대전외국어학교 이사장, '그리스도의교회협의회' 회장, 사단법인 '한국기독교교역자협의회' 재단 이사장 및 대표회장, 재단법인 '한국크리스챤 밋숀' 이사장, 대전 '기독교연합회' 회장, 대전 YMCA 이사장, '국제 와이즈맨 한국 서부지구' 총재 등을 역임하였다.

한편 부인 김 패츄리사는 슬하에 2남 2녀를 두었고, 신학교 영내에 있는 보육원에서 2남 2녀, 월남에서 온 남자아이 1명을 입양하여 미국에 보내는 등 큰 도움을 주었으며, 논산 연무읍의 에덴 보육원과 대전 자양동에 있는 피얼스 영아원을 도왔다. 또 패츄리사는 고아들의 외국 입양과 병든 아이들을 미국에 보내 무료 수술을 받도록 주선하였다. 이런 일련의 일들로 인해서 그는 1982년 대전 시장으로부터 감사패를, 1989년 충청남도 지사로부터 표창장을 수여받

앞으며, 1991년 보건사회부 장관으로부터 표창장을 수여받았다.[60]

(7) 크리스챤 라디오 밋숀
① 알렉스 빌즈와 플로라 매이 구른지

1950년대 후반기 라디오 방송국 설립과 방송 선교를 위해서 다수의 선교사들이 입국하여 부산에서 활동하였다.[61] 알렉스 빌즈(Verlen Alex Bills, 1921~2002)는 1951년에 일본 오사카(Osaka)에 선교사로 부임하여[62] '크리스챤 라디오 밋숀'(Christian Radio Mission, CRM)을 세웠고, 월간소식지 〈파장〉(Wave Lengths)을 발행하였다. 〈파장〉은 1952년 11월 6일 CRM에 합류한 엑시 제인 풀츠(Exie Jane Fultz)가 책임지고 발행하였다.[63] 풀츠는 1953년 4월 고베로 옮겨가 CRM의 전파 선교 방송을 이어갔고, 〈파장〉을 1959년 2월(47번)호까지 발행하고[64] 6월 8일 '니폰 크리스천 방송협회'(Nippon

알렉스 빌즈(Alex Bills) 가족, 1956년 6월 한국에 입국하기 직전, 막내 아들 가이 돈(Guy Don)의 출생 전 사진. 좌측부터 베티(Betty), 캐슬린(Kathleen), 벌렌 2세(Verlen II), 레베카(Rebecca), 벌렌 알렉스 빌즈

엑시 제인 풀츠
(Exie Jane Fultz)

---

60) 조동호, 《한국 그리스도의교회 이야기》(2016), 446-451.
61) 앞의 책, 500-525.
62) Mark Maxey, "Christians in Japan 100 Years (1883~1983)." http://www.bible101.org/japanmissions/page05.htm, [게시 2018년 1월 24일]
63) "Exie Arrives," *Wave Lengths from Christian Radio Mission*, December 1952: 2.
64) "First-Fruits in Kobe, Japan," *Fall Newsletter of Exie Fultz 1953*: 1-2.

Christian Broadcasting Association)를 설립하여 독자적인 길을 걸었다.[65]

알렉스 빌즈는 라디오 방송국 설립과 방송 선교를 위해서 일본에서 5년, 한국에서 5년 동안 사역하였다. 그는 라디오 방송국 설립을 추진하는 동안 상업방송국들의 시간을 사서 자신이 직접 제작한 다양한 라디오 선교 프로그램들을 방송하였다. 또 1954년 말 한국 정부로부터 부산에 기독교 라디오 방송국을 세워도 좋다는 허가서를 받고,[66] 1956년 9월 24일 법인 '크리스챤 라디오 밋숀'(CRM Incorporated)을 미국에 설립하였으며[67] 12월 13일 전 가족이 부산으로 옮겨와 의욕적으로 활동하였다.[68] 그러나 자금 부족으로 방송국 설립이 무산되자 1961년 CRM의 모든 사역을 접고 귀국하였다.

플로라 매이 구른지(Flora Maye Guernsey) 양은 CRM의 업무비서, 음악 보조, 성서 강의를 위해 1957년 10월에 입국하여 1년 6개월 동안 빌즈를 돕다가 1959년 2월 25일 귀국하였다. 빌즈를 도와 사역한 한국인으로는 김홍균(매니저), 장성만(설교 담당, 대교교회 목사), 김희영(방송 프로제작, 음악 편집, 설교 통역) 등이 있었다.[69]

플로라 매이 구른지(Flora Maye Guernsey)

---

65) "NCBA Inaugural Meeting," News Releases: Nippon Christian Broadcasting Association, September 1959: 1-2.
66) "Radio Station Permit Granted," Wave Lengths, March 1955: 1.
67) "C.R.M. Incorporated," Wave Lengths, October~November 1956: 1.
68) "Bills Family Arrive in Korea," Wave Lengths, January 1957: 1-2.
69) "Workers Arrive," Wave Lengths, November 1957: 1-2; "Ground Breaking," Wave Lengths, February 1958: 1-3; "Kim," Wave Lengths, March 1958: 1; 노봉욱 편저, 《힐 요한 선교사의 한국 선교》, 51.

(8) 한국방송 선교부

① 조 세걸키와 버트 엘리스

좌측부터 에디(Eddie), 조 세걸키(Joe Seggelki), 보니 조(Bonnie Jo), 맥신(Maxine), 토미(Tommy), 마크(Mark)

좌측부터 버트 엘리스(Bert Ellis), 존(John), 마조리(Marjory)

알렉스 빌즈 가족의 동역자로서 한국에 온 선교사들에는 구른지 외에 조 세걸키(Joshep Seggelki) 가족과 버트 엘리스(Bert Ellis) 가족이 있었다. 세걸키는 CRM의 업무 추진 담당자(Traffic Manager)로 1958년 1월 31일 입국하여[70] 1961년 7월 안식년을 가졌으나, 선교부의 책임자였던 테일러 선교사의 반대로 한국 정부로부터 입국 비자를 받지 못했다.[71] 엘리스는 '크리스챤 라디오 밋숀'(CRM)의 프로그램 제작부 담당자로 1958년 5월 3일 부산을 통해 입국하여[72] 1982년 6월경 미국으로 돌아갔으나 그의 부산에서의 사역은 1983년까지 25년간 이어졌다.[73]

CRM의 사역에 먹구름이 낀 것은 이상주의자였던 빌즈와 현실주의자였던 세걸키와 엘리스 사이의 충돌 때문이었다. 빌즈의 말만 믿고 그의 사역을 돕기 위해서 입국한 세걸키와 엘리스는 빌즈가 지나치게 비현실적이며 일을 엉망으로 만든 믿을 수 없는 인물로 여겨졌다. 빌즈의 이상이 실현되기에는 자금이 턱없이 부족하였던

---

70) "New Workers Arrive," *Wave Lengths*, March 1958: 1-2.
71) *Flashes from the Lashes*, 3 October 1962: 1.
72) "Ellis Family Arrives," *Wave Lengths*, June 1958: 1.
73) "Bert Ellis Report Letter," June 1983: 1-2.

것이다. 빌즈에게 실망한 구른지는 1959년 2월 25일 귀국하였고, 세걸키와 엘리스는 재정난에도 불구하고 1959년 초부터 합심하여 '한국방송 선교'(Korean Broadcasting Mission, KBM)를 설립하였다. 그리고 동년 4월 16일부터 3년간 부산문화방송(HLKU)에서 시간을 임대하여 매일 방송하였으며, 부산문화방송국 자문위원을 역임하였다. KBM은 1959년부터 계간으로 〈킬로사이클〉(Kilocycles)이란 이름의 소식지를 발행하였다. 그들을 도와 KBM에서 사역한 한국인들에는 이신 목사와 고재천 목사가 있었다.[74] 이신은 이때 행한 설교들을 모아 기독교문사를 통해 1980년에 《산다는 것, 믿는다는 것》을 펴냈다.

세걸키와 엘리스는 방송 선교와는 별도로 각각 별도의 성경공부반을 운영하고, 교회를 개척하였다. 세걸키 가족은 1961년 7월 자신들의 안식년을 갖기에 앞서 1960년 6월부터 안식년으로 자리를 비운 데일리 가족을 대신하기 위해 서울로 옮겨가 '기독교회선교부'의 일들을 관리하였다. 엘리스는 전파 선교가 무산된 후에도 1982년 6월까지 한국에 4-5개의 성경클럽과 통신강좌를 운영하였고, 동광 그리스도의교회와 동아 그리스도의교회를 부산에 개척하였다.[75]

(9) 극동 기독교교육 선교부

'극동 기독교교육 선교부'(Christian Education for Far East)는 장성만과 부인 바동순(Chang S. M. and Dong-Soon)을 선교사로 파송한 기관이다.

---

74) Korean Broadcasting Mission, *Kilocycles,* July 1959: 1.
75) Korean Broadcasting Mission, May~June 1966: 1-2.

미국 내 연락처는 Alice Lybarger: Box 615 Neapolis. OH, 43547였다.

① 장성만

장성만(1932~2015)은 기독교 가정에서 출생하였다. 원래 장로교 교인이었으나, 6.25전쟁 중 부산으로 피난 온 백발의 동석기 전도자가 미국문화원 강당을 빌려 행한 기독교 강연회에 자주 참석하여 새로운 기독교 교리를 들었고, 동석기를 통하여 그리스도의교회로 환원하게 되었다. 장성만은 서울에서 피난 온 신학교에 입학하여 학업에 매진하다가 낙동강 전투 때 국군에 입대하여 전투에 참가하였고, 제대 후 다시 신학교에 입학하여 공부하다가, 1953년 1월 3일 자신의 집 2층에 대교 그리스도의교회를 개척하였다. 수년 후부터 라디오 방송 선교를 위해 부산에 온 선교사 가족들이 대교 그리스도의교회에 참석하였고, 일본에 주재하는 마크 맥시(Mark Maxey), 데이비드(David), 심즈(Sims), 오사카 성서신학교 교장 클라크(Clark) 등이 자주 찾아와 격려하였다.

장성만 목사(1932~2015). 1950년대 말 20대 중반에 부산항에서 배를 타고 일본 오사카 성서신학교로 유학 가는 모습

장성만은 이후 맥시 선교사의 주선으로 일본으로 건너가 오사카 성서신학교(Osaka Bible Seminary)를 졸업하였고, 약혼녀 박동순(이화여대 영문과 졸업)과 함께 미국에 유학하여 신시내티 성서대학원(Cincinnati Bible Seminary)에서 석사 과정을 마쳤으며, '극동기독교교육 선교부'를 만들어 1964년 늦은 여름 입국하였다. 장성만은 부산을 선교 사역의 거점으로 활동하였다. 그는 강

릉에서 선교 활동을 하던 리처드 래쉬를 권유하여 부산 선교 사역에 합류하게 하는 데 성공했다. 부산에서 래쉬는 장성만을 도와 동래 온천장에 작은 2층 건물을 세 얻어 1965년 2년제 '영남기독교실업학교'를 출범시켰다. 또 1966년 동 실업학교 강당에 대학교회를 세우고 진영 그리스도의교회 등을 개척하였다.

래쉬는 1971년 5월 1일자 서신에서 15년간의 한국 사역을 끝내고 8월경에 한국을 완전히 떠나겠다고 선언하였다. 그는 이유를 "학교 인가(승인)가 생각보다 빨리 났고, 따라서 입학정원의 증가와 학생들이 내는 등록금 수

경남정보대학의 전신인 '영남기독교실업학교' (1965년 2월 1일 개교). 개교 첫해에 19명이 입학하여 14명이 졸업하였다.

입으로 경제적 자립이 가능해졌으며, 외국인으로서 할 수 있는 일이 제한적이다. 나만을 위해서라면 발전하는 학교에 남아 그 공을 함께 누릴 수 있겠지만, 학생들을 위해서라면 나보다 더 유능한 인물이 자기가 차지한 자리에 대신 설 수 있도록 빠져 줘야 하기 때문이다"라고 적었다.[76]

래쉬 가족이 한국을 떠나기로 작정한 1971년 8월 첫 주, 부산시 사상구 주례동(당시는 동래군 사상면 주례리) 대학 교정에서 전국 그리스도의교회 목회자 수련회가 개최되었다. 수련회에서 래쉬 가족은 한꺼번에 작별인사를 할 수 있었고, 둘째 주부터 강릉 지역을 방문하여 성장하고 있는 5개 교회를 기쁨으로 둘러본 후 8월 31일 한국

---

76) *Flashes from the Lashes*, 1 May 1971: 1-2.

을 떠났다.[77]

국회본회의에서 사회를 보는 장성만 국회부의장(12대)

언급한 교육사업 외에 장성만은 1950년대에 '부산 기독교 문인협회'를 창설하고, 1960년대 수필동인회를 발족시켜 동인지 〈隨筆〉과 계간지 〈基督敎文藝〉를 발행하였다. 그는 또한 개인적으로 월간 〈아가페〉를 프린트 판으로 발행하다가, 후에 월간 〈로고스〉에 '기독교사상과 생활지'라는 부제를 붙여 발행하였다. 이후에도 그는 10권 이상의 책을 펴냈다. 그는 정치에도 입문하여 제11대, 12대 국회의원을 지냈으며, 민정당 부산시 지부위원장(2회), 민정당 집행위원, 민정당 노동특위위원장, 국회 예산결산위 제4분과위원장, 민정당 정책위원회 의장, 국회부의장(12대)을 역임하였다.[78]

2) 그리스도의교회(무악기)

1960년대 한국에 들어와 활동한 그리스도의교회(무악기) 선교사들 중 빌 램지(William Ramsey)는 '성경통신교육원'(Bible Correspondence

---

77) Flashes from the Lashes, 11 October 1971: 1.
78) 장성만, '나의 삶 나의 보람,' 《民石 張聖萬 博士 華甲記念 論文集》(부산: 民石 張聖萬 博士 華甲記念 論文集 編纂委員會, 1992); 장성만, "역경의 열매", 〈국민일보〉 2009년 4월 5일~5월 22일.

Center, 1964)을 세웠다. 이는 도시와 농촌에 있는 이들에게 복음을 전하려는 목적이었다. 성경통신교육원은 매우 성공적이었다. 교육원에서는 전국 순회 전도반을 조직하여 교육생들을 직접 찾아다니며 침례를 주었다. 또 1968년에는 동계대학을 실시하여 신학을 교육하였다. 동계대학은 그리스도대학교와 더불어 교역자 양성에 한몫을 담당하였다.[79]

빌 램지(William R. Ramsay) 가족. 좌측부터 가이(Gay), 로스(Ross), 존 마크(Jon Mark), 부인 낸시(Nancy), 티모시(Timothy), 빌(Bill), 조이(Joy), 킴벌리(Kimberly)

---

79) 김세복,《한국 그리스도의교회 교회사(1930~1968)》(서울: 참빛사, 1969), 78-85.

3.
한국 그리스도의교회의 성장

1) 그리스도의교회(유악기)의 복음 전도와 교회 개척

한국 그리스도의교회의 수는 6.25전쟁 이후 1960년대 중반까지 서서히 증가하다가 1970년대 중반과 1980년대 사이에 빠르게 증가하였다. 1976년도 〈기독교연감〉에 106개인 유악기 그리스도의교회가[80] 1985년 전국 주소록에 286개로 나타났다. 1976년부터 1985년까지 10년간 무려 180개의 교회가 증가한 것(2.7배 증가)은, 외적으로 교회 밖 한국사회의 구조적 상황(정치적 불안, 경제 성장, 도시화 등)과 연관이 있다. 내적으로 선교회의 복음 전도와 개척 교회 후원, 그리고 서울성서신학교, 대한기독교신학교, 한국성서(한성)신학교와 그리스도의교회 협의회와 그리스도의교회 총회가 인준한 목회신

---
80) 최윤권,《내가 본 한국 그리스도의교회사》(2003), 69-70.

학원 졸업생들의 복음 전도와 교회 개척의 결과이기도 하다.

(1) 서울 및 수도권

1960년대 이후 '한국기독교회선교부'(Korean Christian Mission)의 서울성서신학교와 '한국기독교복음선교부'(Korea Christian Gospel Mission)의 대한기독교신학교에서 배출된 목회자들과 각 선교회가 추진한 복음 전도와 개척 교회 후원으로 많은 교회들이 세워지고 발전했으나 전국 교회 숫자만 있을 뿐 각 선교회와 신학교 출신들이 세운 교회 숫자에 대한 개별 통계는 조사된 바가 없다.

해롤드 테일러(Harold Taylor) 선교사는 1959년 6월부터 1962년 말까지 서울성서신학교의 새 캠퍼스 조성에 매달렸기 때문에, 이 기간에 배출된 목회자들이 없었고 재정적으로 시간적으로

예수 사랑교회

복음 전도와 교회 개척에 전념할 형편이 못 되었다. 그럼에도 불구하고 테일러는 1955년 입국한 이후 착수한 교회 방문과 후원 사역을 1960년대 이후에도 지속해 나갔다. 그 단적인 예는 캠퍼스 조성이 한창이던 1962년 2월과 3월에 단행한 선교여행과 집회들이다. 테일러는 2월 7~8일 홍성으로 선교여행을 떠났고, 16~23일에 홍성, 목포, 전주, 군산으로 다니며 설교하고 침례를 베풀었다. 3월 중에는 전주를 거쳐 목포에서 열리는 일주일간 개최된 성경공부에 참

석하여 강의하였다.[81]

테일러의 사역을 그대로 이어받은 배도은(Gorden Patten) 선교사는 '한국기독교선교부'와 서울성서신학교 운영, 월간 〈한길〉의 출판 외에 자신만의 문서 선교에 주력하였다. 배도은은 수십 종류의 전도지를 수십만 부씩 찍어 전도용으로 활용하고, 신학생들과 목회자들을 돕기 위해서 태광출판사를 세워 수십 권의 책을 번역 출판하였다. 이밖에도 복음 전도용 영화필름을 구입하여 교회, 교도소, 군부대, 고아원 등에서 상영함으로써 복음 전도에 큰 효과를 보았다.[82]

최윤권은 미국 유학 후 도원동교회에서 목회하고, 1965년부터 대한기독교신학교에서 목회자들을 배출하여 복음 전도와 교회 개척에 힘썼다. 1975년 3월 5일에는 대한기독교신학교 출신 목회자들을 중심으로 '한국 그리스도의교회 교역자회'를 조직하였다.

(2) 대전 및 충청권

1960년대 대전 및 충청권 교회들의 발전은 1959년 재입국하여 대전에 정착한 존 J. 힐 (John J. Hill)이 세운 '한국성서신학교'와 '한국크리스챤밋숀'(Christian Mission to South Korea)에 의해 이루어졌다. 힐과 한국성서신학교는 1950년대 충청권과 전라권에서 엄청난 영향력을 갖고 있던 김은석 목사와 '신화신학 성경연구회'의 대를 잇고 있었다. 따라서 이 시기 힐의 영향력은 그리스도의교회의 다른 선교사와 신학교보다 훨씬 더 컸다. 한편 힐은 학생들과 목회자들로부

---

81) "To the Villages and Cities," *For Christ in Korea*, March 1962: 1.
82) 김찬영, 《한국 그리스도의교회 초기 역사-William D. Cunningham의 생애를 중심으로 (1864~1936)》(논산: 한성신학교, 1991), 151-153.

터 사랑과 존경을 받았으나 모금의 어려움으로 1972년 6월 한국 선교에서 은퇴하였다.

1957년도 〈기독교연감〉에 의하면, 충청도에 19개(충북 13개, 충남 6개) 교회가 있었다.[83] 1965년도 〈기독교연감〉에 의하면, 충청도에 35개(충북 16개, 충남 19개) 교회가 있었다.[84] 1957년 충남에서 6개뿐이던 교회가 13개가 증가하여 19개로 나타난 것은 1960~1971년에 힐이 운영한 한국성서신학교의 영향으로 여겨진다. 반면에 충북에서 3개만 증가한 것은 졸업생들에 의해 꾸준히 교회들이 개척되었으나 다수의 교회가 타 교단으로 이적하였기 때문일 것이다.

힐 선교사의 은퇴 이후 1990년대까지 대전 및 충청권에서의 교회 발전은 김찬영 목사가 운영하는 한성신학교(전 한국성서신학교) 졸업생과 1990년 2월 조직된 한국 그리스도의교회 총회에 의해서 주도되었다. 한 가지 예로, 1982년 한성신학교를 졸업한 정일호 목사는

충주 그리스도의교회

총회장직을 13차례 수행하는 동안 총 7개의 교회(상삼교회, 충주중앙교회, 창동중앙교회, 당우리교회, 팔봉교회, 원평교회, 은혜로운교회)를 개척하고, 현 총회회관 마련에 공헌하였다.

한편 1989년 9월 대전에서 개최된 54차 그리스도의교회 협의회

---

83) 이 숫자는 1950년대 말 김은석 목사가 성경에 삽입한 주소록에 실린 24개(충북 14, 충남 10)와는 5개의 차이가 있다.
84) 이 숫자는 힐 선교사의 주소록에 실린 35개(충북 14, 충남 21)와도 거의 일치한다. 목포 그리스도의교회 교회사 편찬위원회, 《목포 그리스도의교회 50년사(1956~2006)》(광주: 도서출판 한림, 2006), 324.

총회 때 그동안 수면 아래 있던 대기신(대한기독교신학교) 교역자회와 한성교역자회의 갈등이 수면 위로 드러났다. 그리고 이듬해 1990년 2월 유성 경하장에 모인 한성 교역자회가 별도로 총회를 창립함으로써 유악기 그리스도의교회가 분열되었다.

한편 한성신학교에서는 조동호 교수의 제안으로 김찬영 학장, 조동호 교수, 김상호 교수가 주축이 되어 1987년 12월 한성신학교 교회 개척후원회를 조직하여 졸업생들의 교회 개척을 지원하였다. 이 후원회는 한성신학교가 1989년 8월 연산캠퍼스로 이전한 이후 10여 년간 분쟁에 휘말리게 되어 운영이 중단되었으나 조동호 목사가 미력하지만 지속시켜 나갔다.

(3) 목포, 광주 및 전라권

목포 그리스도의교회

목포 및 전라권의 교회들은 김은석 목사와 최요한 목사를 비롯한 다수의 내국인 사역자와 선교사의 지도력에 의해 개척되었다. 1957년도 〈기독교연감〉에 의하면, 전남에 그리스도의교회가 17개 있었다.[85] 최요한은, 1946년부터 1957년 10월 1일 목포 그리스도의교회를 개척할 때까지 7개 교회를 개척, 4개 교회를 환원시키고, 김은석은 남은 6개 교회를 개척하는 데 헌신하였다. 김은석은 1950년대 말 자신의 성경에 전

---

85) 테일러 선교사는 1956년 6월에 19개 교회가 있다고 하였다. "To the Far Corners," *For Christ in Korea*, June 1956, 2.

라남도 교회 주소 29(30)개를 적어놓았다. 전라남도에서 이뤄진 이 괄목할 만한 성장은 1965년도 〈기독교연감〉에서 25개(전남 24, 전북 1)로 소개되었다.[86] 이후 최요한은 1963년부터 1973년까지 6개 교회를 더 개척하였고, 1980년대까지 3개 교회의 개척을 지원하였다. 또 다른 3개의 교회가 목포 그리스도의교회를 모태로 개척되었다. 이밖에 7개의 교회가 최요한의 영향으로 환원했거나 개척되었다.[87]

광주에서는 김동열 목사가 1960년대부터 광주 그리스도님의교회(Kwang Ju Church of Christ)를 중심으로 '그리스도님의교회 교역자회'를 이끌었다. 그러나 김동열의 '폐쇄적 근본주의 노선'을 타 교단에서 오해하여 이단으로 여겼기 때문에 광주와 전남지역의 그리스도의교회들이 발전에 타격을 입었다.[88] '그리스도님의교회 교역자회'는 한때 15개 교회에 이르렀으나 점차 줄어들어, 현재는 김동열의 두 지제 김승복 목사와 김훤 목사가 시무하는 광주 그리스도님의교회를 포함하여 5개 교회 정도만 남아있다.

(4) 부산 및 영동과 영남권

리처드 래쉬 선교사는 1964년 강릉을 떠나 부산으로 옮겨간 이후에도 1971년 8월까지 영동지역의 교회들, 곧 삼척교회, 주문진교

동서대학교 대학교회

---

86) 이 숫자는 힐 선교사의 주소록에 실린 28개(전남26, 전북2)와도 거의 일치한다. 목포 그리스도의교회 교회사편찬위원회, 『목포 그리스도의교회 50년사(1956~2006)』, 324.
87) 앞의 책, 548-550.
88) 앞의 책, 381.

회, 영동(탄광)교회, 강릉교회, 평산교회를 돌보고 후원하였다.[89] 주문진교회는 예배당을 건축하여 자립의 길을 걸었고,[90] 영동교회는 한 석탄 광부에 의해 설립되어 1970년 예배당을 건축하였다. 건축비용은 래쉬가 1963년 설립한 '한국인 교회 지원자 클럽'(Korean Church Helpers Club) 기금에서 충당되었다.[91] 강릉교회는 1969년 헌금 액수가 늘어 자립 기반이 마련되었다.[92] 평산교회는 1964년 초 대다수가 초신자들인 250여 명이 출석하고 있었다.[93] 래쉬 가족은 한국을 떠나기 2~3주 전 1981년 8월 둘째 주간에 이들 5개의 교회들을 기쁨으로 순방하였다.[94]

장성만은 자신의 '대교 그리스도의교회'를 1964년 1월 부산 YMCA 3층 강당으로 옮겼다가, 1970년 3월 대학교회(리처드 래쉬 선교사가 1966년 '영남기독교실업학교' 강당에서 시작)와 통합하여 명칭을 '부산기독교회'로 개명하였다. 이후 2002년 연건평 800여 평, 600여석의 본당을 비롯한 소예배실, 교육관, 식당 등 최첨단 시설을 갖춘 현대식 교회를 신축한 후, 부산기독교회를 학교법인 동서학원 '대학교회'로 개칭하였다.

1960년대 이후 경상남·북도에 양정식 목사가 시무한 안동복음중학교 및 안동그리스도의교회(경북 안동군 풍산면 상리), 송영히 전도사가 시무한 그리스도의교회(경북 안동군 풍산면 죽전동), 한의사 애국지사 오현팔 목사가 1945년에 개척한 영양 그리스도의교회(경북 영

---

89) *Flashes from the Lashes*, 11 October 1971: 1.
90) *Flashes from the Lashes*, 25 August 1969: 2.
91) *Flashes from the Lashes*, 21 November 1969: 2.
92) *Flashes from the Lashes*, 25 August 1969: 2.
93) *Flashes from the Lashes*, 11 February 1964: 2.
94) *Flashes from the Lashes*, 11 October 1971: 1.

양군 영양면 서부동)가 있었다. 1970~1980년대에 세워진 교회들로는 성결교회에서 환원한 이병우 목사가 시무한 진영 그리스도의교회와 강나루 목사가 시무한 동부제일 그리스도의교회가 있다. 진영 그리스도의교회는 장성만에 의해 1975년에 경남 김해시 진영읍 좌곤리 462번지에 세워졌고, 동부제일 그리스도의교회는 장성만의 제자이자 대한기독교신학교를 졸업한 강나루(본명 강병기)에 의해, 1983년 부산시 동래구 사직1동 100-2번지에 세워졌다. 이밖에도 버트 엘리스(Bert Ellis) 선교사가 세운 동광교회와 동아교회가 있었고,[95] 울산교회가 있었다. 울산교회는 기독교회선교부로부터 '한국에 예배당을' 기금에서 1956년 1,400달러를 후원받아 장로교회로부터 헌 예배당을 매입한 곳이었다.[96]

2) 그리스도의교회(무악기)의 복음 전도와 교회 개척

그리스도의교회(무악기)는 1950년대에 독자적인 정체성을 확보하고 조직화되기 시작하였다.[97] 남북 분단과 6.25전쟁으로 1950년대 중반까지 무악기 그리스도의교회는 내수동교회, 서대문교회, 부산미문화원교회, 용두동교회, 울산교회, 원효로교회, 청량리교회 7개에 불과하였다. 당시 전도지

전도 그리스도의교회

---
95) *Korean Broadcasting Mission*, May-June 1966: 1-2.
96) "To the Uttermost Parts," *For Christ in Korea*, June 1957: 3.
97) 최재운,《한국 그리스도의교회사》(2005), 166-170.

들도 동석기, 동충모(동석기 장남), 강순명(1898~1959), 이교신, 이홍식 5명에 불과하였다.[98] 김세복의 조사에 따르면, 1960년대 말까지 교회는 38개로 늘었고, 전도자들은 강순명, 고길상, 공삼열, 공정렬, 기준서, 김관평, 김광수, 김득환, 김명수, 김세복, 김송차, 김익표, 김재환, 김형찬, 동석기, 동주급, 동충모, 문금칠, 박경동, 박병수, 박병후, 박선흠, 박재원, 박현섭, 백태현, 석명승, 석태정, 송병혁, 신상만, 신성종, 심희선, 양경주, 오봉식, 원종호, 이교신, 이마운, 이명옥, 이영진, 이헌재, 이호열, 이홍식, 임봉수, 임일, 전용진, 전하영, 정희건, 최일용, 함명철, 황복연 등 50여 명에 달했다.[99] 이후 1976년까지 동 그리스도의교회는 박경동, 동주급, 정희건, 김관평, 임봉수 등을 중심으로 단합한 '전도자 친교회'(Preacher Fellowship, 혹은 '교역자회')[100]의 활성화로 발전을 거듭하여 교회 숫자가 79개로 증가하였다.

상기한 전도자들 가운데 이홍식은 청량리교회, 대구교회(현 대구제일교회), 서울시 화계교회(현 번동교회), 대전교회(현 대전중앙교회), 춘천교회, 부여 합송교회, 영주동교회(현 부산중앙교회), 서면교회 등 10여 개 교회를 개척하거나 설립에 공헌하였다. 이홍식 전도자의 영향을 받아 전도자가 된 이들 가운데 동주급(1918~1986), '작은 예수'라고 불렸던 김관평(1921~2012), 성지교회 원종호, 그리스도대학교 초대 총장을 지낸 김진건, 역시 그리스도대학교 총장을 지낸 청량리교회 고성주, 육군 선교를 하고 있는 고봉환, 그리스도대학교 신

---

98) 서재룡, "한국 그리스도의교회 토종 전도자 이홍식," 3: http://www.restoration.kr/technote6/board.php?board=docu, [게시 2018년 1월 24일]
99) 김세복,《한국 그리스도의교회 교회사(1930~1968)》(1969), 96-159.
100) 서재룡, "한국 그리스도의교회 토종 전도자 이홍식," 2.

학대학 교수 이오갑, 태릉교회 고금석 등이 있다.[101]

그리스도의교회(무악기)는 한국교회 부흥의 절정기였던 1970~1980년대에 이르러 그리스도대학교(현 KC대학교)와 램지(Ramsay)의 동계대학이 배출한 목회자들을 통해서 많은 교회들을 세웠다. 그러나 1990년대 이후 타 교단으로 넘어간 목회자들로 인해서 많은 교회를 잃었다. 이는 그리스도의교회 협의회와 그리스도의교회 총회도 동일하게 겪었던 아픔이다.

---

101) 위의 글, 5-10.

4.
한국 그리스도의교회 교육사업

한국 그리스도의교회의 발전은 신학 교육에 기초를 두고 있다. 신학교가 있는 곳에 목회 지망생이 몰렸고, 그들에 의해서 교회들이 세워졌으며, 선교사들의 격려와 후원이 내국인 사역자들의 헌신을 지탱시키는 동력이었다. 교회 성장의 열쇠는 헌신적인 목회자들이었고, 그들을 양육하여 배출시키는 곳은 신학교였다.

1) 1960년 이전 그리스도의교회(유약기) 교육사업

1960년 이전에 2개의 목회자 양성기관이 있었다. 하나는 요츠야 선교부의 토머스 G. 힛치(Thomas G. Hitch) 선교사 가족이 세운 '서울성서훈련원'(Seoul Bible Training School, 1938-1941)이다.[102] 서울성서훈련

---

[102] 서울성서훈련원 설립보다 앞선 1936년 10월 5일 '인천(송현)기독교회신학교가 토머스 힛치

원은 1938년 2월 서울 제1교회(아현정, 이인범 목사)에서 시작하여 같은 해 아현정 소재 2층을 임대하여 옮겨 갔다. 당시 주간에 남자 7명, 여자 5명, 야간에 남자 11명, 여자 2명이 수업을 받았다. 이들 중에는 현직 목회자와 여전도자들이 다수였으며, 그렇지 않은 자들은 재학 중 혹은 졸업 후에 파송

인천(송현)기독교회신학교 창립 기념(1936년 10월 5일). 앞줄 중앙이 토머스 힛치, 우측이 김영배, 좌측이 이인범과 신신근

서울 성서훈련원 학생들, 교수들 및 오웬 스틸 선교사(1939년)

을 받았다.[103] 인천 송현기독교회와 금곡정기독교회를 세운 정심선과 서울 마장정기독교회 담임 김상익이 1940년에 졸업하였고, 인천 대화정기독교회 담임 임준식, 서울 대흥정기독교회 임공칠, 여전도사인 임화순과 평화일 등이 공부하였다. 이인범 목사와 힛치 부부, 힛치의 두 딸 에밀리(Emilie)와 애니(Annie)가 가르쳤고, 홍종숙 목사가 교수와 직원으로 합류하였다. 이 훈련원은 3년간 학생들을 가르쳐 교회들을 개척시켰다. 그러나 1940년대 초 요츠야 선교부

선교시기 참석한 기운데 창립되었고, 이후의 시정이 소개되거나 배출된 졸업생이 없는 것으로 보아서 이 신학교가 아현동으로 옮겨 지속되었거나 통합되었을 가능성이 크다. "The Yotsuya Mission Bible Training Institute at Chemulpo (Jinsen), Korea," *Tokyo Christian*, March 1937: 3.

103) Emilie Hitch, "The Bible Training School in Korea," *Tokyo Christian*, December 1938, 1; "Korean Training School," *Tokyo Christian*, November 1940: 3.

4. _ 한국 그리스도의교회 교육사업

의 한국 선교 중단, 선교사 철수 등으로 성서훈련원은 문을 닫고 교회들은 흩어졌다.

또 하나의 기관은 존 T. 채이스(John T. Chase) 선교사에 의해서 1937년 4월에 시작되어 1940년 말까지 4년간 지속된 '기독교회선교부'의 '한국인성서훈련원'(Korean Bible Training Institute)이다. 성서훈련원은 서울시 서대문구 송월동 선교부 지하실에서 일주일에 4일씩 강의가 이뤄졌다. 김요한, 최상현, 김문화, 성낙소, 박판조, 백낙중 등이 초기 학생들이었고, 1940년 3월 25일 졸업하였다.[104] 그러나 동 성서훈련원은 1940년 6월과 11월 힐 선교사 가족이 각각 미국으로 떠나자 바로 폐쇄되었다.

2) 그리스도의교회(유악기) 교육사업

(1) 서울성서신학교

서울성서신학교 기공식(1961년 8월 28일).
12개 교회의 대표들이 기공식에 참석하였다.

한국인 사역자를 양성하기 시작된 '한국인성서훈련원'은 1940년대 초 선교사 철수, 1950년대 초 6.25전쟁 등으로 개교와 폐교를 번복하다가 해롤드 테일러(Harold Taylor) 선교사에 의해 안정적인 발전의 기틀을 마련하였다. 정

---

104) 성낙소, "제7장 기독의 교회 선교사와 신학교 시작," 〈기독의교회와 성낙소와의 관계〉 편집 및 부록, 김종기, 조동호(2010).

부 인가를 받은 정규 신학교를 만들기 위해 캠퍼스 이전을 계획한 테일러는 송월동 '기독교회선교부'의 재산(토지 396평과 그 위에 세워진 선교부 건물과 서울성서신학교 건물)을 인수받고, 존 T. 채이스(제1대 교장), 존 J. 힐(제2대 교장)에 이어 제3대 교장에 취임하였다. 그는 선교부의 재산을 모두 팔고[105] 7,087평의 역촌동 땅을 매입하고 새 캠퍼스를 조성하여[106] 1963년 봄 학기를 시작하였다. 그리고 교명을 '그리스도의교회 신학교'로 변경하고, 1961년 3월 재단법인 '그리스도의교회 복음회 유지재단'을 설립하여 신학교의 전 재산을 법인에 귀속시켰다. '그리스도의교회 신학교'는 1963년 교명을 다시 '서울성서신학교'로 바꾸고, 1966년 정부로부터 서울성서신학원의 인가를 받았다.

테일러의 '서울성서신학교'와 재단법인 '그리스도의교회 복음회 유지재단'은 배도은(Gorden Patten) 선교사가 이어받아 1990년대까지 발전시켜 나갔다. 배도은은 1975년 서울성서신학교 제4대 교장에 취임하였다. 서울성서신학교는 1981년 3월 2일 대한기독교신학교와 통합되었다.[107] 두 신학교가 통합될 당시 서울성서신학교는 신사동에 대지 2,400여 평, 교사 1동(449.5평), 식당 및 기숙사 1동(50평), 남자 기숙사 1동(51.33평), 사택 1동(13.7평), 그리고 경기도 안양시 안양동 임야 59,010평을 소유하였다.

---

105) "Moving Days," *For Christ in Korea*, October 1959: 1.
106) "The New Location," *For Christ in Korea*, May 1960: 3.
107) 최윤권, 《내가 본 한국 그리스도의교회사》(2003년 수정증보판), 74, 104; 김찬영, 《한국 그리스도의교회 초기 역사 - William D. Cunningham의 생애를 중심으로 - (1864~1936)》(1991), 152.

(2) 대한기독교신학교

　대한기독교신학교는 최윤권 목사의 리더십으로 최순국, 안재관과 같은 미국의 링컨 기독대학 출신 또는 재학생이 중심이 되어 1965년 3월에 설립되었다. 최순국은 1964년 8월 26일 조직된 '대한기독교신학교 설립협의회'(Korea Christian College Planning Association)의 회장직을 맡아 의욕적으로 신학교 설립을 추진하였다. 상임위원에는 안재관, 최윤권(실무 학장), 장성만, 조충연, 최순국, 최요한, 이종만, 임명진, 강병천, 김현숙, 김진문(설립협의회 서기 겸 교무처장), 김규상, 김태수, 구광서(설립협의회 총무), 오현팔, 심영진, 성수경, 양해문이 위촉되었고, 미국인 고문에 단 드웰트(Don DeWelt), W. L. 제섭(W. L Jessup), 빌 전킨즈(Bill Junkins), 존 피얼스(John R. Pierce), 아이러 리드(Ira B. Read)가 위촉되었다.[108]

대한기독교신학교 교수 및 학생들(원효로 임시 교사, 1965년경), 교수진: 좌측부터 김진문, 성수경, 최윤권, 김규상(1965년 3월 개교)

대한기독교신학교는 서울 용산구 원효로의 임시 교사에서 개교되었다. 최윤권이 교장을 맡았으며, 공동 설립자 최순국은 기성회 회장과 제2대 교장을 역임하였고, 구광서, 강병천, 성수경, 심영진, 이신, 김진문, 최윤환, 김규상 등이 강의를 맡아 가르

---

108) Korea Christian College Planning Association, 20 November 1965; Korea Christian College Planning Association(leaflets), November 1965.

쳤다. 1965년 여름 효창동 소재 구 철도청 관사를 구입하여 교사로 사용하였다.[109]

대한기독교신학교는 1972년 2월 정부로부터 학교법인 환원학원과 4년제 각종학교 설립 인가를 받았고, 1981년 3월 2일 서울성서신학교와 통합되었다. 통합 당시 대한기독교신학교는 용산구 효창동에 토지(328평), 교사 1동(481.3평), 전북 부안군 변산면 일대에 임야와 전(田) 27만 9천여 평을 소유하였다. 통합 후 대한기독교신학교는 캠퍼스를 서울성서신학교 캠퍼스로 옮겼고 교명으로는 대한기독교신학교를 유지했다. 대한기독교신학교(통합)는 1985년 4년제 대학학력 인정교로 지정받고, 이후 1987년 사회복지과를 신설하였다.

대한기독교신학교 교수, 구광서 목사(좌)와 강병천 목사(우)

(3) 한성신학교

① 한국성서신학교

한국성서신학교(Korea Bible Seminary)는 1959년 12월 '대전성서신학교'라는 이름으로 존 J. 힐(John Hill) 선교사에 의해서 개교되었다.[110] 첫 수업은 심영진 목사가 시무하는 대전광역시 도마동 대전 그리

---

109) 최윤권, 《내가 본 한국 그리스도의교회사》, 61.
110) 조동호, 《한국의 바울 김은석 목사》(계룡: 그리스도의교회 연구소, 2010), 4-5(머리말); 조동호, 《한국 그리스도의교회 이야기》, 300.

한국성서신학교 개교 당시 교수와 학생들(1959~1960년 겨울), 충남 대덕군 유천면 도마리 심영진 목사 시무 성화교회당 앞(현 대전 그리스도의교회). 앞줄 왼쪽부터 제인 힐, 존 J. 힐, 김은석, 심영진, 김태수. 뒷줄 왼쪽부터 오재건, 고재윤, 뒷줄 오른쪽부터 고광석, 김찬영

스도의교회당(당시 충남 대덕구 유천면 도마리 성화교회, 1958년에 신축된 20평 흙벽돌집)에서 20여 명의 학생으로 시작되었으며,[111] 이듬해 1960년 부산에서 이신 목사가 교수진에 합류하면서 대전역에서 가까운 선화교회(고광석 시무)로 옮겼다. 그리고 1961년에 가장동으로 옮겼다.[112]

힐은 가정 문제로 1955년 한국을 떠나 있다가 제인 키넷(Jane Kinnett)과 재혼 후 1959년 8월 부산을 통해서 재입국하였다. 그리고 2개월을 지낸 후, 선교사가 없던 대전에 정착하였다. 1950년대 말까지 충청과 전라권에서 영향력을 가졌던 김은석 목사와 논산 에덴보육원의 설립자 노봉욱 장로가 힐의 대전 정착에 큰 힘을 보탰다.

힐은 1961년 가장동 유등천변의 큰 부지를 매입하여 천막교회를 시작하고, 선교사 주택, 예배당, 학생 숙소 등을 짓기 시작하였다. 이때 생활이 어려운 학생들은 근로장학 명목으로 학비와 기숙사비를 면제받을 수 있었다. 가장동 캠퍼스 시대가 열리면서 1962년 3월 교명을 (1949년 서울에서 잠시 사용했던) '한국성서신학교'(Korea Bible Seminary)로 바꿨고, 이 명칭은 20년간 사용되었다. 이로써 1950년대

---

111) 교수진은 존 J. 힐 부부, 김은석, 심영진, 김태수(통역) 등이었다.
112) 이신은 1959년과 1960년 초에 조 세결키와 버트 엘리스가 설립한 '한국방송 선교회'(Korean Broadcasting Mission)에 고용되어 부산 문화방송에서 방송설교를 하였고, 1967년에 미국으로 유학을 떠났다.

기간에 한국성서신학교와 존 J. 힐 선교사는 김은석 목사(1963년 1월 21일 소천)의 영향 아래 있던 충청과 전라권의 교회들과 목회자들을 주도하였다.[113] 힐의 지도 아래 1960년대 90여 명의 졸업생이 배출되었으며, 그들 중 많은 수가 교회를 개척하거나 기존 교회들을 섬김으로써 한국 그리스도의교회 발전에 큰 밑거름이 되었고, 일부는 미국으로 건너가 한인 그리스도의교회를 개척하였다.

힐이 재임했던 1960년대, 가장동 캠퍼스에는 선교부와 선교사들을 위한 2층 저택과 단층주택(소실), 학생들이 만든 시멘트 블록 교회당과 기숙사, 몇 채의 작은 직원 숙소 및 고아를 위한 단층 벽돌 슬래브 주택이 있었다. 이 가운데 교회당은 교사가 건축될 때까지 1960년대 전반기 내내 신학교 원룸 강의실로 쓰였다. 힐은 1964년 말 첫 교사 건물(현관이 딸린 사무실 2칸, 교실 2칸짜리 본관 건물)을 짓기 시작하였다. 선교 사역 30주년이 되던 1969년 봄, 본관 건물을 2층으로 올리는 증축공사기 시작되었으니 자금 부족으로 지연되다가,

선교사 조 가맨(Joe Garman)과 김찬영 목사의 도움으로 1972년 초여름에 완공되었다. 동년 6월 힐과 그의 가족은 한국에서의 선교 사역을 완

한국성서신학교 본관 건축 기공식(1964년 말)

---

113) 이때의 교수들은 존 J. 힐과 제인, 심영진, 김태수(통역), 이신, 최요열, 김찬영(통역), 소교민(통역), 리처드 래쉬(Richard Lash), 김희영(통역), 임춘봉, 이은수, 김치연, 박태규(통역), 최용호, 김성철, 천명화, 프레드 호프만(Fred Hoffman), 힐 버지니아(Virginia Hill) 등이었다.

전히 접고 모든 사역을 김찬영과 패츄리사(Patricia) 선교사 부부에게 위임하고 귀국하였다. 이때부터 1990년대 말까지 근 30년간 충청과 전라권의 교회들과 목회자들은 (김은석과 존 J. 힐에 이어) 김찬영의 지도력 아래 놓이게 되었다.

조 가맨은 1967년 가을과 힐 가족의 안식년 기간이었던 1969~1970년 한국에서 성공적으로 부흥집회를 인도하였고, 큰 액수의 자금을 모금하여 본관 증축공사에 도움을 주었다. 미국에서 공부를 마치고 귀국한 김찬영은 1972년 1월 21일 한국성서신학교 제2대 교장에 취임하였다. 그는 힐이 시작한 본관 2층의 완공 공사뿐 아니라, 3층 증축을 시작으로 1970년대와 1980년대 내내 부지를 확장하고 교사를 건축하였다. 그의 뛰어난 지도력으로 1980년대 등록학생 수가 수백 명으로 증가했고, 학생 수의 증가로 캠퍼스 이전과 대학 개편에 대한 학생들의 요구가 나날이 커져 갔다.

② 한성신학교

대전시 가장동 한성신학교 캠퍼스(1986년)

한국성서신학교는 1981년 2월 16일 학교법인 성령학원과 한성신학교(Hansun Theological College)란 교명으로 개명하고, 모집정원 70명(신학교 40명, 기독교육과 30명)의 4년제 각종학교로 인가를 받았다. 교명을 '한국성서'의 줄임말인 '한성'으로 바꾼 이유는 서울 노원구에 이미 같은 이름의 4년제 각종학교가 있었기 때문이다. 각종학교 인가를 받기 이전부터 캠퍼스 내에 보육원(1968년 설립)과 한성고등기술학교(1978년 설립) 및 한성유치원이 운영되고 있었으나, 1983년 10월 5일 교육부로부터 4년제 대학학력 인정교로 인가받고 모집정원 60명(야간부 신학교 30명, 기독교육과 30명)이 증원됨으로써, 한성고등기술학교가 폐교되고 유치원만 유지되었다. 1986년 말 학과 증원(주간부 종교음악과, 야간부 사회복지과)과 1987년 말 모집인원 증원으로 입학정원이 총 180명이 되었다.

정원 증가로 포화상태에 이른 한성신학교는 1986년 말 충남 논산군 연산면 신양리에 12만 평 교지를 확보하고, 1988년 4월 기공식예배를 드렸으며, 1989년 8월까지 본관 4층, 별관 4층, 기숙사 3층, 운동장 및 주차장을 갖춘 새 캠퍼스로 이전을 완료하였다. 공교롭게도 1989년 9월 대전에서 모인 그리스도의교회 협의회 제54차 총회 때 불협화음이 있었고, 이듬해 1990년 2월 한성 교역자들의 모임에서 그리스도의교회 총회가 발족되었다. 출신학교별 친목단체인 기목회(대한기독교신학교 출신 목회자로 구성)와 한성 교역자회 사이의 갈등이 표면화된 것이다. 1990년 4월 3일 그리스도의교회 협의회 심의위원회가 총회에 가입한 회원들을 제명하였고, 4월 30일 〈환원〉지가 분리를 발표함으로써 유악기 그리스도의교회 연합조직의 분열이 고착되었다.

김찬영의 영향 아래 30년간 배출된 수백 명의 졸업생들은 교회 성장의 붐을 타고 교회를 개척하거나 기존 교회의 목회자가 되었으며, 이들을 돕기 위해 '교회 개척후원회'가 김찬영, 조동호, 김상호를 중심으로 조직되었다. 또 정부의 복지 시책에 따라 충남권 최초로 배출된 수많은 사회복지사들이 공무원이 되거나 각 기관에 진출하였다. 음악학과 졸업생들 역시 각자의 지역에 음악학원을 개설하여 학원장으로서 미래의 꿈나무들을 양성하였다. 다수의 졸업생들이 박사학위를 취득하고, 몇 사람은 정규 대학에 교수로 임명되었다.[114]

(4) 학교법인 동서학원

① 경남정보대학

1950년대 이후 부산에서는 그리스도의교회와 관련하여 2가지 원대한 꿈이 펼쳐지고 있었다. 하나는 한국인 장성만 목사가 펼친 교육 100년 대계(大計)의 꿈이었다. 그의 꿈은 오늘날 동서대학교, 경남정보대학, 부산디지털대학교로 실현되었다. 또 하나는 알렉스 빌즈가 펼친 기독교 라디오 극동방송국에의 꿈이었다. 비록 자금 부족으로 빌즈의 꿈은 실패로 끝났으나 그의 충만한 도전정신은 꿈을 가진 젊은 장성만 목사에게 큰 에너지로 작용하였다.

경남정보대학은 장성만 부부가 유학을 마치고 돌아와 리처드 래쉬 부부와 함께 1965년 2년제 대학 과정으로 출범시킨 영남기독교실업학교(Christian Worker's Training Institute)가 모태가 되었다. 래쉬와 장성만 두 사람은 이미 수년 전부터 강릉과 부산을 오가며 대학 설립의 꿈을 공유하고 있었다. 이 무렵 래쉬는 강릉 사역의 제한성과 두 딸의 교육 문제로 스트레스와 고민이 많았다.[115] 래쉬는 장성만

---

114) 김찬영 박사 체제에서 교장을 역임한 인물들은 김진문(1982~1984), 김찬영(1985~1991), 문원섭(1991~1994), 이충구(전 공주교육대 학장, 1994~1995), 박영배(직무대리, 1995~1996), 최찬규(직무대리, 1996~1997), 백형린(1997~1999) 순이었다.

115) *Flashes from the Lashes*, 20 November 1963: 1-4.

의 대학 설립의 꿈에서 돌파구를 마련한 셈이고, 장성만은 증원군을 얻은 셈이었다. 마침내 래쉬 가족은 1964년 사역지를 부산으로 옮겼다. 그리고 장성만 부부의 귀국을 기다리는 동안 대전의 한국성서신학교에 출강하였다.

래쉬와 장성만이 출범시킨 영남기독교실업학교의 처음은 미약하였다. 래쉬에 의하면, 1965년 1월 30일 토요일에 입학시험과 면접이 있었고, 20명 모집에 33명이 지원하였다. 31일 주일에 부산 시내 교회에서 특별감사예배가 드려졌고, 2월 1일 월요일에 개강예배가 있었다. 강의는 수요일 3일부터 시작되었다. 2일이 설날이었기 때문이었다. 수업 방식은 오전에는 신학교 커리큘럼과 유사한 과목들을 가르쳤고, 오후에는 농장에서 실습을 하였다. 농장의 첫 프로젝트는 돼지 사육이었다.[116]

영남기독교실업학교는 11월 부산시 동래군 사상면 주례리 냉정부락에 '알파 홀'(2층, 래쉬 기념관)의 건축기공식을 거행하고, 1966년 4월 이곳으로 학교를 이전하면서 교명을 '동서기독교실업학교'로 개명하였다. 초대 교장에 장성만, 교감에 래쉬가 취임하였다. 설립 허가를 얻기 위해 장성만은 서울과 부산을 무려 36번이나 왕복히였다. 1967년 첫 졸업식에서 입학생

영남기독교실업학교 건축 기공식(1965년 11월)

---

116) *Flashes from the Lashes*, 2 February 1965: 1-2.

19명 가운데 14명이 졸업하였다.

　장성만은 학교의 발전을 위해 1969년 8월 5일 미국에 들어가 6개월간 20개 주를 순방하며 도움을 호소한 결과 1969년 12월 재미 재단이사회를 구성할 수 있었고, 1970년 5월 정부로부터 학교법인 동서학원 설립 인가를, 12월 부산실업전문학교의 정식 인가를 받아냈다. 부산실업전문학교는 1971년 3월 1일 정식 개교하였고, 20대 1이 넘는 경쟁률을 보였다. 부산실업전문학교는 1977년 경남공업전문학교로, 1979년 경남공업전문대학으로, 그리고 오늘의 경남정보대학으로 개편되었다.[117]

(5) 기타 초·중등학교

　한국 그리스도의교회들과 관련된 첫 기독 학교는 요츠야 선교부의 김영배 전도자가 1930년대 인천에 세운 초등학교였다. 1937년 당시 학생이 149명, 교사가 3명이었다.[118] 1940년대 말 백낙중 목사가 서울 공덕동에 공민학교를 세워 운영하였고, 그곳에 공덕교회를 개척하였다.[119] 1952년 창현 함태영 목사가 충남 논산군 부적면 신교리 마을회관에서 복음공민중학교를 설립하여 운영하였다. 이춘식 목사가 이 학교를 인수하여 대명중학교로 발전시켰다. 함태영의 셋째 사위인 순동식은 이 학교가 배출한 그리스도의교회 목사이다.[120] 1954년 김광수 목사(장로)가 피난민촌이었던 충남

---

117) 장성만, "역경의 열매", 〈국민일보〉 2009년 4월 5일부터 5월 22일자.
118) "A Visit to Korea (Concluded)," *Tokyo Christian*, July 1937: 2.
119) John T. Chase, "Church Established During War by Korean Christians," *Christian Standard*, 23 July 1949: 467; "May I Introduce to You," *The Korean Messenger*, March 1949: 2.
120) 함동진, "창현 함태영 목사(1914.5.24.~1983.11.28.)," http://kccs.info/with_home/bbs/board.php?bo_table=person_in&wr_id=52&page=7; 조동호, 〈한국 그리스도의교회 이야기〉(2016), 337-345.

부여군 규암면 합송리 3구 마을 합송 그리스도의교회에 이신 목사의 후임으로 부임하여 성실고등공민학교를 세워 학생들을 가르쳤다. 5명의 목회자가 이곳에서 배출되었다.[121]

1950년대 후반 해롤드 테일러 선교사가 3개의 중학교에 도움을 주었다.[122] 두 학교는 필요한 도움을 줬고, 한 곳은 매월 75달러씩 지원하였다. 이 액수는 교사들 봉급의 절반이 조금 못되는 액수였다. 매월 지원했던 학교는 영광농축기술학교로 38선 근처 포천에 있었다. 테일러 선교사가 설립자였고, 박혁 목사가 교장이었다. 그곳에 박혁이 시무하는 그리스도의교회가 있었다. 이 학교는 학생 17명으로 시작되어 62명으로 늘었고, 대부분 남학생들이었다. 농업을 강조하는 중학교로 매일 성경을 가르쳤다. 이 학교 캠퍼스 안에 고등공민학교가 별도로 하나 더 있었다. 신갈에는 이기구 목사가 운영하는 배성중학교가 있었다. 금광을 운영하는 동서의 도움으로 교사를 건축하였지만, 5친 달러 정도의 빚 때문에 거의 필릴 뻔하였다. 졸업생들 가운데 서울성서신학교에 입학하기를 희망하는 이들이 있었으나 테일러는 입학을 거부하고 고등학교 개설을 권유하였다. 1957년 봄에 시작된 고등학교에 10명의 신입생들이 입학하였고, 그 가운데 7명이 신학교 지망생들이었다. 이 무렵 전교생의 숫자는 95명이었다. 서울 근교에 또 하나의 학교가 운영되었는데, 300여 명의 학생 대부분이 북에서 넘어온 피난민의 자녀였다. 난로도 없는 3개의 천막교실에서 수업이 이루어졌다.

1960년대에는 존 J. 힐 선교사가 후원한 학교들이 있었다. 논산

---

121) 앞의 책, 352-356.
122) "Middle Schools," *For Christ in Korea*, June 1956, 4; "Middle Schools-A Real Need," *For Christ in Korea*, June 1957: 4; "Your Middle School Needs You," *For Christ in Korea*, May 1959: 2, 4.

시 연무읍 에덴보육원의 설립자 노봉욱 장로가 미국 미시건 주립대학 철학과 교수로 정년퇴임한 로버트 스나이더(Robert M. Snyder) 박사의 지원을 받아 설립한 논산 순의도중학교(현 연무여자중학교), 양정식 목사가 운영한 경북 안동군 풍산면 상리 안동복음중학교, 임홍만 목사의 장호원기독중학교, 이리 맹아어린이학교 등이 힐의 도움을 받았던 학교들이었다.[123] 이들 가운데 두 곳이 자금 부족으로 문을 닫았지만, 힐의 선교 소식지와 버지니아 힐의 편지에 의하면,[124] 이들 선교사들은 수백 명의 가난한 청소년들에게 배움의 길을 열어 주기 위해 최선을 다하였다.

1975년 배도은 선교사가 이광고등공민학교를 인수하였고, 현재는 서울기독대학교 부설 자동차고등학교로 운영되고 있다. 1978년 김찬영 목사가 한성신학교 부설 한성고등기술학교를 설립하여 운영하다가, 1983년 한성신학교가 대학학력 인정교로 승격되면서 건물의 협소함 때문에 폐교되었다. 한성고등기술학교 출신들 중에서도 목사와 사모가 배출되었다.

3) 1960년 이후 그리스도의교회(무악기) 교육사업과 문서사업

(1) 그리스도대학교

그리스도대학교는 처음 '한국기독교학원'(Korea Christian Institute)이란 이름으로 1958년 4월 19일 서울 용산구 효창동 선교부 건물에서 최

---

123) 조동호, 《힐 요한 선교사》(계룡: 그리스도의교회 연구소, 2011), 18-19, 131-133.
124) *Christian Mission to South Korea: Virginia Hill - Missionary*, 20 July~20 November 1966, no date: 1-2; 14 October 1967: 1-4.

수열(Haskell Chesshir, 1916~2003) 선교사에 의해 시작되었다.[125] 아더 R. 홀튼(Arthur R. Holton, 1891~1964) 선교사와 동충모 또한 대학 설립에 기여하였다. 워싱턴 D.C. 소재 디캐쳐 그리스도의교회(무악기)의 후원을 받고 한국에 파송된 최수열은, 대학이 상도동의 임시 교사를 거쳐 화곡동에 땅을 구입하고 환원관 및 기숙사를 지을 때 테네시 주의 오터크릭 교회(Otter Creek Church of Christ)와 같은 미국 교회들의 후원을 받았다. 이후 1961년 대학 설립 사업을 원활히 추진하기 위해, 오터크릭 교회 중심으로 '한국기독교육재단'(KCEF)이 조직되었고, 이 재단이 대학 교육과 기타 선교사업에 재정 지원을 하였다. 최수열은 본 대학의 설립자이고, 동 재단의 초대원장은 홀튼이 맡았다.

'한국기독교학원'은 신학과, 사회사업학과, 종교교육학과 3개 학과가 있었다. 학교를 설립한 목적은 그리스도의교회(무악기, Churches of Christ)의 사역을 위한 전도자, 교사 및 한국

'한국기독교학원'의 최초 교사(환원관, 1963년)

사회의 발전을 위한 지도자를 양성하는 것이었다. 교훈은 디모데후서 2장 2절 "네가 많은 증인 앞에서 내게 들은 바를 충성된 사람들에게 부탁하라 그들이 또 다른 사람들을 가르칠 수 있으리라"였다.

현재 본 대학이 위치하고 있는 서울 강서구 화곡동 땅은 1960

---

125) 그리스도대학은 "1955년 봄 종로구 내수동교회 예배당에서 최수열(L. Haskell Chesshir)을 중심으로 이홍식, 동충모, 박선흠 등이 시작하여 1958년 4월 1일 마포구 효창동교회 예배당으로 이전한 후 4월 19일 한국기독교학원(Korea Christian Institute)으로 출발하였다." 서재룡, "한국 그리스도의교회 토종 전도자 이홍식," 10-11.

년 3월에 구입하였으며, 지금 도서관으로 사용하고 있는 환원관은 1963년 완공되었다. '한국기독교학원'은 1963년 미국에서 홀스타인 젖소 90여 마리를 들여와 당시 가난한 자와 폐병 환자들에게 우유를 제공하기 위해 파주 목장(KCC farms)을 운영하였다.

'한국기독교학원'은 1963년 '한국 그리스도의교회 신학교'로 교명을 변경하였으며, 3년 후에는 정부로부터 정식 신학교 인가를 받았다. 1965년 '학교법인 김포 그리스도의교회'를 설립하고 초대 이사장으로 김기순을 선임하였다. 1960년대는 많은 강의가 영어로 진행되었는데, 아시아권 선교를 염두에 두었고 또 상당수의 교수진이 선교사로 구성되어 있었기 때문이다. 이 시기에 대만, 태국, 싱가포르 등에서 온 유학생들이 있었다.

1970년대 '한국기독교학원'은 신학과와 별도의 성서과를 운영하였으며, 교육시설로 성서관(1973)을 완공하였다. 1973년 신학교가 정규 신학대학으로 승격되었고, 교명이 '그리스도신학대학'으로 변경되었다. 그러나 신학과 입학 정원으로 30명만 정식 인정을 받아 종교교육과와 사회사업학과는 폐과되었다. 초대 학장은 하딘(Daniel C. Hardin) 박사, 2대 학장은 이지호 박사였다. 점차 발전해 가던 대학이 큰 난관에 직면한 것은, 변화하는 교육환경에 따라 서울 캠퍼스를 지방(부산)으로 이전하려는 계획이 그리스도의교회 내부의 갈등으로 번지면서 1982년부터 6년 동안 임시 이사가 파견된 때였다. 이 시기 재단법인 한국 그리스도의교회 이사장 이흥식 전도자를 중심으로 교계는 전창선 목사, 기준서 전도자, 김진건 장로 등이 앞장서 대학 정상화(민선이사 구성)를 위해 투쟁하였다.

1988년 대학의 체제가 정상화되었으며, 5대 학장으로 기준서 박사가 취임하였다. 1990년 기숙사로 생활관이 건축되었으며, 1992년 보육교사 교육원이 개설되었다. 이 시기 미국 대학과의 학술교류협정이 맺어지면서 대학의 외연이 확대되었다.[126]

(2) 중등교육사업

1960년대 무악기 그리스도의교회는 교육사업에 힘을 쏟았다. 이때 초등학교나 공민학교 교육을 마친 경제적으로 어려운 아이들에게 중등교육의 기회를 주기 위해 서울에 효창고등공민학교(1964년 인가), 등촌고등공민학교(1962), 인천에 금성고등공민학교(1965), 경북 칠곡군 왜관읍에 명성고등공민학교를 설립하였다. 오늘날까지 남아 있는 학교는 등촌고등공민학교로서 현재의 등촌중학교가 그것이다. 비슷한 시기에 설립된 화곡유치원(1967)은 화곡동 지역이 본격적으로 개발되면서 명성 있는 유치원으로 자리 잡았다.[127]

(3) 문서사업

무악기 그리스도의교회에 교회와 전도자 수가 많아짐에 따라 행동의 일원화와 교역자 교양 및 주일학교 교사들의 교재와 교회 소식을 전하기 위해 문서사업이 필요하였다. 1956년 동충모가 중심이 되어 〈산돌〉 지를 발간하여 그리스도의교회에 비매품으로 배부하였다. 〈산돌〉 지의 내용은 주로 미국 그리스도의교회에서 발간된 교리문서를 번역한 것이었다.

---

[126] 정남수 외, "그리스도대학교," 《그리스도의교회들 운동 대사전(스톤-캠벨 운동 대사전)》 (서울: 대한기독교서회, 2015), 61-62.
[127] 김세복, 《한국 그리스도의교회 교회사(1930~1968)》(1969), 69-75.

이철선 선교사(1932~2012, William Allen Richardson Jr). 1955~1958년 미육군 초급장교로 한국 근무, 1958~1971년 한국 체류 선교 사역, 미국 테네시주 상하의원 역임

무악기 그리스도의교회의 문서사업은 1960년대 이철선 선교사에 의해 본격적으로 추진되었다. 이철선(William Allen Richardson, Jr.)은 동춘모의 사업을 이어받아 한국인 전도자 박선흠과 홀튼 그리고 최수열의 후원을 받아서 실무회의를 열어, 문서 활동의 목표를 명확히 세우고 체계적으로 발전시켰다. 결국 한국인 전도자들(박규현, 박선흠, 이영진)과 주한 미군 그리스도의교회 교인들의 후원으로 1962년 7월 월간지 〈그리스도의교회〉를 발간하고, 1964년 8월부터 동 월간지의 명칭을 〈참빛〉으로 변경하여 발간하였다. 〈참빛〉지는 매월 각 교회 소식을 전하는 신문의 역할과 함께 교리적인 사항을 깊이 기술하여 교계에 큰 영향을 주었다. 동 잡지는 성경통신교육원 졸업생 명단과 최일용의 시집을 내는 등 그리스도의교회 관련 사업들 간 수평적 네트워크 형성에 기여하였다.[128]

1961년 한국에 복음을 전파하려는 열정을 가지고 서울에 도착한 빌 램지(William Ramsey) 선교사는 1964년 7월 문서 전도 기관으로 '성경통신강좌'를 개설하였다. 처음에 교과과정은 보통과로, 신·구약 전체를 알기 쉽게 엮은 교재 30과와 〈교회란 무엇인가〉, 〈성경을 아는 길〉 등 주일학교 교재를 회원 추천서를 통해 전국에 무료로 배부하였다. 통신강좌에 대한 반응은 매우 뜨거워 불과 5개월 동안에 총 회원 수가 10,000여 명에 육박하였다. 1965년 여름부터 '성경통신강좌'는 '전국순회전도반'을 조직하여 각 도별로 파송하여 그

---
128) 앞의 책, 76-77.

동안 원거리에서 서신으로 교류하던 회원들을 직접 찾아가 신앙상담, 성경질문 등을 받고 손수 침수세례를 주었다. '성경통신강좌'의 인기는 증가하여, 1966년 12월말까지 총 회원 수 38,833명, 수료자 2,662명, 세례자 171명의 성과를 거두었다.

제1회 BCC동계대학 기념사진(원장 빌 램지, 교직원 및 수강생). 우편통신강좌로 '성경 연구'를 공부하던 학생들 가운데 24명이 1968년 2월 12일(월)부터 23(금)까지 개최된 동계대학에 참석하였다.

1967년 램지는 '성경통신강좌'의 이름을 '성경통신교육원'으로 변경하고, 교과과정도 보통과, 연구과, 신학과로 확대하였다. 또 직접 방문 또는 초청을 통해 성경 교육, 신앙 상담을 위한 전도반을 활발하게 운영하였다. 1967년 12월말까지 보통과 42,878명, 연구과 1,278명, 수료자 5,416명, 세례자 290명이었다. '성경통신교육원'은 '동계대학'을 개최하여 10일 동안 100여 시간의 강의와 훈련으로 구성된 집중교육과정을 운영하고, 연례행사로 수양회를 개최하였다. 또 〈성경 교육〉이란 신문을 발간하고, 연구 교재로 〈예수의 생애〉, 〈그리스도의 일생〉을 발간하였다.

1968년 시행한 '성경통신교육원' 연구과정의 회원 실태조사에 의하면, 연구과 학생 총수는 2,969명으로 그중 남학생이 2,355명, 여학생이 614명이었다. 학력을 보면 중학교 졸업자가 967명(33.3%)으로 가장 많고, 초등학교 졸업자가 938명으로 두 번째로 많고, 그 다음이 고등학교 졸업자로 175명이었다. 직업을 보면 농업이 906명으로 가장 많고, 두 번째가 학생, 세 번째가 교도소 수감자들이다. 도별로 보면 전북·전남 지역이 가장 많고, 충남이 두 번째로 많고, 제주도가 가장 적었다.[129]

---

129) 앞의 책, 78-85.

5.
한국 그리스도의교회의 사회사업

1) 그리스도의교회(유악기) 사회사업

(1) 선교사들의 복지 활동

1950년 시작된 6.25전쟁으로 생겨난 인명 피해는 심했다. 그중 6~10만에 달하는 전쟁고아들을 돌보는 일은 선교사들뿐 아니라 내국인 사역자들에게도 지상의 과제가 되었다. 전쟁 중에 또는 전후에 입국한 선교사들은 한국인 사역자들과 함께 선교사업의 일환으로 보육과 복지 사업에 뛰어들었다. 중공군의 개입으로 재차 일본으로 피신했던 존 J. 힐은 1951년 6월 18일 입국하여 부산에서 보육원을 시작하려고 했으나, 이승만 대통령의 영부인 프란체스카 여사로부터 서울서 시작하라는 권유를 받고 상경하였다. 그리고 8월 4일 송월동 선교부에 그리스도의교회 보육원(Christian Mission

Orphanage)을 설립하였다. 이후 힐은 장소 문제로 보육원을 부평으로 옮기고 1955년 7월 5일 한국을 떠날 때까지 부평 선교부보육원, 인천 그리스도의교회 보육원(1952년 8월 1일 설립), 대전 판암동 애생원(1950년대 초 설립), 대구 배성보육원(1952년 설립)의 설립과 유지에 도움을 주었다.[130]

1955년 11월 입국하여 존 T. 채이스와 존 J. 힐 선교사의 선교사업을 이어받은 해롤드 테일러는 부평보육원의 운영경비 모두를 책임지고, 대전 애생원도 직접 관리하였다. 애생원과 인천보육원의 경우 학비, 책값, 기성회비 등을 후원하였다. 하지만 부평보육원을 제외한 다른 보육원들의 경우, 재원 부족으로 선교부가 전적인 책임을 질 수가 없어 월드비전(World Vision)의 도움을 받도록 주선하였다.

1959년 재입국한 존 J. 힐은 동년 3월에 홍경채(홍응수)가 설립한 부산 성광원, 노봉욱 장로가 10월에 설립한 논산(연무) 에덴보육원, 인천 그리스도의교회 보육원에 지속적으로 후원금을 보냈다. 또 자신의 맏딸 버지니아가 대전 선교부에 1968년 설립한 대전보육원(Taejon Christian Orphanage)을 직접 관리하였다. 이밖에도 1950년대 전반기 충남 부여군 합송리교회에 구애보육원과[131] 1966년 최윤권 목사가 서울 도원동에 세운 지온보육원이 더 있었다.[132]

선교사들은 구호물자를 지원하였다. 힐이 쓴 "한국 그리스도의 교회 약사"(A Short History of the Churches of Christ in Korea)에 의하면, 도

---

130) John J. Hill, "John Hill Returns to Korea; Resumes Evangelistic Work," *Christian Standard*, 4 August 1951: 483; "Korean Officials Make Change in Orphanage Regulations," *Christian Standard*, 15 September 1951: 581; "A Short History of the Churches of Christ in Korea,"〈쎄메론〉제7호(1972). 참고: 노봉욱 편저, 《힐 요한 선교사의 한국 선교》(2006); 조동호, 《힐 요한 선교사》(2011), 71-82.
131) John J. Hill, "A Short History of the Churches of Christ in Korea."
132) 최윤권, 《내가 본 한국 그리스도의교회사》(2003), 63.

널드 캠포스라는 공군 병사가 송월동 선교부의 그리스도의교회 보육원을 방문한 직후 관련 기사를 써서 〈미네아폴리스 스타〉 지에 기고하였고, 그의 기사가 신문에 실린 후, 미국 전역의 교회들과 기관들 또는 시민들로부터 원생들을 위한 헌옷과 새옷 보따리 1천 개 이상이 홍수처럼 쏟아져 들어왔다. 힐은 이들 보따리를 선교부 건물 3층 넓은 다락에 쌓아두고, 틈틈이 분류하여 보육원들에 보내 주었다. 또 성인용 의류인 경우에는 그것들을 필요로 하는 목회자들과 교인들에게 나눠주었다. 힐이 한국을 떠난 1955년 말에는 테일러가 남은 옷 보따리를 물려받아 처리하였다. 테일러는 보육원들에 보낼 헌옷들을 1956년 여름부터 1년에 두 차례 10월과 4월에 보내기 시작하였다. 미국의 형제들에게도 이 시기에 맞추어 구호물품을 보내 줄 것을 매년 요청하였다. 10월에는 보내 주어야 보육원들이 겨울 채비를 할 수 있었기 때문이다.[133] 테일러는 이 옷들을 수선할 재봉틀도 보내 줄 것을 미국 교회들에 요청하였는데, 원생들의 숫자만큼 수선해야 할 옷이 많다 보니 재봉틀의 수명이 짧았던 것이다.[134]

다른 한편 선교사들의 관심은 구호 활동 외에 원생들의 신앙 교육에도 있었다. 테일러는 보육원생들에게 매주 1회 예배와 연 2회 성경학교를 개최하여 신앙인으로 성장할 수 있도록 도왔다.[135] 이로 인해 고등학교를 졸업하거나 만 18세가 되어 퇴원하는 원생들 중에 목회자가 되기를 소망하는 자들도 있었다. 실제로 서울성서

---

133) "Clothing," *For Christ in Korea*, June 1957: 1.
134) "Needed: A Sewing Machine," *For Christ in Korea*, October 1961: 4.
135) "These Little Ones," *For Christ in Korea*, May 1959: 3.

신학교에는 보육원 출신의 신학생이 여러 명 있었다.[136] 김은석 목사의 성경 통독 일지를 살펴보면, 김은석은 구애보육원, 대전 판암동 애생원, 부평보육원, 인천보육원 등을 방문 설교하였고, 종종 부흥집회도 인도하였다.[137]

(2) 부평보육원(1951~1988)

부평보육원은 존 J. 힐 선교사가 송월동 선교부에서 1951년 8월 4일 시작한 그리스도의교회 보육원을 부평에 옮긴 것으로 '기독교회선교부'가 모든 살림을 책임졌다. 송월동 선교부 그리스도의교회 보육원은 처음 19명의 고아들로 시작했는데, 곧이어 수용인원이 크게 늘어났다. 이에 힐은 성낙소 목사의 아들이었던 성수경과 최윤권 목사의 누이를 불러 돕도록 하였다. 후에 대전 판암동 고아원의 총무가 된 박중훈, 낸시홍, 안나, 안 여사, 김동수, 한길자, 요리사 신 여사 등이 동역하였다.

1953년 리라 톰슨(Lila Thompson, 사역 기간 1953~1956), 1954년 메리 반힐(Mary Barnhill, 사역 기간 1954~1955)이 입국하여 선교부가 운영하는 보육원들을 위해 헌신하였다. 특히 리라 톰슨은 부평보육원의 부지 매입과 건축을 책임지고 1956년까지 그곳에서 먹고 자며 헌신하였다.[138] 톰슨은 미군 중사 히람 힐러(Hiram Hiller)와 결혼한 후 1956년 3월 미국으로 돌아갔다. 2016년 평택으로 이전된 부평 미군기지의 미군 병사들은 1950~1960년대 인천, 부평, 부천에 세워진 보육원 원생들에게 많은 도움을 주었다.

---

136) "All About Orphans," *For Christ in Korea*, May 1960: 4.
137) 조동호, 《한국의 바울 김은석 목사》(2010), 103, 124-125, 166.
138) John J. Hill, "A Short History of the Churches of Christ in Korea."

테일러에 의하면, 1958년 10월 부평보육원 원생들이 원장에 반대하여 데모를 일으켰고, 그 수습책으로 설하운 목사가 원장으로 임명되었다. 이후 설하운은 이 보육원이 도내

부평보육원(1957년)

최고 보육시설 가운데 한 곳이라는 평가를 받아냈다.[139] 설하운은 신학생 때 선교부 신학교 관리과장으로 섬겼고, 구호의류를 보육원들과 목회자들에게 보내는 업무를 관장하였으며, 1957년 3월 서울성서신학교 졸업 후 도원동교회를 시무하던 중 부평보육원 원장 및 부평 그리스도의교회 담임자로 취임하였다.

(3) 부여 합송리교회 구애보육원

선교사들이 합송리교회의 구애보육원을 후원했거나 방문했다는 기록은 없다. 그러나 김은석 목사의 성경 통독 일지를 살펴보면 충남 부여군 합송리교회에 구애보육원이 있었던 것을 알 수 있다. 김은석은 구애보육원 원아실과 식당에서 1954년 3월 29일과 1955년 2월 17~18일(박근영 군과 김순식 자매 결혼식 주례)에 각각 성서를 통독하였다. 김광수 목사(장로)가 1954년 8월 7일 합송 그리스도의교회에 부임하여 1956년 12월 30일까지 섬겼으므로, 구애보육원은 이시 목사가 시무하고 있을 때 이곳 피난민촌에 세워진 것으로 추

---

139) "These Little Ones," *For Christ in Korea*, May 1959: 3.

정할 수 있다.[140] 존 J. 힐 선교사의 글과 주소록에 합송리교회와 구애보육원에 대한 언급이 없고 김은석 목사도 더 이상 언급하지 아니한 것은, 이곳이 그리스도의교회(무악기) 교역자회 소속으로 확정되었기 때문일 것이다.

(4) 대전 판암동 애생원(1951~1970)

대전 판암동 애생원(1959년)

대전 판암동 그리스도의교회의 애생원은 1950년대 초에 설립되었다.[141] 설립 후 1958년까지 송조순이 원장으로 섬겼다. 존 J. 힐에 의하면, 메리 반힐(Mary Barnhill, 사역 기간 1954~1955) 선교사가 1954년 입국하여 애생원에서 먹고 자며 헌신하였다. 그녀는 이곳 애생원에서 전염성 간염에 걸렸고, 송월동 선교부에서 요양하였다. 리라 톰슨이 부평보육원에서 돌아와 반힐을 간호하였는데, 그녀도 간염에 전염되고 말았다. 이 불행한 일로 반힐은 1955년에 출국하였고, 그해 선교부의 일을 돕기 위해 일본에서 건너온 제인 키넷(Jane Kinnett, 사역 기간 1955)도 반힐과 함께 미국으로 돌아갔다.[142]

1955년 말 '기독교회선교부'를 인수받은 테일러 선교사는 이신 목사와 함께 1956년 1월 27일(금) 애생원을 방문하여 설교하

---

140) 조동호, 《한국의 바울 김은석 목사》, 63, 85.
141) 앞의 책, 103, 124-125, 166.
142) John J. Hill, "A Short History of the Churches of Christ in Korea."

였고,[143] 1958년 5월 18일 주일에도 애생원을 방문하여 설교하였다.[144] 성경 통독 일지를 살펴보면, 1950년대 김은석 목사는 애생원을 종종 방문하여 예배와 부흥집회 때 설교하였다.

애생원은 '기독교회선교부'가 직접 관리하는 보육원이었다. 1958년 12월에 애생원에 심각한 문제가 발생하여 일간지에 기사화가 되고 법적 문제로까지 번졌다. 이에 테일러는 그 해결책으로, 전에 부평보육원에서 총무로 일하다가 일이 힘들어서 사임하고 서울에서 사진관을 운영하고 있던 박중훈 형제를 불러 원장에 취임시켰다. 테일러가 1960년 1월 11일 애생원을 다시 찾았을 때, 애생원은 월드비전의 도움으로 건물에 대한 담보권이 풀렸고, 새로운 이사진, 새로운 원장, 새 이름을 갖게 되어 마치 새로운 장소 같았다고 전하였다.[145]

(5) 인천 그리스도의교회 보육원(1952~현재)

인천 그리스도의교회 보육원은 1952년 8월 1일 이종만 목사에 의해서 인천시 남구 학익동 377번지에서 시작되었다. 1954년 경기도에서 '인천보육원'이란 이름으로 시설 설립 인가를 받고, 1958년 사회복지법인 인천보육원 인가를 받았다. 이후 인천보육원은 1976년 현재의 자리인 인천시 학익동 99-1번지로 이전하였다.

존 J. 힐 선교사에 의하면, 이종만은 힐이 선교부에 보육원을 시작한 이듬해에 힐을 찾아가 인천에 보육원을 세울 수 있도록 도와

---

[143] "To the Far Corners," *For Christ in Korea*, June 1956: 2.
[144] "Daily Doings," *For Christ in Korea*, August 1958: 2.
[145] "These Little Ones," *For Christ in Korea*, May 1959: 3; "Taejon Orphanage," *For Christ in Korea*, February 1960: 4.

달라고 요청하였다. 이종만은 그 무렵 이미 500명이 넘는 고아들을 거느리고 있었는데, 낡은 2층 학교건물(현 인하대학교 운동장)에 아이들을 수용한 상태였다. 힐 선교사가 은퇴한 1972년 90여 명의 원생이 인천보육원에서 생활하였다. 김은석 목사의 성경 통독 일지를 살펴보면, 김은석은 1957년 한 해 동안에 이종만 목사가 운영하는 인천 학익동 그리스도의교회 보육원에 대해 두 차례 이상 언급하고, 1957년 3월 23~24일(토~일)에는 "오양균, 김규제, 김규성, 삼 아(兒)"를 맡기려고 보육원을 방문하였다.[146]

인천 그리스도의교회 보육원(1955년)

이종만은 이 보육원뿐 아니라 숭의 그리스도의교회를 개척한 1950~1970년대 한국 그리스도의교회들의 산 증인들 가운데 한 사람이다. 이종만은 힐 선교사가 세운 한국성서신학교의 이사를 오랜 기간 역임하였고, 1964년 조직된 대한기독교신학교 설립협의회(Korea Christian College Planning Association) 위원의 한 사람이었으며, 교단의 중진이었다. 이종만은 1970년대 말 미국에 이민하여 한인교회를 담임하였다.

이종만이 인천보육원을 운영할 수 없게 되어 그의 후임을 물색할 당시, 인천시 담당 교육원이 타 보육원의 총무로 있던 김영길의 청렴성, 정직성, 운영능력을 보고 인천보육원의 인수를 건의하였

---

146) 조동호, 《한국의 바울 김은석 목사》, 142.

다. 그러나 당시 김영길 총무는 보육원을 인수할 자금이 전혀 없었다. 그럼에도 불구하고 이종만은 김영길의 성품과 능력을 인정하여 1980년 10월 인천보육원을 무상 양도하였고, 김영길은 동년 12월 원장에 취임하였다.[147]

원장 취임 후 김영길은 과거 외국의 원조와 후원 활동에 의존하던 경영기법을 탈피하고자 1984년 9월 인천 후원회, 1993년 1월 서울 후원회, 1994년 11월 개별 후원회를 각각 발족시켰는데, 이 후원회가 1,500여 명의 후원회로 발전되었다. 이를 계기로 보육원의 의식주에 대한 지원이 점차 교육, 건강, 취업, 결혼 프로그램에 대한 지원으로 확대되었다. 2001년 3월 10일 사회복지법인 인천보육원의 명칭이 사회복지법인 일현으로 변경되었다.[148]

(6) 논산 에덴보육원(1959~현재)

논산(연무) 에덴보육원은 1959년 10월 15일 노봉욱 장로에 의해서 시작되었다. 1963년 11월 재단법인 에덴영아원 설립 인가를 받아 1964년 2월 영아 시설 에덴영아원이 설립되었다. 1973년 6월 사회복지법인 에덴원으로 법인 명칭과 정관(사업 목적)을 변경하여, 영아 시설을 해체하고 유아 시설인 에덴보육원 설립 인가

에덴 보육원(1960년대)

---

147) 사회복지법인 일현 인천보육원 및 관련 기사: http://www.icch.or.kr, [게시 2018년 1월 24일]
148) 앞의 기사.

를 받았다.[149]

(7) 대전 버지니아보육원(1966~1978)

버지니아 힐은 존 J. 힐 선교사의 딸로서 미국에서 대학을 마치고 1966년 8월 29일 '한국크리스챤밋숀'의 선교사로서 입국하였다. 그녀는 1968년 4월 22일 논산 에덴보육원으로부터 인수받은 15명의 고아와 당진에서 온 2명의 남자아이로 대전 크리스천 보육원(Taejon Christian Orphanage)을 개원하였다.[150] 보육원을 개원한 지 1년 만에 원생이 23명으로 늘어났다. 보육원은 세계보건기구 공무원인 엘리자베스 멈이 세 들어 거주하던 선교센터 1층에서 시작되어, 로버트 스나이더 박사의 기금으로 한국성서신학교 교정에 건축된 단층 슬래브 벽돌 건물에 입주하였다.

대전 버지니아보육원(1960년대 말)

안식년을 가진 힐 선교사 내외와 함께 1969년 5월 30일 미국으로 돌아간 버지니아는 1971년 하비 벤두어(Harvey Bendure)와 결혼하여 3명의 딸을 키우면서 한동안 대전보육원의 후원금을 관리하는 현지 에이전트로 수고하였다. 버지니아의 후임으로는 10개월 체류 예정으로 내한한 부흥목사 조 가맨(Joe R. Garman)의 부인 린다(Linda)가 수고하였고, 폴 코모(Paul Comeaux, 1969~1970)가 그들을 도왔다. 힐 부부가 안식년을 끝내고 돌

---

149) 노봉욱, 《나는 돈복보다 일복이 좋다》(서울: 좋은땅, 2012), 147.
150) *Christian Mission to South Korea: Virginia Hill - Missionary*, January~June 1968, no date: 1-2.

아와 1972년 은퇴할 때까지 보육원을 관리하였다. 이후 김찬영 목사와 부인 패츄리사가 원장을 맡았고, 클라우디아 라자라시(Claudia Lazzereschi, 사역 기간 1974~1978)가 내한하여 이들 부부를 도왔다. 1972년까지 남은 원생이 14명이었는데, 6명이 미국에 입양되었고, 4명(2남 2녀)은 가출하였으며, 나머지 4명(2남 2녀)은 김찬영 부부가 입양하였다.[151]

(8) 대구 배성보육원

대구 배성보육원은 1952년에 설립되어 존 J. 힐 선교사로부터 지원을 받았으나 후속 이야기를 찾을 수 없어 폐쇄된 것으로 추정된다.

(9) 부산 성광원(1959~현재)

부산 성광원은 홍응수(홍경채, 1929~1992) 여사에 의해 1959년 3월에 설립되어, 1960년 12월 재단법인 성광원 설립 허가를 취득하고, 1961년 6월 육아시설 성광원의 시설 허가를 취득하였다. 1971년 11

부산 성광원(1960년대)

월 성광원은 사회복지법인으로 법인을 변경하였으며, 이듬해 2월 원사를 부산시 북구 금곡동 1192번지(대지 600평, 건평 200평)로 이전하였다. 성광원은 이 기간에 존 J. 힐 선교사로부터 도움을 받았고, 로버트 스나이더 박사가 성광원의 법인 설립을 지원하였다.

---

151) *Christian Mission to South Korea*, 30 April 1969: 1-3; 노봉욱 편저, 《힐 요한 선교사의 한국선교》, 12, 100-101.

이어 1988년 6월 사회복지법인 성광복지개발원으로 법인의 명칭을 변경하고, 다시 이듬해 1989년 2월 법인의 명칭을 사회복지법인 동서사회문화원으로 변경하였다. 그리고 3월 해운대종합사회복지관의 시설인가를 받았으며, 12월 해운대종합사회복지관 아동 청소년관 부관을 준공하였다. 홍응수 여사는 1959년부터 6.25전쟁으로 가정을 잃은 고아들과 30년간 동고동락하다가 1992년 1월 11일 소천하였다.[152]

(10) 서울 지온보육원(1966~현재)

지온 보육원(2010년경)

지온보육원은 1966년 최윤권의 첫 목회지 도원동교회에 출석하는 정신장애 여성의 자녀 4명으로 시작되었다. 설립 이후 민지온 여사가 1981년 사망할 때까지 원장을 맡았고, 민 여사가 사망한 직후 최윤권이 원장을 맡다가, 현재는 박국자 여사가 원장을 맡고 있다. 1982년 논산 에덴보육원과 함께 법인을 설립하였으나, 1995년 독립하여 사회복지법인 '그리스도의 집'이 되어 최윤권이 이사장으로 취임하였다.[153] 지온보육원은 처음 효창동 대한기독교신학교 캠퍼스에서 시작되어 강서구 개화동 325-11번지에 건물을 지어 이전하였다. 지온보육원의

---

152) "사회복지법인 인천(仁泉)사회사업재단," http://www.saem.or.kr/company/history, [게시 2018년 1월 24일]
153) 최윤권,《내가 본 한국 그리스도의교회사》, 64.

자리는 행주대교 근교로 수풀이 많은 곳이라 그곳에서 수차례 그리스도의교회 교역자회와 청소년 캠프가 개최되었다.

2) 그리스도의교회(무악기) 사회사업

(1) 성지모자원

1954년 7월 부산 초량 그리스도의교회 교인들이 헌금을 모아 천막 3개를 구입하여 감천동에 가설하고, 승리모자원(Victory Widows & Children Home)이라는 간판을 내걸고, 전쟁 미망인들과 고아들을 돌보는 사업을 시작했다. 승리모자원은 1959년 미국 워싱턴 D.C. 그리스도

1953년 개원한 승리모자원의 최초의 모습(상좌)과 구호품을 받고 즐거워하는 승리모자원의 어린이들 (상우). 1960년 5월에 연지동으로 이주한 모자원 (1999년의 모습, 하)

교회의 지원을 받아 부산시 부산진구 연지동에 대지 1,501평을 구입하고, 선교부의 재정과 구호단체의 도움으로 단층 아파트 형식의 수용 시설을 완공하여, 미망인과 직계가족 28세대를 입주시켰다. 그리고 명칭을 '성지모자원'으로 변경하고, 1961년 그 재단법인을 그리스도의교회 선교부에 합병시켰다. 국가의 아동복지법 규정에 의해 이 기관은 최고 2년간 수용되어 도움을 받고 나가는 사람들에게 복음을 전할 수 있는 역할과 자립의 기회를 제공하였다. 또 수용 아동들의 반수 이상이 기독교선명회를 통하여 외국인 양친이

정해져서 학비를 도움받았다. 1960년대 후반 당시, 운영은 국가로부터 약간의 재정 보조, 그리스도의교회 선교부의 시설 보조 및 기독교선명회의 교육비로 충당하였다. 모자원에 입주한 미망인은 직장생활이나 행상을 하면서 주일에는 모두 성지동 그리스도의교회에 출석하여 복음을 들었다.[154]

(2) 구호부

김세복과 김동성이 공동으로 구호 사업을 시작했는데, 처음에는 한강 밑에 사는 극빈자를 대상으로 시작하였다. 1961년 이철선 선교사와 파수리 선교사가 공동으로 재정적 책임을 지고, 경기도 김포군 양동면 등촌동에 지은 인쇄소 건물의 후문 쪽 빈방을 구호부로 사용했다. 그러다가 1965년 하딩 대학(Harding College) 학생들이 캠페인을 왔을 때, 시드니 알렌(Sidney N. Allen) 선교사가 모금한 금액으로 학생들과 하딩 대학생들이 힘을 합하여 흙벽돌을 구워 구호부 건물을 갖게 되었다. 첫 전략은 가능한 한 구호 의료품과 쌀을 활용하는 것이었으나, 1966년부터는 가난한 사람들에게 구호품을 나누어주는 동시에 복음을 전하고 격려하여 전도하는 데 힘을 기울였다. 마침내 1967년 7월부터 1969년까지 134명이 이 전략을 통해 세례를 받았다.[155]

(3) 학교 농장 및 목장

학교 농장과 목장은, 1963년 6월 시드니 알렌 선교사가 미국 캘

---

154) 김세복, 《한국 그리스도의교회 교회사(1930~1968)》, 86-88.
155) 앞의 책, 89.

리포니아 주 모데스토 목장으로부터 젖소 92마리를 한국에 들여와 한국인들과 함께 사육하면서부터 시작되었다. 제2차 세계대전과 6.25전쟁 후 경제적으로 피폐해진 1960년대, 한국에 경제 자립이 절실히 요구된 시기에 시작된 이 농장과 목장 사업은 도움이 필요한 자들에게 무상으로 공여하는 성경 원리를 실천하는 것 외에, 사람들의 책임감과 근면성을 배양하여 한국인을 자립적 민족으로 세우고, 선진적인 농업을 통해 한국의 배고픔과 질병, 가난을 퇴치하는 것을 목적으로 하였다.[156]

목장은 처음에 한국기독교대학 본관 남서쪽 1,000미터 지점에 있었지만, 1964년 캘리포니아 목장으로부터 젖소 20마리를 다시 인수하자 공간이 부족하여, 경기도 일산 홀트 해외양자회의 대지를 10년간 임대하고 그곳에 외양간을 짓고 일부를 옮기게 되었다. 1967년 경기도 파주군에 농사와 목장을 위하여 대지 5만 평을 구입하여 목장을 이전하였다. 또 미국 교회의 연보로 모금된 금액으로 4대의 중장비와 트랙터를 구입하였다. 이 학교 목장(KCC Farms)은 앓는 자 및 가난한 자에게 우유를 무상으로 배급하고, 많은 젖소 사육자들에게 암소를 공여하며, 봉사와 원조 및 농업의 선진화, 학교와 교회 건물에 대한 현금 지원 등 한국사회와 농업, 그리스도의교회와 한국기독교대학 등의 발전에 기여하였다.[157]

한국 그리스도의교회는 복지 사업과 농장 외에 의료 사업으로 김포진료소(1963~1966)를 운영하였다.[158]

---

156) 앞의 책, 90-94.
157) 다윗 굴스비, "KCC 농장의 현상과 장래," 〈참빛〉(1969. 3), 22.
158) 김세복, 《한국 그리스도의교회 교회사(1930~1968)》, 95.

6.
한국 그리스도의교회의
연합 조직과 환원·일치 선언

1) 한국 그리스도의교회 연합회의 형성

한국 그리스도의교회 최초의 전국적 조직은 6.25전쟁 중인 1951년 전라남도 광주에서 결성된 '한국 그리스도의교회 교역자회'이다.[159] 이 모임에서 장주열, 최요한, 김재순, 창현 함태영, 이신(이만수), 김동열이 김은석 목사의 주례로 목사 안수를 받았다. 교역자회 조직은, 당시 개교회의 자치를 권장하고 비교파주의 플랜을 시도하며 조직 구성을 훼방하는 선교사들에 맞서, 김은석 목사의 영향권 아래 있던 충청 이남 지역의 지도자들이 주도하였다. 초창기 교역자회는 지방별 모임을 갖고 교역자 상호간 목회 정보 교환, 친목 도모, 목사 안수식을 거행하는 것 외에 교파교회들과 교류하는 방

---
159) 최재운, 《한국 그리스도의교회사》, 82.

안을 논의하였다.

충청 이남 지역에 기반을 둔 김은석과 이신 등은 성령운동을 하는 목회자들인 데다가 선교사들(채이스, 힐, 테일러)의 영향을 거의 받지 아니한, 자생적이고 토착적인 그리스도의교회 목회자임을 자긍하는 자들이었다. 그들은 채이스를 만나 교류한 적이 없고, 1947~1948년 사이에 미 공군 군목 할 마틴, 1949년 이후 존 J. 힐, 그리고 1956년 이후부터는 해롤드 테일러와 집회 때 또는 도움을 청하려고 갔을 때 얼굴을 보는 정도였다. 그러므로 그들은 선교사들의 지시를 받는 데 익숙하지 않았고, 오히려 어떤 면에서는 배타적이었다. 이들은 자신들이 신화신학 성경연구회에서 가르치는 것과 서울성서신학교에서 가르치는 것 사이에 교리적으로 일치하지 않는 것이 있다는 사실에도 불편해했다. 1950년대 초 이런 불편을 참지 못하여 정찬성 목사, 김상호 목사(오산리금식기도원 주임목사로 섬김), 최요한 목사(몇 년 후 돌아와 목포 그리스도의교회를 세움), 김교인 장로(부강교회 창립멤버, 함평 석성리 신생교회를 순복음교회로 바꿈) 등이 그리스도의교회를 떠나 순복음교회로 넘어갔다.

반면 비교파주의 플랜을 시도한 테일러 선교사는 '한국 그리스도의교회 교역자회' 조직을 매우 불편해했다. 테일러는 말하기를, 1956년 8월 목회자 대회(수련회)가 소집되었는데, 교단을 장악하려는 한 그룹이 새로운 조직을 만들었고 선교사들을 배척했다고 하였다. 목회자 대회 후에 테일러가 들은 이야기는, "만약 테일러가 우리와 함께 일하기를 원한다면, 기금과 물자를 우리에게 넘겨 우리가 그것들을 배분할 수 있게 해야 한다. 또 신학교 운영도 우리에게 맡겨야 한다"는 것이었다. 1955년 12월 누군가가 테일러에게

"우리는 당신의 가르침을 원치 않는다. 우리는 단지 당신의 돈을 원할 뿐이다"라고 말했다. 테일러는 이 요청을 거절하였고, 이후 그들의 조직, 곧 총회장, 부총회장, 총무, 회계, 목사안수위원회, 목사심의위원회 등이 적힌 계획서를 보았다. 이후 테일러는 전국의 교회들에게 편지를 보내 그 같은 조직은 신약성서의 가르침에 위배된다는 점을 분명히 밝혔다. 그 결과 소수의 교회들만 그 조직에 가입하였고, 나중에 10여 개 교회가 탈퇴하였다.[160)]

한편 김은석 목사는 선교사가 주도하는 연합 집회들에 대해서 불편해했다. 1957년 8월 30일(금)자 메모에서 "이번 집회는 진행해 가기가 극난인 것인데 지금 전쟁 중입니다. 이유는 선교사 주최라 함이다", 8월 31일(토)자 메모에서는 "지금 내 마음이 민망한 것은 선교사들에[의] 행사가 불이[의]함으로 동참 아니하려는 마음을 가지는데 몇 분은 같이하자 하고, 어떤 분은 곧 그만두자 함이라. 그런 고로 내 마음은 복잡함을 금할 수 없으며, 알고 보며[면] 부족함은 누구에도 있습니다"라고 적었다. 9월 1일자 메모에서는 "금번 목포에 도착하여 있음은 8월 27일부터 9월 4일까지 전남 전도자 수양회 중에 강사로 옴이다", 또 9월 2일(월)자 메모에서는 "금번 목포 모임은 테일러 선교[사]가 주최로 전남 교역자 수양회"라고 적었다.[161)]

테일러 선교사와 내국인 사역자들 사이의 이견 또는 내국인들의 반선교사 정서의 원인에는 크게 두 가지가 있었다.

첫째, 테일러는 모든 일에 주도권을 쥐고 토착문화와 정황을 고려하지 아니한 채 후원 방식에서 미국식 정책으로 몰아가려는 태

---

160) "One Year in Korea," *For Christ in Korea*, February 1957: 1; June 1957: 1.
161) 조동호, 《한국의 바울 김은석 목사》(계룡: 그리스도의교회 연구소, 2010), 157-158.

도를 취하였다. 그는 이전의 존 T. 채이스와 존 J. 힐 선교사가 취했던 방식, 곧 도움이 필요한 목회자들과 교회들에게 매월 후원금을 주던 방식을 폐지하고, 꼭 필요한 경우에만 기한을 정해서 일시적으로 혹은 단회적으로 후원하는 방식을 취하였다.

둘째, 서울성서신학교와 신화신학 성경연구회 사이의 이견은, 이미 테일러가 한국에 들어오기 이전, 1950년대 초 존 J. 힐 선교사 때부터 있어 왔다. 이견의 핵심은 성령론이었고, 교단 조직의 필요성에 대한 것이었다.

충청 이남 지역에 세워진 대부분의 교회들은 선교사들의 영향으로 세워진 교회들이 아니라 성령의 카리스마를 강조하는 김은석, 이신, 최요한의 영향 하에 세워진 교회들이었다. 선교사의 영향력이 약할 수밖에 없는 이유가 여기에 있었다. 그들에게 필요한 것은 선교사의 돈이었지 가르침은 아니었다는 말이 이런 배경에서 나온 것이다. 그들은 조직의 필요성을 강하게 느끼고 있었고, 신화신학 성경연구회를 통해 목회자들을 양육하고 있었기 때문에, 자신들이 서울성서신학교를 운영하면 그리스도의교회를 발전시킬 수 있을 것이라고 믿었다. 실제로 그들은 충청 이남 지역에서 괄목할 만한 성장을 주도하고 있었다.

1959년 제1회 그리스도의교회 연합회가 개최되었다. 이 모임에 성낙소, 심영진, 장성만, 최요열, 이신 등 다수가 참석하였다. 이후의 연합회는 한국에 재입국한 존 J. 힐가 대전을 중심으로 이루어졌다. 테일러는 영향력이 매우 미미했기 때문이다. 당시 테일러는 새로 매입한 서울 역촌동 부지에 서울성서신학교 캠퍼스를 조성하

제1회 그리스도교회 연합회(1959년). 성낙소(앞줄), 심영진, 장성만, 최요열, 이신(뒷줄)이 함께하였다.

는 일에 분주했다. 게다가 그는 충청 이남권에서는 물론 수도권에서조차 일부 선교사, 내국인 사역자, 심지어 자신이 주선하여 링컨 기독대학에 유학을 보낸 지도자들로부터도 지지를 받지 못했다.

1961년 8월 17일 부강교회에서 그리스도의교회 연합회가 개최되었으며, 주제는 '신약교회로의 환원'이었다. 이 모임에 존 J. 힐, 장성만, 박재관, 김동열, 이종만, 정인소 (박사), 심영진, 이신, 장주열, 성낙소, 안일승, 김성철, 김찬영, 고재윤, 현정규 등이 참석하였다.

1961년 8월 17일 부강교회에서 개최된 그리스도의교회 연합회

1962년에는 신탄진 천막에서 그리스도의교회 연합회가 개최되었고, 1960년대 중반에는 한국성서신학교에서 여러 차례 그리스도의교회 연합회가 개최되었다. 이 모임에 딕 래시, 존 J. 힐, 최용

그리스도의교회 연합회(1962년 신탄진). 앞줄 우측부터 심영진 목사, 최요열 목사 부부, 이종만, 뒷줄 우측부터 존 J. 힐 선교사, 한 사람 건너 임춘봉 목사, 정인소 박사, 성낙소 목사, 이신 목사, 고광석 목사, 장주열 목사

호, 제인 힐, 김중현, 고광석, 천명화, 장주열, 노봉욱, 임춘봉, 장성만, 최요한, 조규석, 이종만, 안일승 등이 참석하였다.[162]

1970년대에는 교역자회의 활동이 강화되어 이신을 중심으로 개 교회들의 유기적 관계가 중시되면서 이름이 '한국그리스도의교회 연합회'로 개칭되었다. 동 연합회는 1974년 〈한국 그리스도교회 선언〉(1974)을 발표하고 이를 지지하는 '연합 총회' 측(1973년 대전에서 김찬영과 김규상을 중심으로 구성된 연합회)과 연합했으나, 이에 반대하는 '한국 그리스도의교회 교역자회' 측(1975년 최윤권의 주도 아래 구성된 연합회)과 연합하는 데 실패했다. 이후 그리스도의교회는 이 세 연합회 지도자들 사이에 일어난 교권 투쟁으로 진통의 시간을 겪다가 1978년 외형적으로 성장하고 형식을 갖춘 현재의 그리스도교의교회 협의회(유악기)로 정착하였다. 그러나 동 그리스도교의교회 협의회는 1990년 2월 12일 다시 '그리스도의교회 협의회'와 '그리스도의교회 총회'로 나뉘었다.[163]

그리스도교의교회 협의회가 전국 개교회들 간 교제와 친목을 위해 거행하는 주요 행사는 2년 단위로 개최하는 전국그리스도인대회이다. 전국그리스도인대회는 1984년 첫 대회가 열린 이후 매년 1,000여 명 이상이 참가하는, 그리스도교의교회 주요 행사로 정착되었다.

---

162) 조동호, 《힐 요한 선교사》(2011), 90-93.
163) 1989년 9월에 대전에서 개최된 54차 협의회 총회에서 출신 학교 간의 갈등이 표면화되었다. 1990년 2월에 유성 경하장에 모인 한성교역자회는 "그리스도의교회 총회"를 창립하였다. 장성우, "한국 그리스도의교회의 환원운동의 과거와 현재와 미래," 〈그리스도의교회 총회회보〉(1990. 7).

2) 그리스도교의교회의 환원·일치 선언

1970년대 이후 한국 그리스도교의교회 협의회의 환원과 일치를 위한 선언이 몇 차례에 걸쳐서 나왔다. 그러나 이들 선언이 교단 안팎, 한국 기독교계에 미친 영향은 크지 않았다. 그럼에도 불구하고 이 같은 선언들은 중요한 시기마다 한국 그리스도의교회 협의회 목회자들에게 그들의 신학적 정체성과 환원운동의 두 가지 이상(理想), 즉 '환원'과 '일치'의 정신을 재고시키는 역할을 감당하였다.

(1) 한국 그리스도의교회 선언: 유악기 그리스도교의교회의 토착화

1970년대 이후 한국 그리스도의교회 환원과 일치를 위한 선언 중 첫 중요한 선언은 〈한국 그리스도의교회 선언〉이다.[164] 이 선언은 유악기 그리스도교의교회를 주도하고 있는 한국인 지도자들을 중심으로 연대한 그룹들의 연합 활동을 모색하는 과정에서 나왔다. 그리고 1974년 3월 25일 서울교회 이신, 동막교회 김철수, 서울교회 김영원, 신촌교회 김태수, 부산교회 이명휴, 소수교회 김길홍, 안동교회 양정식, 진영교회 김육진, 희망촌교회 김정만, 소수교회 김상식, 원주교회 김용웅, 부산교회 장성만 등에 의해 '한국 그리스도의교회 연합회' 이름으로 공동으로 발표되었다.

이 선언의 특징은, 앞에서 언급된 그리스도의교회(유악기) 선교사들과 충청 이남 지역 교회 지도자들 사이에 나타났던 갈등의 요인

---

164) "〈한국 그리스도의교회 선언〉 전문," http://kccs.info(환원역사 문서자료 게시판), [게시 2018년 1월 24일]

을 이신 목사가 주축이 되어 문서화한 데 있다. 이 선언은 (해롤드 테일러와 같은 선교사들이 전한) 미국 그리스도교회의 환원운동이 한국문화와 토양이란 몸에 잘 어울리지 않는 옷이란 점을 지적하면서 첫째, 토착화된 한국적 그리스도의교회의 당위성, 둘째, 연합적 조직체의 필요성, 셋째, 성령운동의 절감을 피력하면서 다음과 같이 결의를 표명하였다.

1. 우리는 '한국 그리스도의교회'가 한국인에게 들려주신 예수 그리스도의 복음에 대한 한국인의 자각 있는 신앙과 이해에 의해서 세워져야 할 것을 믿는다.
1. 우리는 '한국 그리스도의교회'가 하나님의 영감에 의해서 기록된 신·구약성서의 말씀에 기준해서 신앙하며 또 그 말씀에 기준해서 교회가 세워져야 할 것을 믿는다.
1. 우리는 '한국 그리스도의교회'가 성시에 계시된 신앙의 내용의 충실을 기할 뿐 아니라 그 내용을 담은 그릇인 양식과 표현도 성서적이어야 한다고 믿는다.
1. 우리는 한국인의 자각으로 이해하는 기독교 신앙과 교회의 형태에 대해서 어떤 외국인의 독자적 신앙이나 교회 형태가 한국인의 신앙적 결단을 무시하고 간섭할 수 없음을 믿는다. 그러나 외국인의 독자적 신앙과 교회에 대해서 성서에 위배되지 않는 한 이를 존중하며 또 우호적이어야 한다고 믿는다.
1. 우리는 한국인의 자각으로 이해한 성서적 교회가 그 권위와 질서를 유지하기 위하여 전체 교회의 유기적 통일성을 기하는 성서적 조직체가 있어야 할 것을 믿는다.

1. 우리는 한국인의 신앙적인 자각에서 세워진 '한국 그리스도의 교회'가 '그리스도의 몸'으로서의 유기적인 조직을 갖고 이의 원활한 운영을 도모하기 위하여 각 교회의 구체적 헌신과 협력이 요청되는데 이는 각 교회의 전체 헌금 중 십일조를 교회의 연합체에 드림으로 이에 충당할 것을 결심한다.

1. 우리는 '한국 그리스도의교회'의 건실한 발전을 위해서 같이 기도하며 우리의 총력을 기울여 이를 받들며 사랑으로 굳게 단결할 것을 다짐한다.

이신 그룹의 그리스도의교회 연합회가 작성하여 발표한 이 선언을 '연합총회' 측(김찬영과 김규상을 중심으로 구성된 연합회)이 지지하고, '한국 그리스도의교회 교역자회' 측(최윤권의 주도 아래 구성된 연합회)이 반대하였다는 사실은, '연합총회' 측과 '한국 그리스도의교회 교역자회' 측의 신학적 입장을 다음과 같이 추론할 수 있게 한다. '연합총회' 측은 자생적인 한국 그리스도의교회의 토착화, 단일화된 연합 조직, 성령 체험의 필요성을 공유한다. 반면 '한국 그리스도의교회 교역자회' 측은 미국 그리스도의교회(유악기)의 전통, 특히 연합 조직을 인정하지 않는 보수적 전통을 지지한다.

(2) 유악기와 무악기 그리스도의교회의 통합 취지문

1954년 유악기와 무악기 그리스도의교회의 통합 실패 이후 30여 년이 지난 1983년 3월 14~15일 무악기 측 '그리스도의교회 교역자협의회'와 유악기 측 '그리스도의교회 협의회'가 '그리스도의교회 통합추진위원회'란 이름으로 서울 영동 유스호텔에 모여 합의하에 통합을 선언하였다. 그러나 3개월이 지난 6월 17일 구 '그리스도의교회 교역자협의회' 소속 45개 교회 교역자 30여 명이 서울 강서 그리스도의교회당에 모여 해체된 '그리스도의교회 교역자협의회'를 재구성하고, 동월 27일 '그리스도의교회 한국교역자회' 이름으로 통합 반대 취지문을 발표하였다. 무악기 측 교역자들로서 통합 협의회에 잔류한 교역자들은 구 '그리스도의교회 교역자협의회' 회장 임낙풍 목사를 포함하여 22명이었다. 이들 가운데 일부는 나중에 다시 '그리스도의교회 한국교역자회'로 복귀하였다. 다음은 '유무악기 통합 취지문'과 '유무악기 통합 반대 취지문' 전문이다.

〈유무악기 통합 취지문〉

우리는 그리스도께서 세우신 교회는 오직 하나뿐임을 믿으며 그리스도의 몸 된 교회는 어떠한 형태로든지 나뉘는 것을 원치 않는다.

우리는 한국의 그리스도의교회가 악기 문제 등으로 서로 나뉘어 있었음을 심히 유감스럽게 여겨 오던 중 이제 둘이 합하여 하나가 됨을 만천하에 선언한다.

우리는 170여 년 전에 미국에서 캠벨 부자, 발톤 W. 스톤 등 환원운동의 선각자들이 무조건 하나로 뭉친 전례를 아름다운 전통으로 이어받아 이 땅에서 가장 이상적인 환원운동을 펴나가고자 한다.

우리는 '본질적인 것에는 통일을, 비본질적인 것에는 자유를, 모든 것에는 사랑을'이라는 원칙을 고수한다.

우리가 하나로 합하는 것은 교파의 형성도 아니며 교권을 세우려 함도 아니라, 한국교회가 처하고 있는 특수한 여건에 대응하여 교회와 교회, 교역자와 교역자 상호 간의 친목과 협동을 통하여 상호의 공익을 도모하며 우리의 외침을 보다 효율화하여 선교로 연결시키며 현 세대에서 교회와 교역자의 신분을 법적으로 보장받고자 함이다.

우리는 교회가 헌법을 가지는 것을 반대한다. 그러므로 성경전서 외에 어떠한 회칙이라도 교회를 간섭할 수 없으며 단, 본 협의회를 질서 있고 효율적으로 운영하기 위하여 회칙을 만들 수 있다.

1983년 3월

그리스도의교회 통합추진위원회[165]

〈(유무악기 통합 반대) 취지문〉

지난 3월 14~15일 양일간 서울 영동 소재 유스호텔에서 무악기 측 그리스도의교회 교역자협의회와 유악기 측 그리스도의교회 협의회가 통합을 결의하고 그 취지를 발표한 바가 있습니다.

전 그리스도의교회 교역자협의회 회장 임낙풍 목사는 한국에 있는 67개의 그리스도의교회 중 일부라 할 수 있는 22개 교회의 교역자들을 유악기 측 그리스도의교회 협의회와 통합시키고 무악기 측 그리스도의교회 교역자협의회를 일방적으로 해체하였습니다.

유악기 측 교단은 명칭은 같이 사용하고 있으나 엄연히 각기 다른 교리를 갖고 있는 교단입니다. 교리적으로 일치하지 않는 통합이란 근본적으로 있을 수 없는 일입니다.

성서적으로 일치를 원하는 45개 그리스도의교회 교역자들 30여 명이 6월 17일 서울 강서 그리스도의교회당에서 모여 해체된

---

165) "유무악기 통합 취지문," http://kccs.info(환원역사 문서자료 게시판), [게시 2018년 1월 24일]

협의회를 재구성하였습니다.

  금번 총회에서 순수한 성서적 교리를 고수하고 그리스도의교회를 보다 건전하게 발전 성장시킬 것을 다짐하고 한국에 산재하여 있는 교회들을 적극적으로 지원하여 교역자 상호 간에 친분과 법적 신분 보장 등 교역자의 평생교육을 실시함으로 자질을 향상시켜 환원운동의 기수가 될 것을 결의하였습니다.

서기 1983년 6월 27일
그리스도의교회 한국교역자회[166]

  '유무악기 통합 취지문'은 한국 유·무악기 그리스도의교회의 연합을 위하여 그리스도가 세우신 교회의 하나임을 고백하고 분열에 대한 반대, 미국 캠벨 부자와 발톤 W. 스톤 등 환원운동의 선각자들이 보여준 무조건 연합을 전례로 들었다. '유·무악기 통합 반대 취지문'은 유악기 측과 무악기 측 교단은 각기 다른 교리를 갖고 있고, 교리적으로 일치하지 않는 교단 간의 통합이란 불가하다고 주장했다. 장성우 목사는 1983년 유·무악기 그리스도의교회의 연합 시도가 실패한 후에 일어난 일을 다음과 같이 쓰고 있다. "통합의 주역[들이] 일치와 단결을 저해하고 분열을 조장하여 1983년 10월 22일에 소집된 [그리스도의교회] 협의회는 회원 제명과 자격 정지에 관한 보고로 대동단결된 회원권에 대한 축소와 이중 억압 장치로 중요 인물의 등장을 사전에 제제함으로 교회 분열을 가속화"시켰다.[167]

---

166) "(유무악기 통합 반대) 취지문," http://kccs.info(환원역사 문서자료 게시판), [게시 2018년 1월 24일]
167) 장성우, "한국 그리스도의교회의 환원운동의 과거와 현재와 미래," 〈그리스도의교회 총회 회보〉(1990.7).

(3) 한국 그리스도의교회의 쇄신에 관한 백서

〈한국 그리스도의교회 쇄신에 관한 백서〉는, 1974년 3월 25일 발표된 '한국 그리스도의교회 선언' 10주년에 즈음하여, 1984년 11월 26일 김용웅 목사를 주축으로 한 '그리스도의교회 협의회 서울지방회'에 의해 작성되었다.[168] 이 백서의 특징은, 1983년 3월 유·무악기 통합 선언이 있고 난 직후인 5월 20일 '그리스도의교회 협의회'의 이름으로 공포된 통합 회칙 전문대로 그리스도의교회 협의회가 제대로 운영되지 못하는 문제점을 적시하고 그 쇄신책을 선포한 데 있다.

一. 교회정치를 그리스도의교회 기본인 회중정치의 개념에서 재정립하고 민주화하자. 그 첫째로 회칙 개정의 전권을 총회가 수용하고, 그 둘째로 정부회장을 직접 비밀투표에 의해 선출하고, 그 셋째로 중앙위원회를 해체하고 어느 유사 기구도 배제해야 할 것이다.

一. 한국 그리스도의교회 일치와 단결을 모색하자. 그 첫째로 화합을 저해하는 일부 조직의 개편을 단행하여 실질화하고, 그 둘째로 유·무악기 교회 통합의 실제적 해결을 이루고, 그 셋째로 제 규정을 교회 권위와 질서를 위해 적절히 운용해야 할 것이다.

一. 교회 행정을 효율적으로 활성화하자. 그 첫째로 한국 그리스도의교회 일반에 대한 프로그램을 계발하고, 그 둘째로 정상적 재정수지 제도의 보완을 해야 할 것이다.

一. 환원운동의 토착화를 위한 노력을 다하자. 그 첫째로 환원운동

---

168) "〈한국 그리스도의교회 쇄신에 관한 백서〉 전문," http://kccs.info(환원역사 문서자료 게시판), [게시 2018년 1월 24일]

의 목회적 접근을 위한 상설연구기관을 설치하고, 그 둘째로 환원 운동의 질적 양적 발전의 도약대를 설정해야 할 것이다.

1984년 11월 26일
그리스도의교회 협의회 서울지방회

이 백서는 그리스도의교회의 교회정치에서 회중정치의 원칙 유지, 유·무악기 교회 통합의 실제적 해결, 환원운동의 토착화를 위한 노력을 말하고 있다. 특히 유·무악기 그리스도의교회 일치와 단결을 모색하는 방법으로 첫째로 화합을 저해하는 일부 조직의 개편, 둘째로 유·무악기 교회 통합의 실제적 해결, 셋째로 제 규정을 교회 권위와 질서를 위해 적절히 운용할 것을 말한다. 또 환원운동의 토착화를 위해 환원운동을 목회적으로 접근하기 위하여 상설 연구기관을 설치할 것과 질적 양적으로 발진시킬 수 있는 체계를 구축할 것을 말하고 있다.

한국 그리스도의교회(유악기)의 연합운동

한국 그리스도의교회 제2세대가 활동하면서 교회 성장이 이루어지고, 교육 분야에서 정부 인가를 받은 한국인 사역자 양성 고등교육기관이 정착되고, 사회사업 분야에서 6.25전쟁 이재민을 지원하는 구호·복지 활동이 활발히 진행되었다. 한국 교회와 맥을 같이한 이러한 사업 이외에 한국 그리스도의교회의 정체성을 한국적 시각에서 재정립하려는 신학적 반성이 있었다.

1974년 이신을 중심으로 충청 이남 지역 교회 지도자들은 공동으로 〈한국 그리스도의교회 선언〉을 발표하였다. 이 선언에서 한국인의 자각으로 이해한 신·구약성서 위에 신앙과 교회, 즉 토착화된 한국 그리스도의교회를 정립해야 하며, 개별 그리스도의교회들의 권위와 질서를 유지하기 위해 연합조직체(그리스도의교회 연합회) 구성을 역설했다. 연합조직체 구성의 노력은 1978년 한국 그리스도의교회 협의회로 귀결되었다. 또 1954년 그리스도의교회 유악기와 무악기의 통합을 실험한 지 30여 년 후 1983년 또 다시 서울에서 유악기와 무악기의 통합이 시도되었다. 유악기와 무악기의 통합 시도 직후 그리스도의교회 협의회가 1983년 5월 20일 공포한 통합회칙 전문대로 그리스도의교회 협의회를 운영하지 못하자, 그리스도의교회 협의회 서울지방회가 1984년 11월 26일 〈한국 그리스도의교회 쇄신에 대한 백서〉를 작성하여 한국 그리스도의교회의 유·무악기 통합을 위해 조직의 개편과 환원운동의 토착화를 실현할 수 있는 체제 구축을 제안했다.

참/고/도/서

서적

Foster, Douglas A.; Blowers, Paul M.; Dunnavant, Anthony L.; Williams, D. Newell. Ed. *The Encyclopedia of the Stone-Campbell Movement*. 정남수, 조동호, 김진회, 백종구 총괄편집. 《그리스도의교회들 운동 대사전(스톤-캠벨운동 대사전)》. 서울: 대한기독교서회, 2015.

김세복. 《한국 그리스도의교회 교회사(1930~1968)》. 서울: 참빛사, 1969.

김익진. 전인수. 《쉽게 읽는 한국교회사》. 서울: 그리스도대학교 출판국, 2013.

_____. 《신약교회 운동사》 서울: 참빛사, 1986.

김찬영. 《한국 그리스도의교회 초기 역사 -William D. Cunningham의 생애를 중심으로 (1864~1936)》. 논산: 한성신학교, 1991.

그리스도대학교 50년사 편찬위원회. 《그리스도대학교 50년사》. 서울: 새로문화, 2009.

노봉욱, 《나는 돈복보다 일복이 좋다》. 서울: 좋은땅. 2012.

노봉욱 편저. 《힐 요한 선교사의 한국 선교》. 서울: 한국 그리스도의교회 유지재단, 2006.

노치준. "사회복지를 향한 개신교의 사회봉사." 이삼열 외. 《한국사회 발전과 기독교의 역할》. 서울: 한울, 2000.

목포 그리스도의교회 교회사 편찬위원회. 《목포 그리스도의교회 50년사 (1956~2006)》. 광주: 도서출판 한림, 2006.

성낙소. 《기독의교회와 성낙소와의 관계》. 김종기, 조동호 편집. 계룡: 그리스도의교회 연구소, 2010.

조동호. 《한국 그리스도의교회 이야기》. 계룡: 그리스도의교회 연구소, 2016. http://kccs.info. [게시 2018년 1월 24일]

_____. 《한국의 바울 김은석 목사》. 계룡: 그리스도의교회 연구소, 2010.

_____. 《힐 요한 선교사》. 계룡: 그리스도의교회 연구소, 2011.

최윤권. 《내가 본 한국 그리스도의 교회사》. 서울: 환원출판사, 2003년 수정증보판.

_____. 《눈물 속에 뜨는 무지개》. 서울: 지온보육원, 2001.

최재운. 《한국 그리스도의교회사》. 서울: 태광출판사, 2005.

한국기독교역사연구소. 《한국 기독교의 역사 II》 서울: 기독교문사, 2012.

논문

기준서. "KCU의 설립 이념과 기독교 교육의 가치." 〈복음과 교회〉 제20집 (2013): 12-39.

백종구. "한국 개신교의 성장과 평가." 〈선교신학〉 7 (2003): 245-269.

_____. "한국복음주의 학생선교운동." 박종현 편집. 《변화하는 한국교회와 복음주의운동》. 서울: 두란노 아카데미, 2011: 18-41.

서재룡. "한국 그리스도의교회 토종 전도자 이흥식." 10-11. http://www.restoration.kr. [게시 2018년 1월 24일]

장성만. "나의 삶 나의 보람." 《民石 張聖萬 博士 華甲記念 論文集》. 부산: 民石 張聖萬 博士 華甲記念 論文集 編纂委員會, 1992.

장성우. "한국 그리스도의교회의 환원운동의 과거와 현재와 미래." 〈그리스도의교회 총회회보〉(1990년 7월).

함동수. "A. R. 홀톤의 생애와 한국 선교." 〈복음과 교회〉 제15집 (2011): 48-70.

기타

장성만. "역경의 열매." 〈국민일보〉, 2009년 4월 5일부터 5월 22일자.

정남수 외. "그리스도대학교." 《그리스도의교회들 운동 대사전(스톤-캠벨운동 대사전)》. 서울: 대한기독교서회, 2015: 61-62.

함동진. "창현 함태영 목사(1914.5.24.~1983.11.28)." http://kccs.info/with_home/bbs/board.php?bo_table=person_in&wr_id=52&page=7. [게시 2018년 1월 24일]

제5부 /
한국 그리스도의교회의 현황(1990년대 이후)

사회는 여러 분야에서 세계화로 돌입하여 글로벌 스탠다드가 강조되고 있다. 문민정부의 출현으로 민주주의가 제도화되고 경제와 교육 분야에서 노동단체와 시민단체의 역할이 커지고 있다. 공산권의 붕괴로 남한과 북한의 관계가 대치에서 대화 우선으로 바뀌고, 정보·통신의 발전으로 스마트폰이 일상의 소통 수단이 되고 있다. 한편 세계화의 역기능으로 경제, 교육, 문화에 양극화가 나타나고 사회복지의 요구가 늘어나고 있다.

1.
한국사회의 변화와 기독교

1) 한국교회의 상황

　1980년대까지 성장하던 한국교회는 1990년대에 들어 성장세가 둔화되다가 2000년대 하락세로 들어섰다.[1] 2010년대에는 교인의 수마저 감소하고 있다. 교회 성장세의 둔화와 교인 수의 감소는 일부 교회의 헌금 강조, 개교회 중심의 신앙생활, 교회에 대한 사회 인지도의 하락과 관계가 있다. 한편 중소형 교회의 교인들이 교육 프로그램과 시설이 좋은 대형 교회로 이동하면서 교인들의 수평이동이 증가하고, 수평 이동은 교회의 양극화를 부추기고 있다. 또 정보통신기술의 발전과 탈현대주의로 설교, 전도, 제자훈련 중심

---

[1] 1971~1977년 56.7%, 1975~1985년 29.7%, 1986~1991년 23.9%이던 개신교 성장률은 1992~1995년 9%대로 떨어졌다. 교인의 수가 1995년 876만여 명에서 2005년 861만여 명으로 1.6%가 감소했다. 이선민, "한국의 종교," 《한국의 문화 70년》, 303-306.

의 전통교회가 줄어들고, 문화, 예술, 여가, 스포츠 등 전문 분야와 목회를 융합한 다양한 형태의 교회가 등장하고 있다.

교회 일치 영역에서 1989년 '한국기독교총연합회'(한기총)의 탄생으로 진보 진영의 '한국기독교교회협의회'(KNCC)와 보수 진영의 '한국기독교총연합회'로 양분되었다.[2] 기존 '한국기독교교회협의회'는 회원 자격이 교회로 국한된 데 반해 '한국기독교총연합회'의 회원 자격은 교회와 선교기관이다. 현재 10개의 소수 교단이 참여한 '한국기독교교회협의회'는 하나님 선교(Missio Dei)의 개념에 따라 인권, 민주화, 통일 등 국가 사회적 문제를 선교적 과제로 접근하다가 최근 환경과 세계화로 눈을 돌리고 있다.[3]

'한국기독교총연합회'는 다수의 교단이 참여하고 있으며 전도와 선교 등 복음 전파에 관심이 있다. 2012년 한기총 내부의 교권과 이단에 대한 문제로 한기총으로부터 한국교회연합(한교연)이 분리되어 나왔고, 2017년 기존 연합 단체들을 통합한다는 명목으로 한국교회총연합(한교총)이라는 제3의 연합 단체가 구성되었다. 연합 단체 내부 분열에도 불구하고 한국교회는 2013년 WCC 제10차 총회를 부산 벡스코에 유치했고, 2016년 세계복음연맹 세계지도자대회를 서울에 유치했다.

1970년대와 1980년대 초 호황을 누리던 학원 선교는 1980년대 후반 이후 침체기에 들어갔다.[4] 특히 캠퍼스가 그랬는데, 침체의 주요 원인은 캠퍼스 상황의 변화이다. 1993년 문민정부가 들어선

---

2) 김흥수 서정민 편, 《한국 기독교사의 탐구》, 152-168.
3) http://www.kncc.or.kr/sub01/sub05.php, [게시 2018년 1월 24일]
4) 백종구, "김준곤 목사가 한국교회에 끼친 영향," 한국 기독교 성령 100주년 기념사업회 편집, 〈한국 기독교 성령 100주년 제7차 신학 심포지엄〉(서울: 세계성령중앙협의회, 2011), 75.

이후 대학가의 관심사는 민족과 민주화 등 거시적 이슈보다 취업, 성공 등 개인적 이슈로 변했다.

기존 학원 전도와 도시 선교가 약화되는 반면 국가의 손이 미치지 못하는 사회 각 분야에서 영리를 목적으로 하지 않고 자발적으로 활동하는 비영리 민간단체(Non-Profit Organization, NPO)가 등장하여 증가 추세에 있다. 현재 활동하고 있는 비영리 민간단체의 수는 1,000여 개로 이들 중 기독교 단체는 기독윤리실천위원회 등 30개 정도이다.

국내 교회가 전반적으로 정체인 반면 해외 선교는 활기를 띠었다. 1980년대까지 한국인 선교사 수는 1,000여 명이었는데, 1980년대 말 해외여행 자유화 조치 이후 크게 증가해 2000년에 1만 명을 넘어섰다. 해외 선교사를 파견하는 기관도 주요 교단과 교회뿐 아니라 전문 독립 선교 단체로 확대되었다. 동남아시아, 대만 등에 집중되었던 선교 지역도 북미, 유럽, 일본, 호주 등으로 다양화되고, 아프리카, 중동, 인도 등으로 확대되었다. 또 1990년대 초 중국과 국교가 수립되고 소련을 비롯한 동구 공산주의 정권이 무너지면서 그 지역으로도 많은 선교사가 파견되었다. 특히 1990년대 단기선교가 본격적으로 시작되어 자비량 선교사의 수는 매년 증가하고 있다.[5]

사회계층의 양극화로 복지의 혜택을 받아야 할 인구가 많아졌다. 복지의 범위가 확대되면서 민간단체인 교회가 참여할 수 있는 복지 영역도 넓어졌다. 1980년대부터 시작된 교회의 지역사회 복지사업은 1990년대 이후에도 꾸준히 지속되고 증가하고 있다. 교

---

5) 단기선교의 경우 매년 2,000여 명을 20여 개국에 파송하고 있다.

회는 지역주민의 구호 또는 지역 선교의 일환으로 교회의 인력, 시설, 재정의 일부를 지역사회의 복지에 활용하거나, 관민 협력체제의 복지 형태에 관심을 가지고 국가가 제공한 복지시설을 위탁받아 운영하고 있다.

2.
한국 그리스도의교회의 현황

　　한국 그리스도의교회는 국내 교회의 추세를 따라 성장세가 둔화되었다. 최재운의 통계에 의하면, 그리스도의교회 협의회가 분열되기 이전 1986년 협의회 교회의 수는 213개, 1990년 유악기 그리스도의교회가 협의회 그룹과 총회 그룹으로 나누어진 이후 2003년 협의회 교회의 수는 220개, 총회 교회의 수는 51개로 도합 271개였다. 이 통계대로라면, 1986년 이후 2003년까지 17년 동안 유악기 그리스도의교회는 213개에서 271개로 27퍼센트가 증가한 것이 된다. 수도권, 영동권, 충청권에서 총 67개 교회가 증가하여 성장세가 다른 지역보다 크게 우세하다.

한국 그리스도의교회(유악기) 현황(1986년 대비)[366]   (2003년 4월 15일 기준)

분류		서울	인천경기	강원	대전충남	충북	부산울산경남	대구경북	광주전남	전북	제주	합계
2003	협의회	42	29	34	27	27	2	6	43	9	1	220
	총회	0	0	0	33	13	0	0	1	4	0	51
	소계	42	29	34	60	40	2	6	44	13	1	271
1986		35	19	18	37	29	5	6	54	10	0	213
증감		7	10	16	23	11	3	0	10	3	1	58

같은 기간에 무악기 그리스도의교회는 58퍼센트 증가했다. 인천과 경기 지역이 14개 교회의 증가로 증가폭이 다른 지역보다 크게 우세하다. 2003년 현재 무악기 그리스도의교회의 수는 104개이다.

한국 그리스도의교회(무악기) 현황(1986년 대비)[367]   (2003년 4월 15일 기준)

분류	서울	인천경기	강원	대전충남	충북	부산울산경남	대구경북	광주전남	전북	제주	합계
2003	25	21	3	8	1	14	6	13	4	9	104
1986	22	7	2	5	0	8	3	7	3	9	66
증감	3	14	1	3	1	6	3	6	1	0	38

---

6) 최재운, 《한국 그리스도의교회사》(서울: 태광출판사, 2005), 164 재인용.
7) 앞의 책, 168 재인용.

한국 그리스도의교회의 양적 성장에 관한 다른 시각

요츠야 선교부의 '기독교회 조선선교회'(전 '동경사곡선교회 기독교회')가 해방 전까지 세운 교회의 수는 17여 개였다. 그러나 북한 지역 교회들은 남북의 분단으로 인해 소식이 끊겼고, 남한 지역 교회들은 해방 전에 이미 흩어졌거나 해방 후 타 교단에 흡수되었다. 요츠야 선교부와 관계를 맺었던 사역자들 가운데 해방 후 한국 그리스도의교회(전 '기독교회')로 복귀한 목회자들은 김문화, 성낙소, 이난기, 윤낙영뿐이었다.

한편 '기독교회선교부' 소속 교회는 6개였다 이 교회들 가운데 해방 직후 재건된 교회들은 필운동교회와 돈암동교회 2개뿐이었다. 이 2개 교회를 기반으로 유아기 그리스도의교회의 수는 1950년까지 42개, 1955년 75개로 증가하였다. 해방 후 10년간 매년 7.5개의 교회가 세워진 것이다. 그리고 한국교회의 전도 폭발에 힘입어, 1985년까지 그리스도의교회 협의회의 교회 숫자는 213개로 증가하였다. 그러나 2003년 통계에서 조동호 목사는 협의회 237개, 총회 61개, 총 298개로 잡고 있어서 최재운의 통계와 무려 27개의 차이를 보인다. 최재운의 2003년 자료에서는 총회 교회의 숫자가 10개나 적게, 협의회 교회의 숫자가 17개나 적게 조사되었다. 이 같은 차이가 생긴 한 가지 가능한 원인은 협의회와 총회에서 이탈한 교회들이 통계에서 제외되지 않았기 때문일 수 있다. 그럼에도 불구하고 그리스도의교회 총회의 경우, 2003년 61개에서 2011년 92개로까지 지속적인 증가세를 보이다가, 이후 거듭된 분열로 그 숫

자가 2003년 때의 숫자로 후퇴하였다.[8]

동석기 전도자가 해방 전에 함경남도 북청군에 세운 그리스도의교회(전 '기독의교회') 7개는 남북의 분단으로 인해 소식이 끊겼고, 강명석 전도자가 남한에 세운 교회들도 대부분 타 교단에 흡수되고 몇 개밖에 남지 않았다. 그러나 해방 후 1950년대 중반까지 7개뿐이던[9] 교회의 수가 1960년대 말 38개로 늘었고[10] 1976년까지 79개가 되었다. 이후 감소했다가 2003년에는 104(5)개로 증가하였다. 이로써 2003년까지 한국 그리스도의교회 수는, 조동호 목사의 조사에 따르면, 총회 61개, 협의회 237개, 교역자회 105개로, 총 403개였다.

---

8) 조동호,《한국 그리스도의교회 이야기》(계룡: 그리스도의교회 연구소, 2016), 457-460, 538-539.
9) 서재룡, "한국 그리스도의교회 토종 전도자 이흥식," 3, http://www.restoration.kr/technote6/board.php?board=docu, [게시 2018년 1월 24일]
10) 김세복,《한국 그리스도의교회 교회사(1930~1968)》(1969), 96-159.

3.
한국 그리스도의교회 교육사업

1) 대학교

(1) 서울기독대학교

대한기독교신학교(통합)는 1990년대 최상현기념관과 환원교육관의 신축으로 교육시설이 확장되고, 1997년 12월 '대한기독교대학교'로 승격되었다. 1996년 3월 초대 총장으로 취임한 문언식 목사에 이어 1998년 9월 최윤권 목사가 2대 총장으로 취임하였다. 대한기독교대학교는 1999년 11월 3대 총장으로 취임한 이강평 목사에 의해 크게 발전되었다. 이강평은 취임 후 교명을 '서울기독대학교'로 바꾸고, 본관 건물을 증축하였으며, 채이스기념관을 신축하였다. 또 일반대학원(신학과, 사회복지과, 2000), 전문대학원(신학과, 2001), 특수대학원(사회복지대학원, 2001; 치유상담대학원, 2002)을 개설하고, 학부에 무용학과(2000), 전자상거래학과(2001; 2003년 국제경영정보학과로 개명), 음악학과(2002)를 증설하여 학교를 현재의 종합대학교의 위치로 올려놓았다.

서울기독대학교

동 대학교의 건학이념은, 기독교 정신을 바탕으로 학문을 연구·교수하고, 대한민국 교육이 보편적으로 추구하는 국가사회와 세계 각처에서 중추적 역할을 감당할 지도적 인재를 육성하는 것이다.

2017년 현재 동 대학교는 학부 6개 학과(신학과, 사회복지학과, 무용학과, 국제경영학과, 음악과, 상담심리학과)에 600여 명의 학생, 일반대학원 신학 석·박사과정, 사회복지학 석·박사과정, 전문대학원 신학 석·박사과정, 특수대학원(사회복지학 석사과정, 치유상담 석사과정)에 총 250여 명의 학생이 등록하고 있다. 이외에 성인교육 과정(평생연구원) 5개 학과(신학, 사회복지, 무용, 음악, 교양)와 몇 개의 자격증 과정을 운영하고 있다.

(2) KC대학교

한국 그리스도의교회(무악기)의 전도자 양성기관으로 출발하여 종합대학으로 발전한 '그리스도신학대학'은, 1994년 야간 280명 증원이 확정되어, 다음해부터 기존 신학과 외에 선교언어학과, 교회행정학과, 종교철학과, 종교음악학과, 사회복지학과, 아동복지학과 신입생을 모집하였다. 또 동년 신학대학원(M.Div.)이 인가되어 목회자 양성 및 신학의 연장교육이 이뤄지게 되었다. 1996년 학부제 도입으로 각 과가 신학부, 교회음악학부, 기독교복지학부로 조정되었다. 1997년에는 교명이 '그리스도신학대학교'로 변경되었으며, 초대 총장으로 김진건 장로가 취임하였다. 그해 대학의 본관이 완공되었다. 1999년 경영학부가 신설되어 신입생을 모집하였다.

2002년 2대 기준서 총장 체제 아래 일반대학원(Th.M. 및 Ph.D.), 사회복지대학원, 교육대학원이 설치 인가를 받아, 대학이 처음 시작했던 과의 전통을 회복하였다. 2004년에는 '그리스도대학교'로 개명하였다. 3대 총장으로 고성주 목사가 봉직하였다. 그리스도대학교는 2008년 개교 50주년 기념행사를 치렀으며, 그 일환으로 《그리스도대학교 50년사》(기준서 저)를 발행하였다. 2015년 '그리스도대학교'에서 'KC대학교'로 개칭하고, 2016년부터 신학부, 사회복지학부, 아동복지상담심리학부, 경영학부, 외국어학부, 음악학부, 간호학부, 식품과학부, 교양실용학부 등 9개 학부, 입학정원 주간 310명으로 학제를 개편하였다.

KC대학교

KC대학교는 실천적 능력을 갖춘 전문인, 글로벌 시대에 부응하는 세계인, 인간을 존중하는 봉사인 양성을 교육 목표로 하고 있다. 또 이를 위해 교육 중심 대학, 실용 중심 대학, 특성화 중심 대학으로 방향을 설정하였으며, 2020년까지 수도권 서남부 지역의

거점 대학으로 성장하기 위해 노력하고 있다.[11]

(3) 한성신학교

한성신학교(전 한국성서신학교)는 1958년 존 J. 힐에 의해 '대전성서신학교'라는 이름으로 시작되어 1962년 교명을 '한국성서신학교'로,

한성신학교

1981년 '한성신학교'로 변경하여 학과 증원과 모집인원 증원 등 큰 발전을 이루었다. 1998년 9월 8일 이후, 고등교육법에 의해 졸업생들에게 학사학위를 수여하였다.[12]

그러나 1989년 말 무리하게 학교 이전을 추진한 것이 문제가 되었다. 한성신학교가 충남 논산군 연산면 신양리 새 캠퍼스로 이전한 1990년대는 대학 개편의 기회이자 위기였다. 캠퍼스 이전 초기 수년간은 입학정원 180명을 채우는 데 어려움이 없었다. 그럼에도 불구하고 새 캠퍼스가 대전권에서 상당히 벗어나 있는 데다가 무리하게 충원된 교수진과 교직원, 노조 설립, 대학 개편을 바라는 학생들의 잦은 시위, 대학 개편에 필요한 재원 부족, 무엇보다도 캠퍼스 이전 직후에 터진 내부 갈등은 지루한 법정 공방으로 이어져, 20여 개 이상의 각종 대학(학력 인정교)들 가운데 대학 개편 1순위로 꼽

---

11) 정남수 외, "그리스도대학교," 《그리스도의교회들 운동 대사전(스톤-캠벨 운동 대사전)》 (서울: 대한기독교서회, 2015), 61-62; 김익진, 《한국 그리스도의교회 교회사》(서울: 그리스도대학교 출판부, 2011), 182-183.
12) 이 무렵 그리스도의교회(총회) 소속 신학과 교수들로는 최용호, 장성우, 김상호, 조동호가 있었으며, 교단 발전과 후진 양성에 힘을 쏟고 있었다.

히던 학교를 수렁에 빠지게 하였다. 또 장로교 목사 조준상이 1999년 9월 30일 이사장에 취임하여, 세기가 바뀐 2000년대는 그리스도의교회와 무관하게 운영되었다. 이로써 30여 년간 한성신학교의 발전을 위해서 혼신의 힘을 쏟았던 김찬영 박사 및 패츄리사 선교사 부부는 내부 갈등이 빚은 법적 제약으로 학교를 떠나야 했다.

2000년 12월 21일 학교법인 '성령학원' 및 학교명 '한성신학교'가 각각 '한민족학원' 및 '한민학교'로 변경되면서, 한성신학교는 학생 수 감소와 부실 운영 등으로 재정난이 날로 커져 학과와 정원에 대한 재편이 불가피하였다.[13] 2012년 한민학교에 대한 다각도의 종합 감사가 이뤄졌고, 2013년 5월 29일 교육부는 학교법인 한민족학원이 신청한 한민학교 폐교 신청을 승인하였다. 이에 따라 한민학교는 8월 31일 자로 폐교하였고, 재학생은 타 대학교 유사 학과에 특별 편입학하였다.[14]

그리스도의교회 총회는 한성신학교를 잃은 아픔을 딛고, 신학교의 54년 전통과 뿌리를 잇고 목회자 수급에 대처하기 위해, 법인과 교명이 변경된 때부터 총회 직영 한성신학교를 대전광역시 동구 용전동 총회회관에서 운영하고 있다. 총회 소속 수십 명의 목회자

---

13) 2001년 1월 4일 국제사회복지학과가 사회복지학과로 원래대로 변경되었고, 2003년 6월 12일 레저스포츠경영학부가 신설되었으며, 2005년 10월 20일 레저스포츠경영학부 레저스포츠경영학 전공이 스포츠경영학과로, 경찰경호행정학 전공이 경찰행정학과로 변경되었다.

14) 조준상 체제에서 총장을 역임한 인물들로는 원동연(2000~2001), 장성우(직무대리, 2001), 심태섭(2001~2005), 최찬규(직무대리, 2005), 김병우(전 홀트아동복지회 회장, 2006~2008), 조준상(2008~2012), 박영술(직무대리, 2013) 순이었다. 학교 설립 이후 재단법인 한국크리스챤밋숀 이사장으로는 힐 요한(1964~1975), 김 패츄리사(1975~1976), 힐 요한(1976~1977), 밥 워릭(1978~1981), 김찬영(1981~1989), 학교법인 이사장으로는 성완용, 김 패츄리사, 김찬영, 전영권, 조준상, 심정지(폐교 결정) 등이었다. 이 시절 유일한 그리스도의교회 소속 교수로 남았던 조동호는 김병우 총장과 조준상 총장 재임 때 부총장으로 재직하다가 그리스도의교회연구소와 목회에 전념하기 위해서 2008년 12월 말에 희망퇴직하였다.

가 이 총회 직영 한성신학교를 통해서 배출되었다.[15]

(4) 동서대학교

장성만 목사가 리처드 래쉬 선교사 부부와 함께 시작한 2년제 '영남기독교실업학교'는 발전을 거듭하였다. '부산실업전문학교'(1971), '경남공업전문학교'(1977), '경남공업전문대학'(1979), '경남전문대학'(1985), '경남정보대학'(1998)으로 교명이 변경되었고, 2012년 2월 현재의 '경남정보대학교'로 최종 변경되었다.

동서대학교

동서대학교는 장성만 목사가 12년간 드린 기도의 열매이다. 장성만은 재미 재단이사회를 통해서 대학설립추진위원회를 구성하여 교육부에 설립 신청을 하였고, 1991년 11월 4년제 '동서공과대학'으로 설립 인가를 받았으며, 1992년 3월 개교하였다. 이후 동서공과대학은 종합대학인 '동서대학교'로 개편되었다.

장성만은 총장 재임 시절 교육의 세계화를 위해서 세계 20여 국가 78개 대학 및 연구소와 교류 협정을 체결하였고, 대학 행정 개혁을 단행하여 의사 결정이 신속히 이뤄지도록 하였으며, 캠퍼스를 교육존, 연구존, 스포츠존으로 분류해 공원화시켰다. 강의실에 최첨단 시설을 갖추어 화상강의가 가능하도록 하였고, 교수평가제도

---

15) 조동호, 《한국 그리스도의교회 이야기》, 457-460.

를 도입하였으며, ABC 등급으로 나눠 등급에 따라 업적급을 차등 지급하였다. 3년 연속 A등급을 받은 교수에게는 '브랜드 교수'라는 칭호와 함께 연구비 지급, 정년 보장, 강의 시간 조정 등의 특혜를 주었다.

장성만은 학부에 그래픽 디자인, 제품 디자인, 멀티미디어 디자인, 환경 디자인, 패션 디자인 등 5개 학과를 만들어 280명의 신입생을 모집하였고, 국내 여러 기업과 산학협정을 맺었다. 또 일본 나가오카 조형대학, 독일 바이센제 예술대학, 중국 베이징 이공대학, 상하이 공정대학, 홍콩 폴리텍 대학 등과 교류 협정을 체결해 교수 및 학생의 교류를 시작하였다. 2000년에는 동서대에서 국제 디자인 학술대회가 개최되어 미국, 독일, 덴마크, 스웨덴, 일본 등에서 수많은 학자들이 참석하였다. 2006년에 세계총장회의를 유치하여 12개 국가에서 21개 대학의 총장들이 참석하였으며, 대학 간 상호 학점 인정, 복수학위 수여, 유학생 교류, 세계봉사단 결성 등을 담은 '부산 선언문'을 채택하였다.

동서대학교는 국제 규모의 수영장과 학생복지시설을 갖춘 1만 평 규모의 엄광문화관을 건축하여 지역사회를 섬기고 있다. 또 캠퍼스 내에 대학교회를 건축하여, 매주 일반예배, 학생채플, 매월 학부기도회, 토요일 월례기도회로 모이고 있다. 학교법인 동서학원에는 현재 '동서대학교'에 1만여 명, '경남정보대학교'에 8천여 명, '부산디지털대학교'에 4천여 명이 등록되어 있고, 교직원 1천여 명이 근무하고 있다.[16]

장성만은 슬하에 2남 1녀를 두었다. 장남 장제국은 동서대학교

---

16) 장성만, "역경의 열매", 〈국민일보〉 2009년 4월 5일부터 5월 22일자.

총장으로, 차남 장제원은 제18대, 20대 국회의원으로 국가에 봉사하고 있다. 장성만은 2015년 12월 6일 향년 83세를 일기로 소천하였다.

4.
한국 그리스도의교회 사회사업

6.25전쟁 이후 시작된 한국 그리스도의교회(유악기) 산하 10여 개의 복지시설 가운데 대다수가 재정난과 운영난으로 폐쇄되고, 현재 인천보육원, 서울 지온보육원, 논산 에덴보육원이 그 명맥을 유지하고 있다. 1966년 최윤권에 의해 설립된 지온보육원은 민지온 여사 사망 이후 박국자 여사가 원장을 맡고 있다. 1995년 사회복지법인 '그리스도의 집'이 설립되어 최윤권이 이사장으로 취임하였다.[17]

1973년 설립 인가를 받은 에덴보육원은 충남 논산군 연무읍 동산리 880번지에 대지 3,946㎡(1,194평), 건물 연면적 1,925㎡(6개동 총 582평)의 시설을 갖추고 있다. 입소 아동들에 대한 교육 및 생활 지도, 진학, 취업 상담을 하고 있고, 자원봉사 활동 및 다양한 전인교

---

17) 최윤권,《내가 본 한국 그리스도의교회사》(서울: 환원출판사, 2003년 수정증보판), 63.

육 프로그램을 운영하고 있으며, 3개월 마다 소식지 〈꿈과 사랑이 숨쉬는 에덴동산〉을 펴내고 있다. 이외에 충남 보육교사 교육원(1993), 연무어린이집(1998), 논산기초푸드뱅크(1998), 연무경로식당(2000)을 꾸리고 있다.[18]

에덴보육원은 원 내에 자체 건물인 연무 그리스도의교회를 갖고 있고, 교회의 담임목회자를 통해서 원생들의 신앙 지도에 힘쓰고 있다. 설립자 노봉욱은 세광고등공민학교 및 순의도여자(연무여자)중학교를 설립하였고, '한국크리스챤밋숀'(재단법인 한국 그리스도의교회 유지재단)의 이사장을 역임하였으며, 2015년 7월 6일 향년 90세로 하나님의 부르심을 받았다.[19]

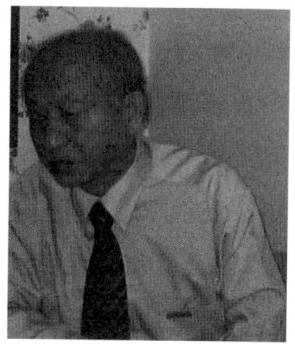

노봉욱 장로
(에덴보육원, 연무여중 설립자)

이 시기 정부의 공공-민간 복지 지원 정책으로, 교회는 정부의 지원 아래 교회 시설의 일부를 사용하여 요양원, 보육원, 도서관 등을 운영하고 있다. 대표적인 교회는 대전교회(김덕원 목사), 강원교회(채진구 목사), 충주교회(이은대 목사), 새로남교회(백장현 목사) 등이다.

---

18) 노봉욱, 《나는 돈복보다 일복이 더 좋다》(서울: 좋은땅, 2012), 78, 81, 124-125.
19) "사회복지법인 에덴보육원 인터넷 관련 기사(한국학중앙연구원-향토문화전자대전)," http://www.grandculture.net, [게시 2018년 1월 24일] ; 노봉욱 편저, 《힐 요한 선교사의 한국 선교》(2006), 103-106.

5.
한국 그리스도의교회 선교사업

2018년 그리스도의교회 협의회 수첩에 따르면, 교회, 선교회 혹은 기독교 관련 단체의 후원으로 18명의 선교사가 미국, 캐나다, 영국, 멕시코, 브라질, 탄자니아, 필리핀, 세네갈, 중국, 카자흐스탄, 알마아타 등 12개국에서 활동하고 있다.[20] 그리스도의교회 총회 측에서도 필리핀과 중국에 나가 있는 선교사들이 있다. 전 한성신학교 교수 및 구손평화봉사단 이사장 김상호(목사) 부부가 필리핀 바꼴 지역 빈민촌에서 사역하고 있고, 김영수(목사) 부부가 필리핀에서 '하은코피노재단'(이사장 천용인)이 운영하는 '하은코피노선교복지센터'에서 사역하고 있다. 그밖에도 박용규(목사)가 중국 쿤밍에 나가 있다.

1972년 1월 한국성서신학교(1981년 '한성신학교'로 개명)의 제2대 교

---

20) 2014 그리스도의교회 협의회 수첩

장으로 취임하여 1998년까지 한국 그리스도의교회와 한성신학교 발전을 위해서 혼신의 힘을 쏟았던 김찬영은, 1997년 아시아 공산권 나라들의 구제 봉사를 위해서 미국에 선교법인 CRAM

김찬영 박사, 중국 훈춘 장애인학교, 북한 나진선봉, 캄보디아 나환자촌, 필리핀 빈민촌 사역자

Worldwide(Christ Reaching Asia Mission Worldwide)을 설립하였다. 그리고 베트남, 중국, 북한, 러시아, 캄보디아(나환자촌), 필리핀(바꼴 지역 빈민촌)으로 선교지를 확장하였다.

김찬영은 주로 중국에 거주하면서 훈춘에 특수교육학교, 희망외국어학교, 복음식품 유한회사(장애자 제빵기술 교육 및 간식용 제빵공장), 희망농목개발 유한회사(장애아동 재활 승마 목장, 가축 목장, 옥수수 콩 경작지)를 설립하였으며, 2014년에는 중국 양포에 장애인을 위한 시설, 고아원 및 양로원을 개원하였다. 또한 북한 나진시에 진료소 3곳(신해, 유현, 비파)과 120명을 수용하는 나선고아원을 헌당하였고(2006년 5월 17일), 중국에서 구입한 의약품, 모포, 의류, 쌀 등을 지속적으로 공급하였다. 선봉시에는 빵공장을 건립하여 매일 수천 명의 아이들에게 빵과 콩우유를 공급하였으며, 신해 목장과 유치원 2곳 및 탁아소 2곳을 설립하여 운영하였다. 그밖에도 부모 없는 북한 청소년 수용 기술학교와 비즈니스텔을 건설하였다.

예뜨랑 아카데미를 이끌고 있는 서규석 목사

세계 선교와 관련하여 주목할 단체는 1984년 서규석 목사에 의해 설립된 예뜨랑 선교타운이다.[21] 예뜨랑 선교타운은 그리스도인 공동체로, 가정과 사회에 하나님 나라를 확장하는 것을 목적으로 현재까지 국내외 교회 개척 지원, 어린이와 청소년 교육, 노인복지, 평생교육 사역의 연구와 실행, 타운 가족의 삶의 질을 높이고 선교와 사회봉사를 위한 수

---

21) 서규석, "예뜨랑 선교타운 약사," http://mail.scu.ac.kr/new_mailnara_web/index.php/maildecode/mail_decode/Inbox/151556485522519/15/15/0, [2018년 1월 10일 접수]

익사업의 계발과 실행 사업을 추진하고 있다.

  최근 30여 년 동안 예뜨랑 선교타운이 펼친 선교 사역은, 국내 사역으로 국내외 선교(한국, 필리핀, 인도, 인도네시아)를 훈련하는 세계선교사훈련원(1984년 3월 12일), 예수선교회(1988년 11월 28일)의 설립이다. 국외 사역으로 필리핀에 부족신학교와 선교 협약 (1989년 4월, 이프가오 라뭇), 국제신학교와 선교 협약(1990년 8월, 필리핀 방가시난 우루다네타)을 맺고 대지를 구입하여 교사를 신축하고 전교생에게 장학금을 지원하며 개척 교회를 지원하는 일 등이다.

  2000년대에 들어오면서 예뜨랑 선교타운은 사역을 교육사업으로 확장하였다. 우선 한국에 그리스도인 중·고등부 학생들이 기숙하여 수학하는 국제학교로 예뜨랑 아카데미(2005년 2월 21일), 인도에 예뜨랑 아카데미 시킴(2014년 3월, 시킴 라방라), 예뜨랑 아카데미 나갈랜드(2016년 1월, 나갈랜드 아티붕), 샬롬 신학교(2010년 11월, 마니뿌르 임팔)를 설립하였다. 2017년 12월 현재 인도네시아에 예수마을(2015년 북슬라웨시 토모혼)을 건립하는 중이다.

6.
한국 그리스도의교회의 환원·일치운동

1) 한국 그리스도의교회 선언문

2011년 한성신학교 신학과 교수를 역임한 장성우 목사를 중심으로 그리스도의교회 총회 측 목회자들이, 한국교회가 "교파 분열의 아픔과 교권주의의 속박에서 해방되어 순수한 복음주의 교회로 회복"할 것을 호소하는 〈한국 그리스도의교회 선언문〉을 발표하였다.[22] 〈한국 그리스도의교회 선언문〉은 서두에서 교회의 주인은 신조나 교권이 아닌 그리스도이며 성경을 신앙의 규범으로 삼을 것을 주장하였다. 그리고 이어서 다음과 같이 9개의 사항을 다짐하고 있다.

---

22) "〈한국 그리스도의교회 선언문〉 전문," http://kccs.info(환원역사 문서자료 게시판), [게시 2018년 1월 24일]

1. 지상에 있는 모든 그리스도의교회는 예수 그리스도 안에서 하나이다.
2. 그리스도의 몸인 교회를 분열하거나 파괴하는 행위는 용납될 수 없다.
3. 성경은 그리스도의교회의 유일하고도 권위 있는 헌장이다.
4. 성경 말씀은 그리스도인의 믿음과 실천의 규범이며, 신앙의 양심에 따라 지켜 갈 법칙이다.
5. 인위적인 법이나 규례로 교회나 목회자를 구속할 수 없다.
6. "본질에는 일치, 비본질에는 자유, 모든 일은 사랑으로" 하나가 되어야 한다.
7. 그리스도인들 사이의 분열은 죄악이며, 진리 안에서 일치하는 법은 그리스도의 사랑의 법밖에 없다.
8. 우리의 연합이 교권을 세우려는 데 있어서는 안 된다. 우리의 연합은 교역자들을 사랑하고 독려하며, 개교회들을 도와주고, 선교에 협력하는 순수한 모임이어야 한다.
9. 교회는 그리스도의 몸으로서 유기적인 연합과 아름다운 협력 그리고 동반자 자세로 섬김을 받아야 한다.

그리스도의교회 총회 측 선언문은 한국교회 전체를 향한 것으로, 1946년 8월 성낙소와 최요한을 주축으로 한 그리스도의교회 목회자들이 발표한 〈기독의교회 합동선언문〉과 맥을 같이 한다. 반면 1974년 3월 25일 이신 박사가 주축이 되어 유악기 그리스도의교회의 연합을 위해 그리스도의교회 신앙의 토착화와 단일화된 연합 조직을 제안한 〈한국 그리스도의교회 선언〉과는 차이가 있다.

2) 한국 그리스도의교회(유약기)와 국내외 교파교회

　　1980년 이전까지 한국 그리스도교의교회는 타 교파교회와의 교류에 소홀했다. 동 그리스도교의교회가 타 교파교회나 타 교파 연합기관과 교류하기 시작한 것은 1980년 1월 타 교파 6개 교단과 함께 보수교단연합회를 창립한 이후부터이다. 그리스도교의교회는 그리스도교의교회 협의회의 이름으로 예장 대신, 침례교, 나사렛성결회, 기독교대한 하나님의성회, 기독교한국 하나님의교회와 함께 '보수교단지도자연합회'(동년 7월 15일 한국기독교보수교단협의회로 개칭)를 창립했다. 이 연합회의 목적은, 보수신앙을 지향하고 교역자들의 유대와 친목 및 반공운동 전개 등의 사업을 추진하는 것이었다. 이후 20여 년 동안 한국 그리스도교의교회는 보수교단연합회 위원회들(남북대책위원회, 찬송가위원회, 보수신학위원회 등)과 협의회들(성경출판협의회, 부흥사협의회 등)에 참여하여 활동하였다.

　　그리스도의교회는 1999년 12월 4일 그리스도의교회 협의회가 한국 보수신학 노선을 천명하는 한국기독교총연합회(한기총) 실행위원회에 정식 가입하고 총대 3명을 정기 총회에 파견하면서, 타 교단과의 교류의 방향이 기존 한국기독교보수교단협의회로부터 한기총으로 이동하였다. 그리스도의교회는 2000년부터 현재까지 한기총의 멤버 교회로서 한기총 산하 여러 위원회(일치위원회, 사이비대책위원회, 환경위원회, 한국교회역사 바로세우기운동 등)에 참여하여 타 교단과 협력하여 활동하고 있다.[23]

---

23) 그리스도의교회 세계대회조직위원회 편, 《한국교회의 갱신과 그리스도의교회》(2015), 118-132. 2002년 그리스도의교회 협의회 총무인 김탁기가 한기총 실행위원회의 멤버로 활동하고, 2006년 서울기독대학교 총장 이강평이 체육위원회와 국제위원회 위원장, 2008년

그리스도의교회의 대외 활동은, 2007년 서울에서 개최된 '한국 그리스도의교회 75주년 기념대회'를 통해 한국교회의 경계를 넘어 미국 교회, 특히 미국 그

한국 그리스도의교회 75주년 기념대회, 2007년 8월 6~8일, 서울 올림픽공원

리스도의교회로 확대되었다. 한국 그리스도의교회 75주년 기념대회는 2007년 8월 6일(월)에서 8일(수)까지 2박 3일 동안 서울 올림픽공원에서 열렸다. 첫날인 8월 6일 개막 페스티발, 기념대회, 성찬식에 이어 열린 말씀집회의 강사는 미국 LA 수정교회의 담임목사 로버트 H. 슐러(Robert Harold Schuller, 1926 - 2015)였다. 슐러 목사는 이 날 집회에서 한국교회를 고난 가운데 성장한 교회로 치하하고, 한국교회에 세계 선교의 비전을 심어주었다.

한국 그리스도의교회 75주년 기념대회는 피선교국으로 출발한 한국 그리스도의교회가 선교국 미국 그리스도의교회와 연결되는 통로를 열어 주었다. 미국 그리스도의교회와의 교제는 이듬해 열린 '2008 국제 환원 심포지엄'으로 이어졌다. 2008년 5월 28일(수)부터 30일(금)까지 2박 3일로 서울 송파구 예수사랑교회에서 열린

공동회장으로 활동 범위가 넓어졌다. 그리고 2014년 김탁기(그리스도의교회 협의회, 회장)가 한기총 공동회장이 되고, 총장 이강평은 한기총 명예회장으로 한국교회 주류교단의 교계지도자와 어깨를 나란히 하는 영향력 있는 인사가 되었다.

2008 국제 환원 심포지움. 2008년 5월 28~30일, 예수사랑교회, 잠실관광호텔

동 심포지엄의 목적은 환원운동의 역사를 조명하여 한국교회가 나아갈 방향 제시, 환원운동의 본질을 통해 한국교회가 성서적 교회로 전환되는 기점 마련, 부흥하는 미국 그리스도의교회의 모델을 통해 한국 그리스도의교회의 부흥 모색이었다. 본 목적에 맞추어 동 심포지엄은 부흥집회 2개, 말씀집회 1개, 새벽 특강 1개를 제외하고는 8개의 환원운동 관련 특강들로 꾸며졌다. 주최 측은 환원운동 관련 특강 강사 중 4명을 미국으로부터 초청했는데, 존 데리(John Derry) 총장, 브라이스 재섭(Bryce Jessup) 총장, 릭 스테드먼(Rick Stedman) 목사, 로버트 웨츨(C. Robert Wetzel) 총장이었다.

미국 그리스도의교회와의 교제는 '2009 한국 그리스도의교회 전국대회'에서도 지속되었다. 2년마다 열리는 한국 그리스도의교회 전국대회는 2009년 8월 17일에서 19일까지 충주호 리조트에서 열렸는데, 이 대회의 주강사는 미국 켄터키 주 사우스이스트 그리스도의교회 담임목사 밥 러셀(Bob Russell)이었다. 밥 러셀은 1965년 동 교회에 부임하여 43년 사역 끝에 50여 명의 교인들을 23,000명으로 성장시킨 탁월한 목사였다. 그는 미국 그리스도의교회(유악기)를 대표하여 문안인사를 전하면서 저녁 말씀집회와 새벽기도회를 인도하였다. 그리고 2010년 5월, 밥 러셀의 초청으로 한국 그리스도의교회 목회자 24명이 미국 켄터키 주 사우스이스트 그리스도의교회를 방문하여 교회성장 세미나(2010년 5월 3~15일)에 참가하였다.

한국 그리스도의교회의 국제 교류의 절정은 2016년 경기도 안산시 한양대 에리카 캠퍼스에서 열린 '2016 그리스도의교회 세계대회'

그리스도의교회 세계대회, 2016년 8월 14-17일, 한양대 에리카 캠퍼스

였다. 2016 그리스도의교회 세계대회는 4년에 한 번 열리는 국제적 규모의 그리스도의교회 연합집회로, 이번 행사의 주강사는 밥 러셀 목사였다. 동 세계대회는 2011년 한국 그리스도의교회 전국대회(2011년 8월 1-3일), 브라질 그리스도의교회 세계대회(2012년 10월 15~24일)에 참가, 2016(그리스도의교회) 세계대회 발대식(2013년 3월 21일), 환원운동 심포지엄(2015년 1월 22일) 등을 통해 준비되었다. 이번 대회에는 미국, 일본, 중국, 브라질, 필리핀, 인도 등 해외 그리스도의교회와 국내 그리스도의교회 교인 3,000여 명이 참가하여 그리스도의교회의 정체성을 확인하며 서로 교제하였다.

한국 그리스도의교회의
환원운동과 세계화

　　　　　　　　1990년대 이후 한국 그리스도의교회는 한국 교회 전체의 흐름(교회 성장의 둔화, 해외 선교의 활성화, 교회와 지역 간 협력범위 확대 등)과 맥을 같이하여 가고 있었다. 2011년 장성우와 그와 뜻을 같이한 유악기 그리스도의교회 총회 측 지도자들은 한국교회의 분열에 반대하고, 한국교회 전체를 향하여 교파 분열과 교권주의에서 해방되어 환원운동에 적극 참여하라는 메시지를 던졌다. 그리고 환원운동에 적극 참여하는 방법으로 성경을 신앙과 실천의 헌장으로 삼을 것을 주장하였다. 이들은 〈한국 그리스도의교회 선언문〉을 통해 1930년대 후반 그리스도의교회가 한반도에 들어와 신약성서교회를 개척하려고 하는 이유, 즉 한국 땅에서 그리스도의교회가 존재해야 할 이유를 재확인하고 있었다. 한편 유악기 그리스도의교회 협의회 측은 한국기독교총연합회에 적극 참여하여 국내 타 교단과의 교제를 정례화하고, 국제적 규모의 대회를 유치함으로써 한국 그리스도의교회의 친교 범위를 미국과 세계로 확대하는 데 집중했다.

참/고/도/서

서적

그리스도의교회 세계대회조직위원회 편. 《한국교회의 갱신과 그리스도의교회》. 서울: 태광출판사, 2015.
김익진. 《한국 그리스도의교회 교회사》. 서울: 그리스도대학교 출판부, 2011.
김흥수 서정민 편. 《한국 기독교사의 탐구》. 서울: 대한기독교서회, 2011.
노봉욱. 《나는 돈복보다 일복이 더 좋다》. 서울: 좋은땅, 2012.
노봉욱 편저. 《힐 요한 선교사의 한국 선교》. 서울: 한국 그리스도의교회 유지재단, 2006.
박대순. 《간추린 한국 그리스도의교회사》. 오늘의문학사, 1998.
조동호. 《한국 그리스도의교회 이야기》. 계룡: 그리스도의교회 연구소, 2016. http://kccs.info. [게시 2018년 1월 24일]
조동호. 《환원운동사》. 계룡: 그리스도의교회 연구소, 2017.
최윤권. 《내가 본 한국 그리스도의교회사》. 서울: 환원출판사, 2003년 수정증보판.
최재운. 《한국 그리스도의교회사》. 서울: 태광출판사, 2005.

기타

백종구. "김준곤 목사가 한국교회에 끼친 영향." 한국 기독교 성령 100주년 기념사업회 편집, 〈한국 기독교 성령 100주년 제7차 신학 심포지엄〉. 서울: 세계성령중앙협의회, 2011.
이선민. "한국의 종교." 정진석 외. 《한국의 문화 70년》. 성남: 한국학중앙연구원출판부, 2015.
장성만. "역경의 열매." 〈국민일보〉, 2009년 4월 5일부터 5월 22일자.
정남수. "그리스도대학교." 《그리스도의교회들 운동 대사전(스톤-캠벨 운동 대사전)》. 서울: 대한기독교서회, 2015: 61-62.
한국민족문화대백과. http://encykorea.aks.ac.kr/. [게시 2018년 1월 24일]

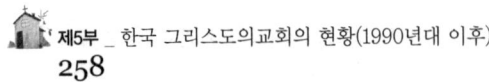

제6부

나가는 말

　　　　　이 책은 한반도에 펼쳐진 한국 그리스도의교회의 역사를 처음부터 현재까지 사건과 인물 중심으로 기술한 책이다. 교회는 교회 밖 환경과 영향을 주고받으며 변화하면서 살아간다. 기독교가 한반도에 본격적으로 들어와 성장한 시기인 한국 근현대는 한일합방(1910년), 해방과 건국(1945~1948년), 6.25전쟁(1950년), 군사혁명(1960년) 등 고난의 순간들로 이어져 왔다. 한국 기독교는 근현대사의 고난의 순간들을 뚫고 강인하게 지속되고 발전해 왔다.

　　소규모 교단인 한국 그리스도의교회 역시 예외는 아니다. 지난 80여 년 동안 한국 그리스도의교회는 크게는 한국 근현대, 작게는 한국 기독교와 괘를 같이하며 성장해 왔다. 동 교회는 '신약성서교회' 개척운동(1930년대), 일본기독교조선교단에 입회 거절(1945년), 한국 그리스도의교회 재건(1945~1950년대), 전쟁난민과 고아의 구호와 복지 사업(1950~1960년대), 성령부흥운동(1946~1963년), 해외이민에 편승한 미주 한인 그리스도의교회 개척, 선교사의 훈련과 파견, 한국기독교총연합회 가입(1999년), 관민 협력 복지제도에 부응한 지역 협력 복지 사업, 세계화에 편승한 미국 그리스도의교회와의 소통, '2016세계그리스도인대회' 개최 등을 통해 한국 근현대사와 기독교에 때로는 긍정적으로, 때로는 비판적으로 반응해 왔다.

한국 그리스도의교회를 재구성하면서, 한편으로 우리는 그리스도의교회가 매 시기마다 한국교회와 같이 한국 역사와 사회에 참여하는 순간들을 보았다. 동시에 우리는 그리스도의교회가 매 시기마다 자신을 타 교파교회와 차별화하면서 자신의 존재 이유를 밝히고 정체성을 확인하는 순간들을 보았다. 환원과 일치를 추구하는 한국 그리스도의교회는, 한편으로 유악기 그리스도의교회의 내적 연합(1974년 3월 25일 〈한국 그리스도의교회 선언〉)과 유·무악기 그리스도의교회의 연합(1954년, 1983년)을 시도했다. 다른 한편 한국교회의 교파주의와 교회 분열에 반대하고 한국교회 전체를 향하여 교회 연합을 호소했다(1946년 8월 〈기독의교회 합동선언문〉, 2011년 〈한국 그리스도의교회 선언문〉).

400여 개의 교회를 가진 소규모 한국 그리스도의교회가 한국의 거대 주류 교파교회에 동화되고 흡수되어 그 존재를 잃지 않기 위해서는 매 순간 자신의 존재 이유(raison d'être)를 자각하고 자신의 정체성을 확인할 필요가 있다. 지금 한국교회는 200개 이상의 교파교회로 분열되어 있고 연합단체마저 사분오열되어 가고 있다. "모든 일에는 다 때가 있는 법"이다. 바로 지금이 한국 그리스도의교회가 자신이 이 땅에 있어야 할 존재 이유를 자각해야 할 때이며, 자신의 정체성을 재확인해야 할 때이다. 한국 그리스도의교회는 지금 에스더의 "죽으면 죽으리라" 하는 심정으로 신앙의 선진들이 각 시기마다 시도한 환원·일치정신을 계승하되, 전 시대가 전해 준 대로의 그리스도의교회의 정체성을 답습하는 것이 아니라 이 시대에 맞는 정체성을 찾아야 한다. 이 시대에 맞는 정체성을 찾는 길은, 신·구약성경을 한국적 상황에서 재해석하여 일치신앙을 신학적으로 체계화하고, 교회 조직을 개편하는 것이다.

  이 책은 일부 자료의 부재와 연구 미흡으로 몇 가지 점에서 미완성 작품으로 남아 있다. 우선 이 책에는 성수경, 김은석, 최윤권, 최순국, 이신을 비롯한 여러 목회자들의 신학 사상이 빠져있다. 다음으로 이 책은 1990년대 이후 한국 그리스도의교회의 상황에 대해 개괄적으로 그치고 있으며, 특히 무악기 그리스도의교회의 상황에 대한 기술이 들어가지 못했다. 또 유악기 그리스도의교회 배도은(Gorden Patten) 선교사에 관한 기술은 너무 간략하다.

  역사는 어떤 시점에서 마감되는 것이 아니라 계속 이어져 나간다. 과거의 사건과 인물 그리고 사상은 매 시대에 따라 다르게 해석되고 재구성되어야 한다. 지금 이 책에 담지 못한 자료와 해석 그리고 재구성되어야 할 부분들은 후대 그리스도의교회 역사학자들이 보충해 나가야 할 몫으로 남겨둔다.

부록

1. 1992년까지 한국에 들어온 그리스도의교회(유악기) 선교사들

성명(한국명)	지역	주요 사업	사역 기간
J. Michael and Martha Shelley	서울	전도	1935
T. G. and E. Hitch	서울	신학 교육, 선교지 시찰	1938~1939
John T. and Wahneta Chase	서울	신학 교육, 교회	1936~1940
Owen and Shirley Still	일본 동경	선교지 시찰	1939~1941
John J. and Esther Hill	서울	신학 교육,교회,사회사업	1939~1955
Paul and Joan Ingram	서울	신학 교육	1953~1955
Robert West	서울	신학 교육	1953~?
Jane Kinnett	서울	신학 교육,고아원	1955
Howard Davis	서울	신학 교육	1953~1954
Lila Hiller	서울, 부평	고아원	1953~1956
Marry Barnhill	서울, 부평	고아원	1954~1955
Harold and Ada Taylor	서울	신학 교육,고아원	1955~1974
Alex and Betty Bills	부산	라디오	1956~1961
Flora Mae Guernsey	부산	라디오	1957~1959
Richard and Melba Lash	강릉,부산	전도,교육	1957~1971
Joshep and Maxine Seggelki	부산, 서울	라디오, 신학 교육	1958~1961
Bert and Marjorie Ellis	부산	라디오,교회	1958~1983
John and Jane Hill	대전	신학 교육,교회,고아원	1959~1972
Gorden and Sharon Patten(배도은)	서울	신학 교육,교회,고아원,출판	1962~?
Virginia (Hill) Bendure	대전	고아원	1966~1969
Mary Harding	서울	교육	1967
Joe and Linda Garman	대전	신학 교육,부흥전도,교도소	1969~1970
Paul Comeaux	대전	고아원	1969~1970
Fred and Ellie Hoffman	대전	신학 교육,고아원	1970~1973
Patricia Kim	대전	신학 교육,교회,고아원	1970~1998
Claudia Lazzereschi	대전	고아원	1974~1978
Bob and Joyce Warrick	대전	신학 교육,고아원	1977~1978
Charles Baer	서울	교육,행정	1978~1979
Debbie Ham	서울	교육,고아원	1978~1984
Delroy Brown	서울	신학 교육,전도	1979~1982
David and Loretta Warner	서울,목포	신학 교육	1979~1984
Clarence Rittenour	서울	신학 교육,전도	1980~1984
Keri Augsburger	대전	교육	1981~1983
Mike and Joan Noel	대전	의료선교	1982~1984
Vicki Jones	대전	교육	1983~1984
Timothy Chambers	서울	교육,전도	1983~1984
Jim and Suzy Montgomery	대전	영어 교육	1987~1989
Kori Frye	대전	비서	1987~1989
Karen Terhune	대전	비서	1990~1992

[참고. 김찬영, 《한국 그리스도의교회 초기 역사》 (논산: 한성신학교, 1991), 155-156]

2. 그리스도의교회 합동 선언문

우리 그리스도의교회는 신약 시대에 그리스도께서 창립하신 교회로 오늘날 각각 분열된 기독교 각 교파는 신약 시대 그리스도의 교회로 환원하도록 주 예수의 성지를 순응하여 합동·통일운동을 선언하노라.

요한복음 17장은 주기도문인 것을 믿는 자는 누구나 다 아시는 바인 동시에 11절 하반에 "거룩하신 아버지여 내게 주신 사람을 아버지의 이름으로 보존하사 하나이 되기를 우리가 하나이 됨같이 하게 하옵소서" 하시고, 21절에 "저희로 하여금 다 하나이 되게 하사" 하시고, 또 23절에 "아버지께서 내게 주신 영화를 내가 저희에게 주어 하나이 되게 하기를 아버지와 나와 하나이 된 것같이 하오니." 이와 같이 3차나 모든 신자 성도들이 하나이 되기를 간절히 기도하신 바 지금도 하나님 우편에서 계속적으로 기도하실 줄 믿습니다. 그뿐 아니라 성 바울도 고린도전서 1장 10절에 "형제들아 내가 우리 주 예수 그리스도의 이름으로 너희를 권하노니 다 한 가지 말로 하고 상호 분쟁하지 말고 한마음 한뜻으로 완전히 합하라" 하셨고, 또 12-13절에 "이는 무타(無他)라 너희가 각각 이르되 나는 바울에게 속한 자요, 나는 아볼로에게 속한 자요, 나는 게바에게 속한 자요, 나는 그리스도에게 속한 자라 하니 그리스도께서 어찌 여럿이 되며, 바울이 어찌 너희를 위하여 십자가에 못 박혔으며, 바울의 이름으로 너희가 침례를 받았느냐" 하시었으니, 이는 신약 시대부터 교회 분열이 생길 위험성을 경계함이다. 지금은 모든 신자들이 각각 말하되, 나는 희랍교에 속한 자요, 나는 가톨릭에 속한 자요, 나는 성공회에 속한 자요, 나는 장로교에 속한 자요, 나는 감리교에 속한 자요, 나는 성결교회에 속한 자요, 나는 구세군에 속한 자요, 기타 각 교파에 속한 자라 하고 그 단체의 헌법과 장정 규칙을 존중시하고, 성서는 그다음으로 생각하여 분열됨으로써 분쟁하는 것은 사실이 증명되고 있으니, 성 바울이 기록한 성경 말씀에 위반되는 것은 구분 설명이 요하지 않는다. 만일 교파 자체로나 신자 자신으로서 합동 통일을 반대하거나 부정한다면 주님의 기도를 무시하는 자요, 성 바울 사도의 합동 교훈을 부인하는 자라고 아니할 수 없다. 또한 생각할 것은 예수 그리스도의 재강림을 부인할 신자나 교파는 없을 것이다. 주님 다시 오실 기약이 왔은즉, 다 통일하여야 할 것이다. 에베소서 1장 10절에 "기약이 찰 때에 만물이 그리스도 안에 통일하여야 한다"고 하였으니, 이제 기약이 찬 때가 왔다. 만물도 통일할 것인데, 그리스도 신자가 통일치 못하면 만물들에게 부끄럽지 않는가? 다시 조선교단의 실정을 살펴보면, 우리 조선의 각 교파나 교회가 악마 왜정 시대에 '일본기독교 조선교단'(日本基督敎 朝鮮敎團)이라는 명칭으로 합동 통일한 사실이 있었다. 이는 마귀의 명령으로 합동하여 신사참배하는 데 통일 공작의 중심이 되었다. 그런즉 악마에게는 굴복하여 신사참배의 합동 통일은 하면서도 주님의 말씀인 성경의 교훈대로 각 교파 신도의 통일을 부인할 수 있을까? 만일 부인한다면, 주님의 성지인 성경 말씀을 부인하는 것이다. 삼가 조심하라. 그런즉 합동 통일을 함에는 어떠한 방법으로 할 것인가? 덮어놓고 합동하자는 것이 아니다. 신약 시대의 교회로 돌아가자. 신약 시대의 교회로 돌아가자면, 신약 시대의 교회를 찾아야 한다. 신약 시대의 교회는 신약성경 중에서 찾아야 한다.

1. 교회 창립자와 머리를 찾자 - 이는 예수 그리스도시다(마 16:18; 엡 5:23). 각 교파의 창립자와 머리는 누구인가? 가톨릭은 저스테니안, 성공회는 헨리 8세, 루터교는 마틴 루터, 침례교는 코날드 그레벨, 장로교는 존 낙스, 칼빈교는 칼빈, 감리교는 요한 웨슬레, 구세군은 윌리엄 뿌드, 성결교는 카우만이다.

2. 교회 명칭과 터를 찾자 - 그리스도의교회가 바른 이름이며, 그리스도의 터는 그리스도이다(마 16:18; 롬 16:16; 고전 3:11). 그러나 각 교파의 명칭은 성경에 전혀 없다.

3. 교인의 명칭을 찾자 - 오직 그리스도인이라(행 11:26; 갈 2:24; 벧전 4:16). 그러나 각 교파교인의 명칭은 성경에 없다(장로교인, 감리교인 등…).

4. 교인이 되는 방법을 찾자 - ㄱ)믿고 침례 받음(마 28:19; 막 16:16). ㄴ)회개하고 침례 받음(행 2:38). ㄷ)신앙을 고백한다(행 8:37). 그런즉 믿고 회개하고 고백하고 침례 받으면 사죄 구원하는 동시에 성신을 선물로 받는다. 침례는 죄의 몸이 죽고 부활과 신생을 얻는다(롬 6:4; 골 2:2). 물과 성신으로 중생한다(요 3:5). 약식 세례는 성경에 없다. 이는 주전 753년에 로마법왕 스티븐 2세가 애돌프스의 집에 시작한 것이다.

5. 침례는 누가 행할 수 있는가 성경에서 찾자 - 목사, 집사, 성도들이다. 침례 받는 자는 누구나 행할 수 있다(행 2:38-41, 8:38, 9:17-18). 이상은 사도 집사 빌립과 성도 아나니아가 시행하였음. 목사만이

행할 수 있다는 것은 교파들의 주장이다.

6. 그리스도인이 되면, 첫째로 하나님께 예배한다. 예배일을 찾자. 칠 일 중 첫날은 주일이요, 일요일이 아니다(행 2:41-42, 20:7). 이 날은 주님이 부활하신 후 일곱째 안식일 다음날인 오순절날 성령 강림하신 날이요, 이날에 제자의 수가 삼천 명이 침례받아 제자가 되었고, 그리스도의교회가 시작된 날이 주일이요, 유대교에서 지키는 안식일이 아니다.

7. 신약 시대 교회에서 주일을 예배 일로 지켰는가? 주님의 부활과 십자가를 기념하는 주의 만찬을 위해 모였다(행 2:41-42, 20:7). 주일에 주의 만찬을 하지 않으려면 차라리 안식일을 지켜 유대교인 율법으로 돌아감이 어떨까? 그리스도의교회는 유대교가 아니다.

8. 신약교회는 하나님의 지상명령인 성경만 믿는다. 성경 이외에 헌법이나 규칙은 죄가 된다(계 22:18).

이상에 대하여 더 알고자 하거나 깊이 연구하시려면 성경에 나타난 신약교회로 오시면 됩니다. 여러 교파와 교인들이여, 우리 모두 교회의 합동 통일운동을 위하여 힘을 합칩시다. 다른 교파에서 신학을 마친 교역자들은 우리 신학 별과를 단기로 수양하니 같이 합시다. 환영합니다.

서기 1946년 8월 경성 사직공원 내, 경성 돈암동 204, 그리스도의교회

3. 한국 그리스도의교회 선언

한국 그리스도의교회 연합회(1974. 3. 25)

"너희는 가서 모든 족속으로 제자를 삼아 아버지와 아들과 성령의 이름으로 세례를 주고 내가 너희에게 분부한 모든 것을 가르쳐 지키게 하라"(마 28:19-20) 하신 예수 그리스도의 말씀을 좇아 세계 만방에 그의 복음이 전파되었으며, 따라서 한민족에게도 이 구원의 말씀이 전파되었다. 각 민족에게 전파된 복음의 말씀은 그 민족이 갖는 특이한 역사와 전통을 따라서 그 민족이 갖는 신앙적인 결단에 의해서 선택한 교회의 각양 형태를 취하였다. 복음을 식물의 종자라고 말한다면 각 민족이 갖는 역사적인 전통과 민족성은 기후와 토질 곧 풍토와 같은 것이라고 말할 수 있을 것이다. 같은 식물의 종자이지만 그 풍토 차이로 인해서 거기서 자라는 나무의 성장하는 모습이 달라지는 것처럼, 각 민족이 갖는 민족성의 차이로 인해서 같은 예수 그리스도의 복음이지만 그 표현하는 신앙의 양태가 달라지는 것이다. 그것으로 그 민족이 갖는 교회의 특색을 따라 각 민족의 신앙의 특이성이 나타난다. 가톨릭교회는 로마 제국의 정치적인 권력과 그 행정적인 조직과 법질서의 확립 등의 반영으로 그렇게 강한 교권과 조직력을 가진 로마 교회를 형성하였고, 동유럽 제국의 동양적인 성격은 비의적(秘儀的)이며 묵시문학적인 희랍정교회를 낳았고, 영제국과 같은 보수적이며 귀족풍의 국민성은 성공회와 같은 의전적이고 고답적인 교회를 형성하였다. 게르만 족과 같은 진취적이고 이지적인 백성들은 개혁적이고 전투적인 프로테스탄트 교회를 낳았고, 미대륙과 같이 자유를 즐기고 평등을 주장하는 사람들은 오늘날 미국에서 전래되는 군소 교파와 같은 평민적이며 자치적인 교회를 낳았다.

한국에 그리스도의 복음이 전파된 이래 짧은 한국교회 역사를 통해서 한국교회가 갖는 어떤 특이성의 양상이 나타나기는 하였지만 '정말 이것이 한국적이다'라고 말할 수 있는 뚜렷한 모습이 신학적으로나 교회적으로 나타난 것은 아니다. 아직도 한국적 자각 밑에서 복음이 수용되었다기보다는 외국 교회가 자기네들의 성서 해석과 신앙양식을 한국교회에서 이식시켜 놓은 것에 불과하다. 아직도 한국교회는 우리 나름의 자각으로 복음의 씨를 우리의 풍토에 심고 특이한 신앙 형태로 발전한 것 같지 않다. 다만 외국 교회의 흉내 아니면 무자각한 외국 교회의 전통과 성서 해석의 묵수, 이런 테두리에서 벗어나지 못하고 있는 것 같다. 과거 한민족의 역사가 정치적으로 외세에 의해서 억압과 침략을 당하는 동안 이민족의 정신적인 자세가 무자각한 사대주의에 기울어져 그 시정책이 국민적으로 논의되고 있는 마당에 이렇게 신앙마저 남의 나라의 종교적 식민지가 되어서는 안 될 것으로 안다. 그렇다고 극단의 반발로 무조건 외국 것은 나쁘다고 하는 배타주의에 빠져서는 안 될 것이지만 우리는 과거에 한국교회가 걸어온 무자각한 외국 것의 모방이나 묵수 등은 삼가야 할 것으로 안다. 이런 것들은 초기 한국교회의 발전 과정에 필요로 한 것들이었으나 상당히 역사가 경과한 오늘날에 와서도 한국교회가 지속해야 할 태도라고 우리는 보지 않는다.

우리는 타 교단의 문제는 고사하고 한국에서 소위 '그리스도의 교회'라고 불리는 제 교회를 개관하여 보면 이상에서 말한 것과 같은 한국적 자각이 새삼스럽게 요청된다고 보는 것이다. 1937년 이래 미국 선교사들이 전한 소위 말하는 '환원운동'은 신약성서에 있는 초대교회에로 환원한다는 외침은 좋으나 우리가 성서를 읽고 깨닫는 대로는 성서가 정말 우리에게 가르치는 신앙과 교회의 원형태를 그들이 바로 인식했다고 볼 수는 없는 것이다. 그것은 우리가 두 가지 점에서 그들의 오해를 들 수 있는데 하나는 미국의 환원운동이 개체 교회의 독립성을 극단으로 고조한 나머지 교회와 교회끼리의 유대와 전체 교회가 가져야 할 질서 있는 통일성을 결하여 그 질서가 문란한 그것이다. 성서가 우리에게 가르치는 교회는 어디까지나 질서 있는 유기체 곧 '그리스도의 몸'(엡 1:23; 골 1:18; 고전 12:21)으로서의 교회인 것이다. 교회는 각자가 맡은 직책을 따라 신앙으로 봉사하며 개체 교회는 다 교회와 협력해서 전체 교회의 통일성 있는 유대를 갖고 그 본래의 사명을 성령의 인도하심을 따라 수행해 나가야 할 것이다. 우리가 깨달은 성서적인 교회는 한 개체 교회만 잘해 나가면 된다는 개인주의적인 것이 아니고 전체 교회가 공동체 의식을 갖고 상부상조하는 질서 있는 교회이다. 그래서 바울은 "하나님은 어지러움의 하나님이 아니라"(고전 14:23)고 했고 "모든 것을 질서대로 하라"(고전 14:40; 골 2:5)고 몇 번이고 그 교회들에게 권유한 것이다. 초대교회는 교리와 신앙상 문제가 생겼을 때 전체 교회의 신앙적인 통일을 기하기 위하여 예루살렘에 공의회를 열고 이를 논의하였으며, 그 논의된 것이 확정되는 대로 사람을 택하여 각 교회에다 공한을 발송했으며(행 15:6-29) 또 예루살렘 교회에 어려운 일이 있을 때 각 지방 교회가 서로 헌금을 거두어 그 어려움을 돕기도 하였다(롬 15:25-29; 고후 9:1-5). 그러나 오늘날 한국에 있는 소위 말하는 그리스도의교회들이 이런 초대교회가 가졌던 공동체 의식을 발휘하고 있느냐 하면 거기에 미치지 못하고, 미국 환원운동이 전해 준 개교회주의의 가르침이 극단의 개인주의식 교회로 만들어 버렸다. 이것은 미국 그리스도의교회의 환원운동 지도자들이 가졌던 그 당대 미국사회 풍조인 개인주의적 자유사상의 영향과 지나친 교권주의에 대한 반발 등에서 나온 교회관을 한국교회가 무비판적으로 받아들인 데 기인한다고 볼 것이다. 교회의 질서를 확립하기 위해서 세운 교권 자체가 결코 나쁜 것은 아니다. 교회가 그리스도께서 명하신 그 본래의 사명과 그 종말론적 과제를 수행해 나가려면 성서가 우리에게 말씀해 주시는 교권과 질서가 확립되어야 한다. 그렇게 못할 때 교회는 혼란과 무질서 속에 빠져 들어 가고 교회는 세상 사람들의 지탄받는 대상이 되어 버리고 만다. 한국에서 소위 말하는 '그리스도의교회'라는 이름을 가진 교회들의 지금까지의 혼란상이 이것을 여실히 증명하고 있다. 이것은 조직과 교권이 확립되지 못한 허술한 틈을 타고 들어온 선교 방책의 무계획성, 성직자들의 무질서한 장립(將立)과 그 권위 상실, 신앙과 교리의 무정견(無定見), 그로 인한 교회의 신앙 방향의 동요와 건실한 발전의 저지(沮止) 등을 들 수 있다.

또 다른 미국 환원운동자들의 오류는 그들이 세례와 성만찬 등의 초대교회의 의전적인 방식을 강조한 나머지 신앙의 내면성의 충실을 결하였다는 점이다. 우리는 결코 신앙의 외면적인 형식을

 부록

경홀히 여기는 바는 아니지만 신앙의 내용과 그 영감적인 면을 소홀히 할 수는 도저히 없다는 것이다. 미국 그리스도의교회의 대체적인 경향은 세례의 의식 자체에 구원이 있는 것처럼 해석한다든지, 성만찬 의식을 행하는데 생명의 양식을 공급하는 양 말하고 '그리스도의교회'란 이름을 씀으로 그것이 유일한 신약성서적 교회를 뜻하는 것처럼 생각하는 나머지 그 내면성의 의의라든지 그 내용의 인격적인 실현 등이 도외시되는 점이다.

초대교회로의 환원은 세례와 성만찬과 교회의 이름 등의 외면적인 환원에만 주력해야 할 것이 아니라 초대교회 특히 사도행전에 나타난 성령의 내적인 역사가 따라야 하는 것이다. 그런데도 미국 환원운동자들의 가르침 가운데는 기사 이적이나 성령의 세례 등은 사도시대 당시에 국한되었던 현상이지 오늘날은 정지된 것처럼 해석하는 것이다. 이것은 '하나의 세례'란 말을 자구적으로 해석하여 세례는 침수 세례 하나만이라는 주장에서 기인한 것일 것이다. 이런 극히 피상적인 자구적 성서 해석이 그렇게 메마른 형식주의와 또 다른 율법주의적 신앙 형태를 만들어놓은 것이다.

그렇다고 우리는 어느 주관주의자들이 주장하는 것처럼 신앙의 형식적인 면을 포기하고 그 내면적인 면만을 주장하자는 것도 아니고, 오늘날 교파교회에서 주장하는 것처럼 인위적인 명칭이나 성례전의 간편주의를 채택하자는 것이 아니다. 우리는 신앙의 내용과 형식의 일치를 보는 겸전한 신앙을 주장하기 때문에 그 어느 한편에 치우치지 않으려는 것이다. 그런 의미에서 '한국 그리스도의교회'는 성서의 독자적인 해석 아래 한국교회가 나가야 할 길을 모색하게 된 것이다. 한편으로는 질서 있는 교회로서 '한국 그리스도의교회' 전체가 유기적으로 하나가 될 수 있는 연합적 조직체의 형성과 성례전의 재인식 그리고 신앙 내용의 올바른 깨달음이 있어야 할 것을 절감하는 바이다. 그래서 명실공히 예수 그리스도께서 원하시는 교회가 그리고 성서적 신앙이 이 땅에 확립되기를 바라면서 아래와 같은 우리의 결의를 표명하는 바이다.

1. 우리는 '한국 그리스도의교회'가 한국인에게 들려주신 예수 그리스도의 복음에 대한 한국인의 자각 있는 신앙과 이해에 의해서 세워져야 할 것을 믿는다.

1. 우리는 '한국 그리스도의교회'가 하나님의 영감에 의해서 기록된 신·구약성서의 말씀에 기준해서 신앙하며 또 그 말씀에 기준해서 교회가 세워져야 할 것을 믿는다.

1. 우리는 '한국 그리스도의교회'가 성서에 계시된 신앙의 내용의 충실을 기할 뿐 아니라 그 내용을 담은 그릇인 양식과 표현도 성서적이어야 한다고 믿는다.

1. 우리는 한국인의 자각으로 이해하는 기독교 신앙과 교회의 형태에 대해서 어떤 외국인의 독자적 신앙이나 교회 형태가 한국인의 신앙적 결단을 무시하고 간섭할 수 없음을 믿는다. 그러나 외국인의 독자적 신앙과 교회에 대해서 성서에 위배되지 않는 한 이

를 존중하며 또 우호적이어야 한다고 믿는다.

1. 우리는 한국인의 자각으로 이해한 성서적 교회가 그 권위와 질서를 유지하기 위하여 전체 교회의 유기적 통일성을 기하는 성서적 조직체가 있어야 할 것을 믿는다.

1. 우리는 한국인의 신앙적인 자각에서 세워진 '한국 그리스도의교회'가 '그리스도의 몸'으로서의 유기적인 조직을 갖고 이의 원활한 운영을 도모하기 위하여 각 교회의 구체적 헌신과 협력이 요청되는데 이는 각 교회의 전체 헌금 중 십일조를 교회의 연합체에 드림으로 이에 충당할 것을 결심한다.

1. 우리는 '한국 그리스도의교회'의 건실한 발전을 위해서 같이 기도하며 우리의 총력을 기울여 이를 받들며 사랑으로 굳게 단결할 것을 다짐한다.

4. 유·무악기 통합 취지문

우리는 그리스도께서 세우신 교회는 오직 하나뿐임을 믿으며 그리스도의 몸 된 교회는 어떠한 형태로든지 나뉘는 것을 원치 않는다.

우리는 한국의 그리스도의교회가 악기 문제 등으로 서로 나뉘어 있었음을 심히 유감스럽게 여겨 오던 중 이제 둘이 합하여 하나가 됨을 만천하에 선언한다.

우리는 170여 년 전에 미국에서 캠벨 부자, 발톤 W. 스톤 등 환원운동의 선각자들이 무조건 하나로 뭉친 전례를 아름다운 전통으로 이어 받아 이 땅에서 가장 이상적인 환원운동을 펴나가고자 한다.

우리는 '본질적인 것에는 통일을, 비본질적인 것에는 자유를, 모든 것에는 사랑을'이라는 원칙을 고수한다.

우리는 하나로 합하는 것은 교파의 형성도 아니며 교권을 세우려 함도 아니라, 한국교회가 처하고 있는 특수한 여건에 대응하여 교회와 교회, 교역자와 교역자 상호간의 친목과 협동을 통하여 상호의 공익을 도모하며 우리의 외침을 보다 효율화하여 선교로 연결시키며 현세대에서 교회와 교역자의 신분을 법적으로 보장받고자 함이다.

우리는 교회가 헌법을 가지는 것을 반대한다. 그러므로 성경전

서 외에 어떠한 회칙이라도 교회를 간섭할 수 없으며, 단 본 협의회를 질서 있고 효율적으로 운영하기 위하여 회칙을 만들 수 있다.

1983년 3월
그리스도의교회 통합추진위원회

5. (유·무악기 통합 반대) 취지문

지난 3월 14~15일 양일간 서울 영동 소재 유스호텔에서 무악기 측 그리스도의교회 교역자협의회와 유악기 측 그리스도의교회 협의회가 통합을 결의하고 그 취지를 발표한 바 있습니다.

전 그리스도의교회 교역자협의회 회장 임낙풍 목사는 한국에 있는 67개의 그리스도의교회 중 일부라 할 수 있는 22개 교회의 교역자들을 유악기 측 그리스도의교회 협의회와 통합시키고 무악기 측 그리스도의교회 교역자협의회를 일방적으로 해체하였습니다.

유악기 측 교단은 명칭은 같이 사용하고 있으나 엄연히 각기 다른 교리를 갖고 있는 교단입니다. 교리적으로 일치하지 않는 통합이란 근본적으로 있을 수 없는 일입니다.

성서적으로 일치를 원하는 45개 그리스도의교회 교역자들 30여 명이 6월 17일 서울 강서 그리스도의교회당에서 모여 해체된 협의회를 재구성하였습니다.

금번 총회에서 순수한 성서적 교리를 고수하고 그리스도의교회를 보다 건전하게 발전 성장시킬 것을 다짐하고 한국에 산재해 있는 교회들을 적극적으로 지원하여 교역자 상호 간에 친분과 법적 신분 보장 등 교역자의 평생교육을 실시함으로 자질을 향상시켜 환원운동의 기수가 될 것을 결의하였습니다.

서기 1983년 6월 27일

그리스도의교회 한국교역자회

6. 한국 그리스도의교회 쇄신에 관한 백서

"우리가 말하고 작성한 것은 많은 사람이 생각하고 말하고 싶은 것을 대신한 것일 뿐이다. 다만 그들은 감히 발설하지 못할 뿐이다." —죠피 속—

"터전이 흔들리고 휘청거리는 교회 구조의 신음 속에서 우리는 이 현장에서 지옥의 문이 이길 수 없는 영원한 교회의 약속을 듣는다. 그리스도가 세웠고, 모든 시대를 통해서 그리스도가 계속 세워 나가는 반석 위에 세워진 교회의 약속을 듣는다. 이 교회는 어디에 있는가? 어디서 우리는 발견할 것인가? 어디서 우리는 이 소리를 듣는가? 성서로 돌아가자…이 교회는 그리스도에게 부름을 받고 따라서 가는 이 제자들의 적은 무리들이다…우리는 그분이 교회를 세우는 것을 고백해야 하고 그것을 선포해야 한다. 그리고 그분이 교회를 세우도록 기도를 해야 한다." — 디트리히 본회퍼 —

"적은 무리여, 두려워 말라. '내가 세상을 이겼다.'"(요 16:33).

한국 그리스도의교회는 어디에 있는가? 어디서 우리는 발견할 것인가? 어디서 우리는 이 소리를 듣는가?(성서로 돌아가자! 환원의 기치를 높이자!)

그리스도의교회의 에토스(기풍)는 독립성과 실용주의 위에 '초대교회'로 돌아가자는 단순한 성서적 신앙의 고백을 이룸에 있다.

 부록

인위적으로 이루어진 신조들과 전승들을 그리스도인의 사귐을 위한 필수조건들로 간주하기를 거절하고, 한국 그리스도의교회는 지금, 여기에서 그 사귐의 근거를 발견하기 위한 제반 노력을 다하며, 1804년의 '스프링필드 노회의 유서'를 남기고 자폭을 결행하여 단순히 그리스도인이란 이름을 찾음과, 그들의 지도자 발톤 스톤의 부흥운동, 단순하고 성서적이며 비신조적인 신앙, 기독교 연합에의 호소와, 토머스 캠벨의 1807년 워싱턴 카운티 그리스도인 협의회 선언을 통한 교회 연합, 화해, 그리고 순수성을 외침과, 월터 스코트의 교회로의 '적극적인' 또는 객관적인 단계들에 근거한 합리적이며 성서적인 '구원 계획' 즉 믿음, 회개, 세례, 죄의 사유, 성령의 은사 등 다섯 단계를 발전시킨 것과 같은 '환원운동의 전통'을 발전 승계하고, 이 땅 위의, 이 현장에서 접한 당위성과의 갈등을 극복하며 토착된 운동으로 - 아니 나아가 어느 토양에서든 열매를 거둘 종자를 배양하기 위해 모든 희생과 인내를 아끼지 않아 왔다.

1930년대 초 우리 한국 그리스도의교회는 한국인의 자각과 그 신앙의 진실성 속에서 비롯되어 한국인의 선교 활동에 의해 그 터를 닦았으며, 그 선각자들에 의해 건축되고 약 어언 반세기의 역사 선상에 그 틀을 이루어 가고 있다. 아직 조금 말하고, 부끄러이 나누고, 조심스레 쌓아 가고 있을 뿐 이 토양에 뿌리 박은 민족교회로서의 우리의 과업을 다하지 못함이 부끄러울 따름이다.

그러나 우리 나름의 몸부림이 한국역사의 한 옆에 서 있었다. 이 땅이 혼란과 정의의 수난에 처해 있었던 - 한국적 민주주의와 한국인의 민주주의를 노하며 맞서고 있었던 1974년, 한국 그리스도의교회는 그해 3월 25일 한국 그리스도의교회 연합회 명의로 '한국 그리스도의교회 선언'을 선포하고, 환원운동의 본격적인 한국적 자각을 형성하여 민족교회로서 선교 식민교회의 오명을 벗고 무조건적 배타주의가 아닌, 다만 맹목적인 굴종을 반성하고, 개체의 독립성을 지나치게 강조한 나머지 전체적인 조직 존재를 부정함으로 교회 간이나 사람들 간의 유기적 관계나 발전을 저해한다고 지적하고, 또한 성서의 지나친 자구적 해석으로 인한 형식주의와 율법주의를 비판하고 있다. 이 선언문은 주관주의에서 표방하는 신앙의 형식적인 면을 포기한다든가 교파주의가 주장하는 인위적 명칭이나 간편주의를 옹호하는 것이 아니며, 겸전한 신앙의 중립을 주장하고, 특히 한국교회 독자적 성서의 해석과 그 나아갈 길을 모색하고자 했다.

이후 명실공히 한국 그리스도의교회 독자적 신앙노선을 형성하여 모든 교회의 유기적 단합을 이루고, 새로운 협의체인 한국 그리스도의교회 협의회를 구성하고 오늘에 이르고 있다.

그러나 '한국 그리스도의교회 선언' 선포 10년이 지난 오늘날 우리는 이 세대에 하나의 백서를 내놓지 않을 수 없다.

1980년대에 들어와 우리는 어떤 불안을 안고 있었다. 점차 한국 그리스도의교회는 모든 그리스도인의 교회가 아닌, 특정 소수인의 교회인 것과 같은 착각과 심한 교회성의 상실과 소외를 경험하고,

우리들의 치를 희생과 인내를 예견하게 되었다.

그러나 1982년 3월 서울 유스호스텔에서 회집된 유·무악기 교회 통합대회를 맞아 모든 불안과 우려에도 불구하고 하나 된다는 현실과 통합 추진자들의 공약에 대한 희망으로 우리는 미래를 기대하였다. 그리고 1983년 5월 20일 그리스도의교회 협의회의 이름으로 공포된 회칙 전문의 의지에 공감하였다. 그 전문(前文)의 전문(全文)은 이러하다.

> 우리는 예수 그리스도께서 세우신 교회는 오직 하나뿐임을 믿으며, 그리스도의 몸 된 교회는 어떠한 형태로든지 나뉘는 것을 원치 않는다. 우리는 한국의 그리스도의교회가 악기 문제 등으로 나뉘어 있었음을 심히 유감스럽게 여겨 오던 중, 이제 둘이 합하여 하나가 됨을 만천하에 선언한다.
>
> 우리는 170여 년 전에 미국에서 캠벨 부자, 발톤 스톤 등 환원운동의 선험자들이 무조건 하나로 뭉친 전례를 아름다운 전통으로 이어받아 이 땅에서 가장 이상적인 환원운동을 펴 나가고자 한다.
>
> 우리는 '본질적인 것에는 통일을, 비본질적인 것에는 자유를, 모든 것에는 사랑을' 이라는 원칙을 고수한다.
>
> 우리가 하나로 합하는 것은 교파의 형성도 아니며 교권을 세우려 함도 아니라, 한국교회가 처하고 있는 특수한 여건에 반응하여 교

회와 교회, 교역자와 교역자 상호간의 친목과 협동을 통하여 상호의 공익을 도모하며, 우리의 외침을 보다 효율화하여 선교로 연결시키며, 현시대에서 교회와 교역자의 신분을 법적으로 보장받고자 함이다.

우리는 교회가 헌법을 가지는 것을 반대한다. 그러므로 이 회칙은 성경전서를 본칙으로 하는 부칙에 불과하며, 교회를 간섭할 수 없으며, 단지 본 협의회를 질서 있고 효율적으로 운영하기 위한 약속임을 재확인한다.

우리는 이 회칙은 본칙인 성경이 명할 시는 언제든지 폐지 또는 개정할 것을 이에 분명히 밝히면서 이 회칙을 제정한다.

一. 그들은 회칙 전문에서 "그리스도의 몸 된 교회는 어떠한 형태로든지 나뉘는 것을 원치 않는다"고 했다.

그러나 지금에 와서는 소수 인물에 의한 횡포가 견제 없이 마구 자행되어 사실상 교회 일치와 단결을 저해하고 그 분열을 오히려 조장하고 있다. 그들은 1982년 3월을 전후하여부터 지금까지 계속 협의회 지도층으로 행세하면서 지난 1984년 10월 22일에는 회집된 총회에서 가장 중요한 보고와 이슈로써 고작, 회원의 제명 처분과 자격 정지에 관한 보고와, 회원권의 축소, 2중 여론 억압 장치 보완과 주요인물 등장의 사전 제재 조치를 위한 회칙 개정안을 통과시키려다가 실패하고 말았다. 이는 사실상 장기적으로 특정 소수인물에 의한 협의회 운영을 기하려는 가증스런 의도로, 전 교회의 일치와 단결을 그들 자신들이 원하지 않음을 드러낸 처사이다.(물론 잘못을 빌어야 할 사람은 빌어야 하고, 조치를 취하려면 취해야 한다. 그러나 그 경중과 시기는 몇몇의 필요를 따라 선택될 소지의 것이 아니다.)

또한 "이제 둘이 합하여 하나가 됨을 만천하에 선언하다"라는 자랑스런 문구는 이제 사문화되고 말았다. 신문에 보도된 바로는 문공부에 등록된 그리스도의교회는 분명 두 개였다. 유·무악기 교회 통합은 한낱 공리의 허구일 뿐 실제적이며 유익된 사실이 아님을 알게 되었다. '통합 유지 명분'은 그것을 이데올로기화하여 모종의 유익을 도모하려는, '이익단체'화 하려는 자들의 무기임을 알아야 한다. 만약 통합이 진정한 것이라면, 왜 2년이 지난 오늘에까지 와서도 자꾸 안배와 경계가 거론되고, 왜 실제적인 참여와 공동의 프로그램이 마련되고 있지 못하는가? 그렇다면 통합 추진 책임자들과 그 긴밀한 협조자들은 제3의 집단화 하려는 의도인가?

그리고 교회 질서 확립과 유지를 위한 규정이 아닌 오직 소수 편의와 다수 제재 조치만을 위한 제 규정의 난무와 그것의 임의 적용은 순진한 교인들과 동역자들을 우롱하고 그 신뢰를 상실하는 행위라 아니할 수 없다.

그것이 일치를 원하는 의도라 할 수 있는가? 그러므로 한국 그리스도의교회의 일치와 단결을 저해하는 요인으로 작용하는 특정 소수인의 교단 정치적 횡포는 중지되어야 하며, 그러한 기형적 인물들은 더 이상 우리의 지도자가 될 수 없음을 천명하는 바이다.

一. 회칙 전문은 "우리는 170여 년 전에 미국에서 캠벨 부자, 발톤 스톤 등 환원운동의 선험자들이 무조건 하나로 뭉친 전례를 아름다운 전통으로 이어받아 이 땅에서 가장 이상적인 환원운동을 펴 나가고자 한다"고 했으나, 이미 언급한 바 '환원운동'의 전통도 사멸되고, '선언'의 정신도 전혀 그 뜻과는 다른 형태로 그 얼굴을 내밀게 되었다. '무조건'은 '조건'으로, '아름다운 전통'은 '흉칙한 파괴 또는 변형'으로, '이상적'은 '현실도피적'으로 그 양상을 달리하고 있다.

一. 우리는 분명 기억하고 있다. "우리가 하나로 합하는 것은 교파의 형성도 아니며 교권을 세우려 함도 아니라, 한국교회가 처하고 있는 특수한 여건에 반응하여"라고 그 전문을 밝히고 있다. 그리고 회칙 제3조에는 "본 회의 목적은 - 필요한 의결과 그 집행을 전문의 정신에 입각하여 관장하는 데 있다"고 했다.

그러나 교권을 세우려 함이 아니라 한 그 약속이 오히려 여론을 압박하고 교단 민주정치 구현을 제도적으로 억압하고 있음은 주지의 사실이다. 그리고 더욱 강력한 교권을 형성하여 발동함을 마음 아프게 생각한다.

그 첫째가 회칙의 개정 권한을 중앙위원회가 소유하고 전체주의적 교권을 연장 행사하려는 음모를 교사하고 있다. "우리는 이 회칙인 성경이 명할 시는 언제든지 폐지 또는 개정할 것임을 이에 분명히 밝히면서 이 회칙을 제정한다" 했으나 회칙 제15조 '총회에 토의되는 사항'에 제3항 '본 회칙 및 제 규례의 제정과 변경에 관한 사항'을 두고도, 사실상 제9장 부칙 제40조에 "본 회칙을 개정하려면 중앙위원회 의결을 거쳐 총회에서 출석인원 2/3 이상의 찬성표를 얻어야 한다"고 제어장치를 하고 중앙위원회가 개정안을 내놓거나 그것을 통과시킬 경우에만 총회에서 거론하도록 하여 실제적인 개정, 특히 여론의 반영에 의한 개정은 철저히 봉쇄하고 있다. 회칙 개정에 대한 여론의 요구도 중앙위원회에서 번번이 좌절되었음은 일반이 다 아는 일이다.

둘째로 정부회장 선거이다. 정부회장은 "중앙위원회가 무기명 투표를 실시하여 재적과반수의 찬성표를 얻은 자"를 후보자로 내세워 총회에서 출석과반수의 찬성 인준을 얻어 취임케 한다고 회칙 제27조에 명기되어 있다.

총회는 우리의 지도자를 선출하는 장이 아니라, 전체주의 국가에서의 소수 권력기관의 시녀처럼 인준만 하는 의례적인 기구로 전락하고 말았다. 이러한 구조적 모순과 구조로서의 폭력은 교권 형성을 용이하게 했으며, 특정 소수인의 모사의 장을 넓히는 데 기여했을 뿐이다. 정부회장을 모든 회들의 자유스런 의사 표현과 추천으로 직접적인 투표에 의해 선출해야 옳은 것은 말할 나위가 없다.

셋째로 불요불급한 중앙위원회는 대단한 권한으로 교권 형성의 한몫을 하고 있다. 회칙 제20장에는 "중앙위원회가 총회의 폐회 기간에 총회의 기능을 대행"하도록 하여 사실상 총회의 기능을 약화시키고, 제23조의 '재단법인의 정관'도 중앙위원회가 별도로 제정하도록 하여 만약 유지재단이 구성되어 모든 교회 재산이 귀속되었을 시의 우려를 낳게 하고, 제27조의 정부회장 선거의 입후보자 공천권, 회칙 제30조 3항의 "총회 임원 전원과 재단 이사장(7명)은 자연직 중앙위원이" 되도록 하여 사실상의 중앙위원회의 핵심멤버가 되게 하고 그리고 그 교권의 유지를 합법적으로 직접적으로 계획할 수 있게 하였고, 제40조에는 회칙 개정권마저 그 중앙위원회가 장악하였음을 알 수 있다. 그러나 중앙위원회는 우리의 의사를 대표하는 기관이 될 수 없다. 왜냐하면 그들은 우리가 직접 선출하지 않았기 때문이다. 이러한 '귀족 집단'의 존재가 무가치하고 전문의 정신에 위배됨이 당연히 되어 왔다.

이 같은 사실들은 '한국교회가 처한 특수한 여건에 반응'하는 것이 아니라 그것을 방지하려는, 그래서 교권 형성의 명분을 삼으려는 의도로밖에 달리 말할 수 없다.

一. 그들은 회칙 전문에서 "교회와 교회, 교역자와 교역자 상호 간의 친목과 협동을 통하여 상호의 공익을 도모"하겠다고 했다. 그런데도 그 협의회 지도층은 1984년 10월 22일 총회에서 밝혔듯이 근 1년간 회계의 보선을 기피하여 재정수지에 대한 깊은 의혹을 갖게 했으며, 1983년도에는 선교 50주년 기념대성회의 재정 결산과 기도원 설립에 대한 약속을 흐리게 하여 제 교회와 교인들의 불신

을 샀다.

그리고 지난 총회식의 사업 보고는 임원 약간명의 회의 참석을 장황하게 늘어놓았을 뿐 제 교회와 그에 관한 실제적인 사업은 전무하다시피 했다. 제 교회 - 교역자와 교인들을 위한 편의행정과 복지는 더 말할 나위 없다. 지난 총회 때에는 회원 징계를 놓고 임원진과 중앙위원회와 심의위원회는 그 책임 한계의 부재를 여실히 보여주어 회원들에게 실망을 안겨 주었다.

책임행정의 구현은 찾아볼 수가 없었다. '상호의 공익 도모'는 허황된 선전에 불과하다.

一. 또한 '그리스도의교회'의 주된 운동인 환원운동의 연구와 정착회에는 한 치의 관심도 보이지 않고, 그저 자리 차지에만 급급하고 연연해하는 광경은 참으로 한심스럽기 짝이 없다. 과연 아직도 '그리스도의교회'라 말했다고 할 수 있는가?

이 같은 자가진단을 하면서 우리는 뼈마디가 저려옴을 느낀다. 하나님 앞과 모든 성도 앞에서 한국 그리스도의교회 한 성원으로서 매우 부끄러움을 갖고 두려움과 떨림에 있다. 그러므로 늦게나마 우리는 다음과 같은 실천방안을 모색하게 되었다.

一. 교회정치를 그리스도의교회 기본인 회중정치의 개념에서 재정립하고 민주화하자.

그 첫째로 회칙 개정의 전권을 총회가 수용하고, 그 둘째로 정부 회장을 직접 비밀투표에 의해 선출하고, 그 셋째로 중앙위원회를 해체하고 어느 유사 기구도 배제해야 할 것이다.

一. 한국 그리스도의교회 일치와 단결을 모색하자.

그 첫째로 화합을 저해하는 일부 조직의 개편을 단행하여 실질화하고, 그 둘째로 유·무악기 교회 통합의 실제적 해결을 이루고, 그 셋째로 제 규정을 교회 권위와 질서를 위해 적절히 운용해야 할 것이다.

一. 교회 행정을 효율적으로 활성화하자.

그 첫째로 한국 그리스도의교회 일반에 대한 프로그램을 계발하고, 그 둘째로 정상적 재정수지제도의 보완을 해야 할 것이다.

一. 환원운동의 토착화를 위한 노력을 다하자.

그 첫째로 환원운동의 목회적 접근을 위한 상설연구기관을 설치하고, 그 둘째로 환원운동의 질적 양적 발전의 도약대를 설정해야 할 것이다.

우리는 이 일의 완수를 위해 마음을 같이하고 뜻을 모아야 할 것이다. 이에 그리스도의교회 협의회 서울지방회는 그 전위적 사명

의 중요성을 인식하고 한국 그리스도의교회를 위한 기도와 아울러 여기 이 백서를 내놓는다.

"내가 이미 얻었다 함도 아니요 온전히 이루었다 함도 아니라 오직 내가 그리스도 예수께 잡힌 바 된 그것을 잡으려고 좇아가노라 형제들아 나는 아직 내가 잡은 줄로 여기지 아니하고 오직 한 일 즉 뒤에 있는 것은 잊어버리고 앞에 있는 것을 잡으려고 푯대를 향하여 그리스도 예수 안에서 하나님이 위에서 부르신 부름의 상을 위하여 좇아가노라…우리가 어디까지 이르렀든지 그대로 행할 것이라"(빌 3:12-16).

1984년 11월 26일
그리스도의교회 협의회 서울지방회

7. 한국 그리스도의교회 선언문

우리는 주 예수 그리스도께서 세우신 교회가 진리 위에 세워지며, 개 교회들이 이 진리 안에서 일치하여 순결한 교회로 발전할 수 있도록 헌신한 믿음의 선각자들을 자랑스럽게 생각합니다.

16세기 종교개혁가들은 중세 가톨릭교회가 교권과 혼합주의의 암흑 속에 있을 때, 그리스도의교회를 오직 성경의 밝은 빛 가운데로 끌어내기 위해서 헌신하였고, 19세기 환원운동가들은 개신교회들이 분열과 교파주의의 암흑에 빠져 있을 때, 그리스도의교회를 사도들의 가르침과 전통이 담긴 신약성경교회의 밝은 빛으로 끌어내기 위해서 헌신하였습니다. 환원운동은 '진리 안에서 일치'를 추구하는 운동이고, '신약성경교회의 회복'을 힘쓰는 운동이며, '그리스도가 주인이신 교회,' '오직 그리스도인뿐인 교회,' '빛과 생명의 복음을 전하는 교회'를 지향하는 운동입니다.

이 운동의 씨앗이 한국 땅에 뿌려진 지 어느덧 80주년을 맞이하고 있습니다. 우리는 교파주의와 분열, 교권의 횡포와 인위적인 헌법에 묶여 바벨론에 유배된 한국교회들의 상황을 심히 걱정하고 있습니다. 한국의 개교회들이 하루빨리 속박에서 풀려나와 순수하고 단순한 자유로운 신약성경교회의 본토로 귀환되기를 바라는 바입니다.

교회는 값으로 사신 그리스도께서 주인이십니다. 그 어떤 신조나 교권이 그리스도를 대신할 수 없습니다. 우리는 오직 그리스도께만 충성할 것이며, 성경만을 규범으로 삼을 것입니다. 우리는 믿음의 선각자들이 목숨 바쳐 지키기를 원했던 순수하고 단순한 그리스도의교회를 지켜나갈 것입니다. 따라서 우리는 다음과 같이 우리의 다짐을 발표합니다.

1. 지상에 있는 모든 그리스도의교회는 예수 그리스도 안에서 하나이다.
2. 그리스도의 몸인 교회를 분열하거나 파괴하는 행위는 용납될 수 없다.
3. 성경은 그리스도의교회의 유일하고도 권위 있는 헌장이다.
4. 성경 말씀은 그리스도인의 믿음과 실천의 규범이며, 신앙의 양심에 따라 지켜 갈 법칙이다.
5. 인위적인 법이니 규례로 교회나 목회자를 구속할 수 없다.
6. "본질에는 일치, 비본질에는 자유, 모든 일은 사랑으로" 하나가 되어야 한다.
7. 그리스도인들 사이의 분열은 죄악이며, 진리 안에서 일치하는 법은 그리스도의 사랑의 법밖에 없다.
8. 우리의 연합이 교권을 세우려는 데 있어서는 안 된다. 우리의 연합은 교역자들을 사랑하고 독려하며, 개교회들을 도와주고, 선교에 협력하는 순수한 모임이어야 한다.
9. 교회는 그리스도의 몸으로서 유기적인 연합과 아름다운 협력 그리고 동반자 자세로 섬김을 받아야 한다.

위와 같이 우리는 한국교회가 교파 분열의 아픔과 교권주의의 속박에서 해방되어 순수한 복음주의 교회로 회복되는 광복을 맞이하기 위해서 환원운동에 적극 참여하기를 촉구합니다. 우리는 한국 그리스도의교회가 그리스도의 모퉁잇돌과 사도들의 기초 위에 세워지며, 이 땅에 그리스도의 계절을 앞당겨 가져오도록 일치단결하여 함께 전진할 것을 굳게 다짐합니다.

2011. 7. 30.
그리스도의교회 총회 목회자 일동

찾아보기

강나루 169
강릉 그리스도의교회 143
강명석 13, 34, 45, 48, 56, 60, 61, 62, 235
강병기 169
강병천 144, 176, 177
강서 그리스도의교회당 217, 218, 278
강순명 117, 170
강신규 108, 117
강원교회 245
경남공업전문대학 184, 241
경남공업전문학교 184, 241
경남전문대학 241
경남정보대학 159, 182, 184, 241, 242
경남정보대학교 241, 242
경주교회 61
경천학 114
고광석 117, 118, 178, 212, 213
고금석 171
고길상 170
고든 패튼(배도은) 129, 140
고봉환 170
고성주 170, 238
고재윤 118, 178, 212
고재천 157
곡봉예 114
공덕교회 46, 49, 56, 184
공민학교 56, 141, 184, 185, 186, 189, 245
공삼열 170
공정렬 170
광주 그리스도님의교회 167
교역자회 117, 164, 166, 167, 170, 181, 198, 205, 208, 209, 213, 216, 217, 219, 235, 279
교회 개척후원회 166, 181
구광서 114, 144, 176, 177
구봉례 115, 116
구애보육원 194, 196, 197, 198
구절교회 143
국제 환원 심포지엄, 2008 253
그리스도님의교회 교역자회 167
그리스도대학교 57, 65, 97, 161, 170, 171, 186, 189, 224, 225, 238, 239, 258
《그리스도대학교 50년사》 224, 238
그리스도신학대학 67, 188, 237, 238

그리스도신학대학교 238
그리스도의교회 12, 13, 14, 15, 17, 25, 26, 27, 28, 31, 32, 34, 35, 37, 40, 41, 44, 45, 46, 47, 48, 49, 52, 53, 54, 56, 57, 58, 59, 61, 62, 63, 64, 65, 66, 67, 68, 77, 83, 84, 85, 86, 87, 88, 91, 92, 93, 94, 95, 96, 97, 99, 100, 101, 102, 103, 104, 105, 106, 107, 108, 109, 112, 114, 115, 116, 117, 118, 119, 120, 121, 122, 123, 126, 129, 130, 131, 132, 133, 134, 136, 138, 139, 140, 141, 142, 143, 144, 145, 146, 147, 148, 149, 150, 151, 153, 154, 157, 158, 159, 160, 161, 162, 163, 164, 165, 166, 167, 168, 169, 170, 171, 172, 174, 175, 177, 178, 179, 181, 182, 184, 185, 186, 187, 188, 189, 190, 193, 194, 195, 196, 197, 198, 199, 200, 204, 205, 206, 207, 208, 209, 210, 211, 212, 213, 214, 215, 216, 217, 218, 219, 220, 221, 222, 223, 224, 225, 227, 232, 233, 234, 235, 236, 237, 239, 240, 241, 244, 245, 246, 247, 250, 251, 252, 253, 254, 255, 256, 257, 258, 260, 261, 262, 264, 265, 267, 268, 269, 271, 272, 273, 274, 275, 276, 278, 280, 281, 282, 283, 285, 286, 289, 290, 291, 292, 293, 294
〈그리스도의교회〉 190
그리스도의교회 교역자협의회 216, 217, 218, 278
그리스도의교회 보육원 92, 139, 193, 194, 195, 196, 199, 200
그리스도의교회 복음회유지재단 139, 141, 142
그리스도의교회 세계대회 12, 252, 255, 258
그리스도의교회 세계대회, 2016 255
(그리스도의교회) 세계대회 발대식, 2016 255
그리스도의교회 신학교 65, 175, 188
그리스도의교회 연합회 68, 118, 208, 211, 212, 213, 214, 216, 222, 269, 282
그리스도의교회연합회 296
그리스도의교회 총회 162, 165, 171, 181, 213, 219, 225, 234, 240, 246, 250, 251, 256, 294
그리스도의교회 통합추진위원회 216, 218, 277
그리스도의교회 협의회 12, 14, 162, 165, 171, 181, 213, 214, 216, 218, 220, 221, 222, 223, 232, 234, 246, 252, 253, 256, 278, 282, 283, 290, 291

그리스도의 제자들 한국인 목회자회 147
그리스도의 한국 선교부 15
극동 기독교교육 선교부 157, 158
금곡정기독교회 173
금성고등공민학교 189
기독교선명회 205, 206
기독교회 경성교회 29, 51
기독교회 경성내수정교회 52, 84
기독교회 돈암정교회 56
기독교회선교부 34, 35, 41, 43, 45, 53, 64, 84, 88, 90, 91, 93, 94, 129, 130, 131, 133, 134, 139, 141, 142, 144, 146, 148, 149, 157, 163, 169, 174, 175, 196, 198, 199, 234
기독교회 송현교회(송현기독교회) 32
기독교회 아현교회 29, 51, 53
기독교회 왕십리교회 56
기독교회 인천교회 29, 51
기독교회 정릉리교회 54, 55
기독교회 조선선교회 32, 60, 72, 234
기독윤리실천위원회 230
기독의교회 합동선언문 7, 99, 102, 251, 261
기독의교회 환원 선언문 120
기독지교회 50
기목회 181
기준서 170, 188, 189, 225, 238
김관평 170
김광수 88, 90, 170, 184, 197
김광춘 28
김교인 107, 114, 115, 116, 117, 209
김규상 115, 116, 117, 144, 176, 213, 216
김기순 188
김길홍 214
김덕원 245
김동성 206
김동수 92, 196
김동열 53, 54, 114, 116, 117, 118, 167, 208, 212
김득환 170
김명석 105, 106, 113, 114, 117
김명수 170
김문화 29, 32, 35, 41, 46, 47, 51, 53, 54, 55, 70, 71, 72, 73, 85, 174, 234
김병우 240
김복수 115, 116

김상식 214
김상익 73, 74, 173
김상호 114, 117, 166, 181, 209, 239, 246
김성철 65, 105, 106, 107, 109, 113, 114, 117, 118, 121, 179, 212
김세복 13, 62, 65, 66, 96, 121, 161, 170, 189, 206, 207, 224, 235
김송차 170
김숙명 117
김순옥 113
김승복 167
김영길 200, 201
김영수 246
김영원 214
김옥히 114
김완례 106, 108
김요한 35, 41, 42, 46, 47, 52, 55, 71, 72, 73, 85, 174
김용웅 214, 220
김육진 214
김은석 7, 53, 66, 67, 94, 104, 105, 106, 107, 108, 109, 110, 111, 112, 113, 114, 115, 116, 117, 118, 121, 133, 143, 146, 149, 164, 165, 166, 177, 178, 179, 180, 196, 197, 198, 199, 200, 208, 209, 210, 211, 224, 262
김은영 116, 117
김익진 13, 57, 62, 65, 66, 224, 239, 25
김익표 170
김일엽 145
김재순 112, 114, 116, 117, 118, 208
김재환 170
김정만 68, 114, 117, 214
김주일 113
김중현 118, 213
김진건 170, 188, 238
김진문 135, 139, 144, 176, 182
김찬영 37, 65, 86, 118, 121, 129, 138, 140, 141, 149, 150, 151, 152, 153, 164, 165, 166, 175, 178, 179, 180, 181, 182, 186, 203, 212, 213, 216, 224, 240, 247, 248, 265
김천교회 134
김철수 114, 115, 116, 214
김치연 179

297

김탁기 252, 253
김태수 114, 116, 117, 176, 178, 179, 214
김 패츄리사 153, 240
김포진료소 207
김현숙 176
김형찬 170
김홍균 155
김홍철 13, 66
김환 68, 167
김희영 155, 179
난도(남동)교회 29, 51
내수동교회 169, 187
내수동 그리스도의교회 95
낸시 홍 92
노봉욱 44, 56, 65, 84, 92, 94, 118, 121, 148, 149, 151, 155, 178, 186, 194, 201, 202, 203, 213, 224, 245, 258
논산기초푸드뱅크 245
농장 57, 183, 206, 207
단 드웰트 176
당우리교회 165
대교 그리스도의교회 151, 158, 168
대구교회 134, 170
대구제일교회 170
대명중학교 184
대전교회 170, 245
대전 그리스도의교회당 109, 177
대전보육원 194, 202
대전성서신학교 177, 239
대전중앙교회 170
대전 크리스천 보육원 151, 202
대전 판암동 애생원 133
대학교회 65, 159, 167, 168, 242
대한기독교신학교 141, 142, 144, 147, 149, 162, 163, 164, 166, 169, 175, 176, 177, 181, 200, 204, 236
대현정(町)교회 61
대화정기독교회 173
대흥정기독교회 173
데일 리치슨 95, 96, 97
데일 브라운 146
도널드 캠포스 194
도원동교회 144, 164, 197, 204

돈암 제2교회 47, 53
돈암동 그리스도의교회 48, 49, 84
돈암정(町)교회 48
동경사곡선교회 기독교회 28, 29, 32, 33, 50, 51, 53, 60, 69, 70, 234, 298
동경성서신학교 146, 298
동계대학 161, 171, 191, 298
동광 그리스도의교회 157
동교정(町)교회 61
동료 105, 108, 115, 117, 145
〈동료〉(Dong'Yur) 145
동막교회 214
동방교회 61
동부제일 그리스도의교회 169
동서공과대학 241
동서기독교실업학교 183
동서대학교 167, 182, 241, 242
동석기 13, 34, 35, 45, 56, 57, 58, 59, 60, 61, 74, 75, 85, 95, 96, 144, 158, 170, 235
동아 그리스도의교회 157
동주급 170
동충모 170, 187, 189
드와이트 매러블 98
등촌고등공민학교 189
등촌중학교 97, 189
딕 래시 118, 212
로널드 넬슨 98
로레타 루워즈 98
로버트 H. 슐러 126, 253
로버트 구치 98
로버트 스나이더 186, 202, 203
로버트 언더우드 98
로버트 웨츨 254
루스 슈노버 45
리라 톰슨 93, 196, 198
리처드 래쉬 130, 131, 138, 139, 142, 159, 167, 168, 179, 182, 241
릭 스테드먼 254
링컨 기독대학 143, 146, 176, 212
마크 맥시 158
만경 기독의교회 59
말콤 파슬리 98
맹아어린이학교 186

메리 반힐 93, 196, 198
명달재 109
명성고등공민학교 189
목포 그리스도의교회 53, 65, 105, 106, 107, 108, 112, 114, 115, 116, 121, 165, 166, 167, 209, 224
무악기 그리스도의교회 48, 56, 58, 59, 102, 120, 169, 189, 190, 216, 219, 221, 233, 261, 262
문금칠 170
문원섭 117, 182
민명옥 116
민병례(지온) 144
박경동 170
박국자 204, 244
박규현 190
박근일 139
박동순 157, 158
박병수 170
박병후 170
박선흠 170, 187, 190
박영배 182
박영술 240
박오덕 116
박용규 246
박재관 118, 212
박재원 170
박점상 105, 107, 108, 114, 115, 117
박정자 112
박정훈 139
박제곤 28
박종예 117
박중훈 196, 199
박태규 179
박판조 41, 46, 53, 54, 55, 72, 85, 174
박혁 185
박현섭 170
박흥순 28, 50
발톤 스톤 12, 281, 283, 286
밥 러셀 254, 255
밥 워릭 240
방축리교회 135, 136
배성보육원 194, 203

배성중학교 185
백낙중 41, 42, 46, 49, 55, 56, 88, 94, 174, 184
백만 귀환 동포 영접위원회 107
백장현 245
백종구 12, 67, 126, 127, 224, 225, 229, 258
백태현 170
백형린 182
버지니아 힐 150, 151, 186, 202
버트 엘리스 130, 156, 169, 178
번동교회 170
베다니 대학 25
베어드 O. P. 98
병산교회 143
보람 그리스도의교회 142
보람유치원 142
보수교단지도자연합회 252
복음공민중학교 184
부강교회 54, 89, 113, 114, 116, 118, 134, 209, 212
부강 그리스도의교회 107, 114
부산교회 214
부산기독교회 168
부산디지털대학교 182, 242
부신미문화원교회 169
부산 선언문 242
부산실업전문학교 184, 241
부산중앙교회 170
부여 합송교회 170
부평 그리스도의교회 197
부평 선교부보육원 194
북미 태평양아시아인 제자들 147
브라이스 재섭 254
브라질 그리스도의교회 세계대회 255
비교파주의 플랜 208, 209
비영리 민간단체 230
빌 램지 98, 160, 161, 190, 191
빌 전킨즈 176
빙애 기독의교회 59
빛과생명 그리스도의교회 12
사회복지법인 '그리스도의 집' 204, 244
사회복지법인 동서사회문화원 204
사회복지법인 성광복지개발원 204

299

사회복지법인 에덴원 201
사회복지법인 일현 201
산돌 189
삼척교회 134, 167
삼하도(三河島) 조선기독교회 28
상삼교회 165
상월리교회 135
새로남교회 245
생계비 전담 후원 130, 149
서규석 248
서대문교회 169
서면교회 170
서울교회 214
서울기독대학교 12, 14, 66, 67, 105, 121, 137,
   147, 186, 236, 237, 252
서울 마장정기독교회 300
서울성서신학교 135, 137, 139, 140, 141, 142,
   143, 146, 149, 162, 163, 164, 174, 175, 177,
   185, 195, 197, 209, 211
서울성서훈련원 33, 38, 172
서흥 기독의교회 59
석명승 170
석태정 170
선교지 분할협정 31
선화 그리스도의교회 102, 103
설하운 197
〈성경 교육〉 191
성경통신강좌 190, 191
성경통신교육원 160, 161, 190, 191, 192, 300
성경학교 87, 88, 90, 195
성광원 150, 194, 203
성낙소 28, 29, 32, 35, 40, 41, 46, 49, 50, 51,
   52, 53, 54, 55, 60, 65, 70, 71, 72, 73, 85,
   88, 90, 92, 93, 94, 99, 102, 104, 118, 121,
   149, 174, 196, 211, 212, 224, 234, 251
성수경 49, 91, 92, 144, 176, 196, 262
성실고등공민학교 185
성완용 240
성지동 그리스도의교회 206
성지모자원 205
세계복음연맹 세계지도자대회 229
세계선교사훈련원 249
세계총장회의 242

세광고등공민학교 245
소교민 179
소수교회 214
송림동교회 61
송병혁 170
송영히 168
송조순 134, 198
수동 기독의교회 59
수리교회 113
수서리 기독의교회 59
순동식 184
순의도 여자(연무여자) 중학교 245
순의도중학교 186
숭의 그리스도의교회 200
쉘리 J. 마이클 36, 40, 60, 71
《스톤-캠벨운동대사전》 12
승리모자원 205
시드니 알렌 98, 206
시카고 그리스도의교회 147
신당정 그리스도의교회 45
신당정(町)교회 61
신상만 170
신생마을 교회 133
신성종 170
신시내티 기독대학교 39
신시내티 성서대학원 39, 40, 158
신약성서기독교 36, 40, 41, 45, 137
신촌교회 214
신탄진교회 54, 134
신현창 114, 117
신화신학 성경연구회 107, 109, 114, 115, 134,
   164, 209, 211
심영진 105, 109, 116, 117, 118, 144, 149, 176,
   177, 178, 179, 211, 212
심정지 240
심태섭 240
심희선 170
아더 R. 홀튼 97, 187
아시아계 미국인 제자들 147
아이러 리드 176
아이린 150
안동교회 214
안동그리스도의교회 168

 찾아보기

안동복음중학교 168, 186
안영천 113
안일승 118, 212, 213
안재관 139, 176
알렉스 빌즈 130, 134, 154, 155, 156, 182
애생원 133, 134, 139, 194, 196, 198, 199
양경주 170
양정식 168, 186, 214
양해문 176
엄광문화관 242
에덴보육원 150, 151, 178, 186, 194, 201, 202, 204, 244, 245
에밀리 보이드 25, 26
에스더 비반즈 43, 93, 148
엘리자베스 202
연무경로식당 245
연무 그리스도의교회 245
연무어린이집 245
연무여자중학교 186
연합총회 216
영광교회 133
영광농축기술학교 185
영남기독교실업학교 159, 168, 182, 183, 241
영양교회 134
영양 그리스도의교회 168
영주동교회 170
예뜨랑 선교타운 248, 249
예뜨랑 아카데미 248, 249
예수사랑교회 253, 254
예수선교회 249
오데골 장로교회 107
오봉식 170
오사카 성서대학 45
오연우 115
오웬 스틸 34, 38, 45, 173
오현팔 88, 134, 168, 176
왕십리교회 47, 56, 89, 296
요츠야 선교부 13, 14, 15, 26, 27, 28, 29, 30, 31, 32, 33, 34, 35, 36, 37, 38, 40, 44, 45, 50, 51, 53, 89, 133, 146, 172, 174, 184, 234
용두동교회 169
울산교회 62, 134, 169
원동연 240

원종호 170
원주교회 214
원평교회 165
원효로교회 169
월드비전 194, 199
웰시머 P. H. 41, 46
윌리엄 D. 커닝햄 5, 6, 25, 40, 50, 67
유경히 114
유무악기 통합 반대 취지문 217
유무악기 통합 취지문 217, 218, 219
윤낙영 35, 45, 49, 73, 74, 234
윤정렬 115
은혜로운교회 165
이강평 14, 236, 252, 253
이광 고등공민학교 141
이교신 170
이기구 90, 185
이난기 35, 45, 49, 73, 74, 234
이동혁 28
이마운 170
이명옥 170
이명휴 214
이병우 169
이복선 139
이성록 28
이신(이만수) 114, 118, 208
이영진 170, 190
이오갑 171
이원균 28, 31, 36, 45, 72
이원노 114, 117
이은대 245
이은수 179
이인범 30, 32, 33, 35, 37, 38, 45, 51, 53, 60, 71, 72, 73, 74, 173
이종만 118, 149, 176, 199, 200, 201, 212, 213
이지호 188
이철선 97, 98, 190, 206
이충구 182
이헌재 170
이혜순 114, 117
이호열 67, 170
이흥식 88, 95, 96, 170, 187, 188, 225, 235
인천 그리스도의교회 보육원 194, 199, 200

인천보육원 194, 196, 199, 200, 201, 244
인천(송현)기독교회신학교 172, 173
일본기독교조선교단 6, 23, 24, 34, 78, 79, 99, 260
임공칠 173
임낙풍 217, 218, 278
임남규 117
임명진 149, 176
임봉수 170
임일 170
임준식 74, 173
임춘봉 118, 179, 212, 213
임해숙 135
임화순 173
자동차고등학교 186
장성만 67, 68, 117, 118, 130, 143, 149, 151, 152, 155, 157, 158, 159, 160, 168, 169, 176, 182, 183, 184, 211, 212, 213, 214, 225, 241, 242, 243, 258
장성우 113, 213, 219, 225, 239, 240, 250, 256
장주열 114, 116, 117, 118, 208, 212, 213
장천호 113
장호원 기독중학교 150
재단법인 에덴영아원 201
재단법인 한국 그리스도의교회 188, 245
재미 재단이사회 184, 241
전국순회전도반 190
전도자 친교회 170
전도희 114, 115, 116, 117
전영권 240
전용진 170
전창선 188
전하영 170
정릉리교회 47, 54, 55, 297
정삼선과 173
정인소 118, 135, 149, 212
정일호 165
정찬성 114, 117, 209
정히건 88, 170
정히순 114
제섭, W. L. 176
제인 키넷 148, 178, 198
제인 힐 218, 178, 213

제자들교회신학원 147
조 가맨 150, 151, 179, 180, 202
조규석 118, 213
조동호 12, 15, 28, 34, 35, 44, 50, 65, 66, 67, 94, 108, 109, 114, 116, 118, 121, 133, 147, 154, 166, 174, 177, 181, 184, 186, 194, 196, 198, 200, 210, 213, 224, 234, 235, 239, 240, 241, 258
조선기독교연맹 79
조선민주주의인민공화국 77
조선총독부관보 29, 32, 47, 50, 51, 52, 53, 54, 55, 56, 57, 58, 59, 60, 61, 70
조 세걸키 156, 178
조준상 240
조충연 176
존 J. 힐 14, 34, 35, 43, 55, 56, 85, 87, 88, 92, 94, 107, 116, 117, 118, 129, 131, 139, 146, 148, 150, 151, 152, 164, 175, 177, 178, 179, 180, 185, 193, 194, 196, 198, 199, 202, 203, 209, 211, 212, 239
존 T. 채이스 13, 28, 33, 34, 36, 39, 41, 46, 47, 52, 60, 71, 83, 84, 86, 131, 174, 175, 194, 211
존 데리 254
존 루이스 98
존슨 성서대학 42, 152
존 피얼스 176
주문진교회 134, 167, 16
주문진 그리스도의교회 143
죽평 기독의교회 59
중앙그리스도의교회 65, 144
지온보육원 144, 194, 204, 225, 244
지철희 117
직접 후원 선교 130
진양반성교회 61
진영교회 214
진영 그리스도의교회 159, 169
〈참빛〉 190, 207
창동중앙교회 165
창현 함태영 67, 114, 117, 118, 184, 208, 225
채진구 245
천명화 118, 179, 213
천용인 246
천혜경로원 117

청량리교회 46, 169, 170
초도리교회 47, 55
초량 그리스도의교회 205
총회 직영 한성신학교 240, 241
총회회관 165, 240
최봉석 109
최상현 35, 41, 46, 47, 48, 49, 53, 54, 55, 61, 71, 84, 88, 89, 94, 143, 174, 236
최수열 97, 186, 187, 190
최순국 14, 117, 133, 134, 139, 144, 145, 146, 147, 176, 262
최요열 117, 118, 179, 211, 212
최요한 99, 114, 116, 117, 118, 133, 149, 166, 167, 176, 208, 209, 211, 213, 251
최용호 112, 118, 179, 212, 239
최윤권 13, 48, 66, 129, 131, 135, 139, 143, 144, 145, 149, 162, 164, 175, 176, 177, 194, 196, 204, 213, 216, 225, 236, 244, 258, 262
최윤환 144, 176
최일용 170, 190
최재운 13, 66, 139, 143, 169, 208, 225, 232, 233, 234, 258
최주민 89
최찬규 182, 240
최춘선 66, 88, 91, 94, 117
최옥순 114
춘천교회 170
충곡교회 113
충곡 그리스도의교회 109, 1163
충남 보육교사 교육원 245
충주교회 245
충주중앙교회 165
크리스찬 라디오 밋숀 130, 154, 155, 156
클라우디아 라자라시 203
클라이드와 테사 애덤스 85
클럽 157, 168
〈킬로사이클〉(Kilocycles) 157
태광출판사 66, 139, 141, 142, 164, 225, 233, 258
태릉교회 171
토머스 G. 힛치 32, 37, 172
토머스 캠벨 12, 281
통합 반대 취지문 217, 219

파수리 206
파주 목장 188
팔봉교회 165
패츄리사 151, 152, 153, 180, 203, 240
평산교회 168
평화일 173
폴 잉그램 86, 92, 94, 146
폴 코모 202
프레드 호프만 179
플로라 매이 구른지 154, 155
필운동 그리스도의교회 32, 52, 65, 84, 147
〈하나의 길〉〈〈한길〉〉 138, 139
하딘 D. C. 97
하딩 대학 206
하은코피노선교복지센터 246
하은코피노재단 246
하의도교회 135
학교 목장(KCC Farms) 207
학교법인 김포 그리스도의교회 188
학교법인 동서학원 65, 168, 182, 184, 242
학교법인 성령학원 180
학교법인 한민족학원 240
학교법인 환원학원 142, 177
학원 선교 126, 128, 229
한국교회연합 229
한국교회총연합 229
한국 그리스도의교회 75주년 기념대회 253
한국 그리스도의교회 교역자회 117, 164, 208, 209, 213, 216
한국 그리스도의교회 선언 68, 214, 220, 222, 250, 251, 256, 261, 269, 282, 292
한국 그리스도의교회 선언문 9, 250, 256, 261, 292
한국 그리스도의교회 쇄신에 관한 백서 220, 280
한국 그리스도의교회 신학교 188
한국 그리스도의교회 연합회 68, 208, 214, 269, 282
한국그리스도의교회연합회 213
한국 그리스도의교회 유지재단 44, 56, 65, 84, 121, 148, 149, 224, 245, 258
한국 그리스도의교회 전국대회 254, 255
한국 그리스도의교회 전국대회, 2009 254

한국 그리스도의교회 총회 165
한국 그리스도의교회 협의회 12, 214, 222, 282
한국기독교교회협의회 229
한국기독교보수교단협의회 252
한국기독교복음선교부 129, 143, 149, 163
한국기독교육재단 187
한국기독교총연합회 229, 252, 256, 260
한국기독교학원 186, 187, 188
한국기독교회선교부 163
한국방송 선교 156, 157, 178
한국복음선교부 145
〈한국복음선교부 소식지〉(KEM NEWS) 145
한국복음 전도협의회 145
한국성서신학교 67, 107, 109, 116, 118, 122, 148, 149, 150, 152, 164, 165, 177, 178, 179, 180, 183, 200, 202, 212, 239, 246
〈한국에 그리스도를〉(For Christ in Korea) 107, 138
한국인 교회 지원자 168
한국인성서훈련원 41, 42, 45, 46, 48, 54, 55, 85, 87, 94, 174
〈한국인 전령〉(The Korean Messenger: Korea for Christ) 42, 107
한국인 제자들교회협회 147
한국크리스챤밋숀 129, 144, 148, 149, 150, 151, 164, 202, 240, 245
한길자 196
한민족학원 240, 304
한민학교 67, 112, 240
한성고등기술학교 181, 186
한성교역자회 166, 213
한성교역자회의 166
한성신학교 37, 44, 56, 65, 67, 84, 86, 112, 121, 138, 140, 152, 164, 165, 166, 177, 180, 181, 186, 224, 239, 240, 241, 246, 247, 250, 265
한형태 90
할 마틴 49, 84, 209
함명철 170
함전 기독의교회 59
함태영 67, 114, 117, 118, 184, 208, 225
합송 그리스도의교회 185, 197
합송리교회 194, 197, 198

해롤드 심즈 89
해롤드 콜 45
해롤드 테일러 14, 15, 86, 93, 94, 129, 131, 139, 142, 144, 148, 163, 174, 185, 194, 209, 215
해리 홀트 96
해외 그리스도인 선교회 25
해외 선교 128, 151, 152, 230, 256
해운대종합사회복지관 204
현정규 118, 212
홍경채(홍응수) 194
홍종숙 173
화계교회 170
화곡유치원 189
〈환원〉 144, 181
환원운동 심포지엄 255
황복연 170
횡빈조선기독교회 28, 40, 50
효창고등공민학교 189
효창동교회 187
희망촌교회 214
히람 힐러 93, 196
Chapels for Korea('한국에 예배당을') 86
Christian Radio Mission, CRAM 130
〈Christian Standard〉 86, 93
CRAM Worldwide 152, 247
Encyclopedia of the Stone-Campbell Movement Tokyo Christian, The 224
〈For Christ in Korea〉 107
〈Journal of Korean Religions〉 66
KC대학교 14, 97, 171, 237, 238
Stone-Campbell Books 98, 122
〈Tokyo Christian〉 14
WCC 제10차 총회, 2013 229